# PROXIMA-LOGBUCH 7: ERDKURS

Hard Science Fiction

BRANDON Q. MORRIS

ISBN: 978-3-96357-203-6

Lizenzausgabe des Belle Époque Verlags, Dettenhausen, mit freundlicher Genehmigung des Autors.

Brandon Q. Morris c/o Matthias Matting

Sieglgut 51, 94034 Passau

www.hardsf.de

brandon@hardsf.de

Lektorat: Dr. Ulrike Bunge

Korrektorat: Alexandra Gentara

Covergestaltung: Jelena Gajic

Druck: Custom Printing, Warszawa, Polen



**BE**

Belle Époque Verlag

# Inhalt

Erdkurs

## 5. März 2302, NPE-Station

Takumi hält den Finger über den Auslöser.

»Warte noch einen Moment«, sagt Carrie.

Der Saturn drängt sich zunehmend ins Bild. Er macht heute wieder einen besonders wilden Eindruck. Am Äquator entsteht gerade ein neuer Sturm. *Hast wohl nicht gut geschlafen, was? Oder hat dich wieder irgendeiner deiner Monde geärgert?* Takumi unterhält sich gern mit dem Ringplaneten. In der Station gibt es nicht allzu viel zu tun.

»Jetzt«, sagt Carrie.

Takumi braucht einen Moment zum Umschalten. Dann drückt er den Knopf. Das Licht der fernen Sonne durchdringt das Material des Ringsystems gerade in einem perfekten Winkel, sodass der Spektrograf gute Aufnahmen machen kann. Sie dokumentieren den langsamen Zerfall des Systems. Es ist eigentlich Carries Doktorarbeit, aber Takumi fühlt sich mit seinen eigenen Studien nicht ganz ausgelastet. Die drei Interviews, die er immer direkt nach dem Aufstehen durchführt, hat er heute längst ausgewertet.

Auf dem Bildschirm bauen sich die ersten Spektrogramme auf. Carries Aufgabe ist eindeutig komplizierter als seine. Sie muss die Messdaten mit den Bewegungsdaten der Monde korrelieren und das alles mit Magnetfeldmessungen kombinieren, um letztlich zu erfahren, ob die Ringe noch 50 oder doch eher 50 Millionen Jahre bestehen werden. So hat sie es ihm erklärt.

Carrie sieht zufrieden aus. Ein feines Lächeln umspielt ihren Mund, obwohl sie die Lippen deutlich aufeinander presst. Das ist nicht ungewöhnlich. Carrie ist der zufriedenste Mensch, den er kennt. Wie erreicht man mit 30 einen derartigen Zustand? Takumi ist vier Jahre älter und weit davon entfernt. Er muss aufpassen, nicht sie zum Gegenstand seiner Forschungsarbeit zu machen. denn eigentlich soll er als Psychologe die Träume untersuchen, die Menschen in der Nähe dieses Saturnmondes immer wieder verfolgen. Heute Nacht zum Beispiel hat er im Schlaf einen riesigen Bären getroffen, der mit ihm über den Sinn des Lebens diskutieren wollte.

Natürlich weiß jeder, was die Quelle dieser Träume ist: das Wesen in den Tiefen des Enceladusozeans. Aber für die Öffentlichkeit existiert es nicht, darauf haben sich die Großmächte geeinigt. Ja, in dem eisigen Wasser unter der bis zu 50 Kilometer dicken Eiskruste hat man primitives Leben gefunden, und deshalb wurde der Eismond zur verbotenen Zone erklärt. Nachdem es die ersten illegalen Besuche gab, hat man die dauerhaft besetzte Enceladus-Station eingerichtet. Takumi, Carrie und Igor sind offiziell Ranger, die den Natur-Park Enceladus im Auftrag der UNESCO überwachen.

»Das sieht doch sehr schön aus«, sagt Carrie.

Takumi betrachtet die Kurven auf dem Bildschirm. Er ist Psychologe, also sagen sie ihm nicht viel. Aber die links unten sieht anders aus. Er tippt darauf.

»Die fällt aus dem Rahmen«, sagt er.

Carrie vergrößert die Kurve, sodass sie den Bildschirm füllt.

»Du hast recht«, sagt sie. »Das ist sehr interessant.«

»Was macht sie so anders?«

»Nun, was wir hier sehen, ist größtenteils reflektiertes Sonnenlicht. Es hat also das bekannte Spektrum der Sonne, das jedoch von dem spiegelnden Material verändert wurde. So können wir den genauen Aufbau der Ringe ermitteln.

Aber was wir hier sehen«, sie zeigt auf eine Linie am Rand der Grafik, »fällt aus der Reihe. Es ist nicht Teil des Sonnenspektrums. Es ist also kein reflektiertes Licht.«

»Was ist es dann? Leuchtet da etwas mitten in den Ringen?«

»Das hätten wir gesehen. Die Linie ist auch sehr schmal, und sie liegt weit im ultravioletten Bereich.«

»Laserlicht?«

»Genau, Tak. Es ist so schmalbandig, das kann nur das Ergebnis einer Lasermodulation sein.«

»Aber wer feuert denn da UV-Laser ab?«

»Ich vermute, das ist Teil eines Navigationssystems eines Raumschiffs, vergleichbar mit einem Radar. Jemand versucht, sich im Schutz der Ringe dem Mond zu nähern.«

»Wir bekommen Besuch«, sagt Takumi und klopft eine Willkommensmelodie auf den Rand des Bildschirms.

Der Besuch kommt zwar nicht zum Kaffeetrinken, aber es ist eine willkommene Abwechslung.

»Freu dich bloß nicht zu früh«, sagt Carrie. »Besucher bedeuten immer Stress. Wir sollten Igor Bescheid sagen.«

Jetzt lächelt sie nicht mehr.

Es dauert ein paar Minuten, bis sie Igor hereingezogen haben. Die kleine Station im Orbit des Eismondes besitzt eine ausfahrbare Kabine, an der sich jeweils ein Passagier wie auf einem Kettenkarussell durch das All schleudern lassen kann. So kommt jedes Crewmitglied für acht Stunden am Tag in den Genuss künstlicher Schwerkraft, um weniger unter Knochenschwund leiden zu müssen. Die Kapsel gleitet auf einem zwanzig Meter langen Rohr, das sie auch mit Strom und Luft versorgt. An seinem anderen Ende befindet sich ein Gegengewicht, das sich an die Masse des Passagiers anpassen lässt, damit die Schleuder auch rund läuft und nicht etwa die Zentrale in Schwingungen versetzt.

Takumi hasst die Stunden in der Kapsel, vor allem, weil

sie seinen Tagesablauf so sklavisch takten. Egal, ob er sich gerade mit Igor nett unterhält oder mit Carrie Karten spielt, wenn seine Kapselzeit kommt, muss er in das Gefängnis. Vielleicht tut er sich auch schwer damit, weil er zum Verlassen der Kapsel immer auf andere angewiesen ist. Sie besitzt zwar Fenster, aber keine Schleuse nach draußen.

»Das ist ja toll!«, sagt Igor, nachdem Carrie ihm von dem Besuch berichtet hat.

Carrie schüttelt den Kopf. »Das gibt Ärger, Jungs, ich habe es euch gesagt.«

Seit wann ist Carrie so eine Pessimistin? Es ist der erste Besuch, den sie während ihrer Neunmonatsschicht erhalten, aber sie tut so, als wüsste sie schon, was sie erwartet.

»Mit denen werden wir schon fertig«, sagt Igor. »Ich habe gar nicht zu hoffen gewagt, dass ich die Railgun einmal testen könnte, nachdem ich sie nun schon installieren durfte.«

Die vorhergehende Schicht hatte ebenfalls einen unautorisierten Besucher gestellt und war von dessen Bewaffnung überrascht worden. Alles war noch einmal glimpflich ausgegangen, aber deshalb hat die NPE-Station nun auch eine Waffe mit ordentlicher Feuerkraft.

»Und nun?«, fragt Takumi. »Warten wir, bis sie hier sind?«

»Natürlich nicht«, antwortet Carrie. »Ich informiere den Capcom. Der Besuch braucht noch ein paar Stunden, es ist also genügend Zeit, Anweisungen von der Erde abzuwarten.«

»Dann überprüfe ich jetzt die Gun«, sagt Igor.

Aus psychologischer Sicht hat Igor ein bisschen zu viel Spaß mit der Waffe. Aber Takumi bringt es nicht fertig, ihm die Verantwortung dafür wegzunehmen. Als Bordpsychologe wäre er dazu berechtigt. Doch das würde die Stimmung insgesamt deutlich verschlechtern – und dann müsste vielleicht er selbst die Railgun bedienen. Nein, Igor ist in der Lage, sich im entscheidenden Moment zusammenzureißen. Takumi kennt seine Akte sehr genau. Igor ist unter ihnen derjenige mit der stärksten Initiative, aber er hat sich noch nie zu etwas hinreißen lassen.

Takumi schwebt zum hinteren Ende der Station, die die Form einer schlanken Coladose hat. Hier ist der schnelle Kreuzer angekoppelt, der sie mit DFDs der neuesten Generation in vier Monaten zur Saturnbahn gebracht hat. Tak stoppt zwei Meter vor der Schleuse, verankert die Füße in einem Riemen am Boden und drückt den Knopf, der den Vorhang steuert. Automatisch fährt hinter ihm ein flexibler Plastikstoff durch die komplette Station. Es sieht elegant aus – wie beim Verschluss einer Kamera entsteht ein Loch, das sich sanft schließt. Gleichzeitig wird es dunkel, aber nur für einen Moment, bis sich seine Augen auf das Licht von draußen eingestellt haben.

Vor ihm liegt ein blinkendes Juwel. Die eisige Oberfläche von Enceladus funkelt so schön wie selten. Er zieht die Füße aus der Verankerung und stößt sich sanft ab, sodass er sich um seine Achse dreht. Sein Blick verlässt den Mond, wandert durch die Schwärze, bis er auf die Ausläufer der Ringe stößt, die aus seiner Perspektive wie helle, quer durch das All ragende, absolut gerade Linien anmuten. Sie führen den Blick bis zum Saturn, dem mächtigen Gasplaneten. Noch immer läuft ihm jedes Mal ein Schauer über den Rücken, wenn er sich klarmacht, wie gewaltig die Stürme dort unten sind.

Der Bereich hier hinten ist die Ruhezone der Station. Takumi hat sich das Konzept selbst ausgedacht. Die größere Leistung war es allerdings, das Budget dafür zu bekommen. Tak hatte sich zunächst einen gläsernen Ring vorgestellt, der sich allerdings als unbezahlbar erwies. Doch dann war er in einem Museum auf eine täuschend echte Projektion gestoßen. Nun zeichnen 23 geschickt verteilte Laser das von Kameras aufgenommene Bild des Universums um die Station herum an die Wände, die dafür bloß kostengünstig verkleidet werden mussten. Die Konstruktion hat den zusätzlichen Vorteil, dass sie auch die Illusion von Südseestränden oder Marswüsten vermitteln kann – nur gegen die allgegenwärtige Schwerelosigkeit ist sie machtlos.

Takumi schaltet den Ton ein. Der Knopf dafür befindet sich direkt über dem, der den Vorhang betätigt. Ein Zirpen erfüllt den Raum. Es klingt ätherisch. Takumi schließt die Augen. Die Klänge haben eine Struktur, die sich nach längerem Hinhören derart erschließt. Er drückt auf sein Ohrläppchen und aktiviert damit den in seinen Gehörgang implantierten Mikrolautsprecher. So stört er die anderen nicht mehr, auch wenn er die Lautstärke aufdreht, indem er gegen den Uhrzeigersinn über den Rand seiner Ohrmuschel fährt.

Das Zirpen erfüllt jetzt seinen ganzen Körper. Takumi öffnet die Augen wieder. Über ihm ist Unendlichkeit, bis sich Saturn ins Bild schiebt. Tak ist jetzt das Zentrum der Welt. Alles dreht sich um ihn. Die Weltenmelodie wird klarer. Die Länge ihrer Schwingungen entsprechen den Unterbrechungen der Ringe. Jetzt fällt es ihm auf. Das Programm, das die Musik erzeugt, sucht sich jedes Mal andere Parameter, auf denen es seinen Algorithmus aufbaut. Takumi meint sogar, den Besucher zu hören, der sich geschickt von Ring zu Ring schwingt.

Er schläft ein und ist immer noch da. Es ist einer dieser luziden Träume, die er so hasst. Denn obwohl er weiß, dass er träumt, kann er sich nicht selbst wecken. Das ist sehr ungewöhnlich, und es ist auf der Erde nie vorgekommen. Dass er träumt, dafür gibt es viele Indizien. Das Zirpen hat dem Rauschen der Lebenserhaltung Platz gemacht. Wenn er ruft, reagiert niemand. Takumi zwingt sich, liegen zu bleiben. Einmal ist er während eines solchen Traums nach vorn ins Cockpit geschwebt – nur um festzustellen, dass er vollkommen allein war. Takumi zwingt sich, langsam und tief einzuatmen. Der Traum wird enden, wie er begonnen hat.

Aber diesmal irrt er sich. Er erwacht, weil sein Kopf an die Wand stößt. Takumi hält sich fest. Sein Körper muss sich im Schlaf bewegt haben, und jetzt bemerkt er auch, wieso. Etwa alle dreißig Sekunden geht eine Erschütterung durch die Wand. Was ist hier los? Takumi öffnet den Vorhang und zieht sich nach vorn ins Cockpit.

Igor ist schuld. Er hat sich vor einem Bildschirm festgeschnallt, der die Oberfläche von Enceladus zeigt. Kleine Fontänen steigen aus dem Eis nach oben. Es müssen Einschläge aus der Railgun sein, die sie verursachen. Alle dreißig Sekunden drückt Igor einen Knopf. Der Rückstoß erschüttert die Station. Die Munition, die die Railgun verschießt, ist winzig, aber enorm schnell, und irgendwie muss dem Gesetz der Impulserhaltung ja Genüge getan werden.

»Was machst du denn da?«, fragt Takumi.

»Ich halte die Kontaktspalte frei«, sagt Igor.

»Schön weitermachen«, sagt Carrie.

Igor drückt den Knopf erneut. »Wie geht es ihm?«, fragt er.

Takumi schwebt zu Carrie hinüber. Sie bedient erneut den Spektrografen, analysiert aber diesmal die Dampffahnen, die nach Igors Schüssen auftauchen. Der Bildschirm zeigt verwirrend viele Diagramme.

»Es sieht gut aus«, sagt Carrie. »Alle Werte sind etwas unter normal. Vermutlich hat es gerade eine passive Phase.«

Die Verteilung der Stoffe im Enceladusozean lässt Rückschlüsse auf den Zustand des Wesens zu, das ihn erfüllt. Takumi war noch nie dort unten, aber er stellt sich immer eine gottähnliche Figur vor, die am Grund des Ozeans, mitten im Wald der Säulen, auf sie wartet. So hatte es der berühmte Entdecker, Marchenko, einst geschildert. Tatsächlich füllt das Wesen den gesamten Ozean. Es ist der Ozean, und zugleich ist es so viel mehr als das. Darum hat er auch sofort zugesagt, als man ihm die psychologische Begleitung einer NPE-Crew anbot.

»Wo kommst du denn her?«, fragt Carrie.

»Ich? Aus dem Ruheraum«, antwortet Takumi.

»Wir haben dich gerufen.«

»Oh, das habe ich nicht gehört.«

»Wieder so ein Traum?«, fragt Igor.

Takumi nickt. Er hat beiden von den Träumen erzählt.

»Vielleicht solltest du dich mal durchchecken lassen«, sagt Igor. »Nicht, dass es was Ernstes ist.«

»Medizinisch wird man da nichts finden«, sagt Tak. »Es ist unser Freund da unten.«

»Aber er scheint gerade eine passive Phase zu haben«, sagt Carrie. »Igor hat recht.«

»Was wissen wir denn über das Wesen? Nur weil die Konzentration irgendeines Stoffes im Wasser nahe der Kontaktspalte niedrig ist, leiten wir daraus irgendwelche Phasen ab.«

»Nein, Tak, manches wissen wir schon. Die Phasen wechseln alle 32,9 Stunden, was zufällig die Dauer des Enceladusorbits um Saturn ist. Und sie gehen mit Veränderungen in der Magnetfeldoszillation einher. Das Wesen beeinflusst die Eisphasen in der Kruste.«

»Du hast ja recht. Aber du musst zugeben, dass wir von jedem Verständnis weit entfernt sind. Wir forschen nun seit zwei Jahrhunderten daran, aber niemand hat je ein Gespräch mit Hydra führen können.«

»Das wird wohl auch nie geschehen«, sagt Carrie und schüttelt den Kopf. Ihre langen Haare fliegen in der Schwerelosigkeit nach allen Seiten. »Es ist einfach zu … fremd für uns. Dafür haben wir ja die Träume, die wir interpretieren können.«

»Capcom an B1, wir bedanken uns für die Meldung.«

Das ist Vijay, seit zwei Monaten ihr neuer CapCom, nachdem Anna in den Babyurlaub gegangen ist.

»Na endlich«, sagt Igor. »Mission Control hat sich ja mal wieder Zeit gelassen.«

»Pssst«, ermahnt ihn Carrie.

»… gründlicher Beratung sind wir zu dem Schluss gekommen, die Entscheidung über notwendige Maßnahmen komplett bei euch zu belassen. Eine Landung der fremden Kräfte ist auf jeden Fall zu verhindern.«

»Und was ist mit der Railgun?«, fragt Igor.

»Pssst«, sagt Carrie.

Vijay kann natürlich nicht hören, was sie hier sagen – oder erst nach weiteren 80 Minuten.

»… liegt die Autorisierung der Weltraumbehörde der

UNO vor, das Mandat notfalls auch mit Waffengewalt durchzusetzen. Natürlich nur, wenn es wirklich keinen anderen Weg gibt.«

»Ah, das ist gut«, sagt Igor. »Was unseren Vorgängern passiert ist, wird uns also erspart bleiben.«

»Hoffentlich«, sagt Carrie. »Wir wissen ja nicht, ob die Besucher nicht auch aufgerüstet haben.«

»Ich glaube nicht, dass sie bewaffnet sind«, sagt Takumi. »Sie scheinen ja vor allem auf eine unbemerkte Annäherung zu setzen. Das heißt, sie wollen die direkte Konfrontation vermeiden.«

»Bestimmt sind es wieder solche pseudoreligiösen Spinner, die ihrem Gott möglichst nahe sein wollen«, sagt Igor.

Tatsächlich hat das Enceladuswesen bei einigen irdischen Sekten inzwischen die Rolle eines Erlösers bekommen. Normalerweise verfügen seine Anhänger aber nicht über die finanziellen Mittel, um eine Expedition zum Saturn auszurüsten. Takumi denkt deshalb eher an Firmen aus dem privaten Sektor, die sich von dem Wesen Fortschritte in der Wissenschaft versprechen. Angeblich soll es die Funktionsweise des Universums komplett verstanden haben. Wie lächerlich! Es strebt vermutlich nicht einmal danach.

»Jetzt habe ich nicht gehört, was Vijay noch gesagt hat«, beschwert sich Carrie und drückt ein paar Knöpfe.

»… wenn es keinen anderen Weg gibt«, ist aus dem Lautsprecher zu hören. »Unter der Hand soll ich euch sagen, dass euer Eingreifen bitte keine Leben kosten möge. Solche Schlagzeilen können wir nicht gebrauchen. Es gibt schon genügend Kritik an der harten Haltung gegen eine kommerzielle Verwertung des Enceladuswesens.«

Takumi seufzt. Wenn es nach manchen Regierungen und Unternehmen ginge, hätte man das Wesen da unten wohl längst in Flaschen abgefüllt.

## Hellnacht 3, 4056, Majestätische Dracht

Eva legt den Kopf in den Nacken, sodass der warme Strahl der Dusche ihre Stirn trifft. Das Wasser ist so heiß, dass es schon schmerzt, aber das braucht sie jetzt. Sie dreht sich, bis das Wasser allen Schaum aus ihren Haaren gespült hat. Sie wischt sich das Wasser vom Gesicht, öffnet die Augen und tritt tropfnass durch die Glastür auf den weißen Duschvorleger. Über dem Rand des Waschbeckens wartet ein Handtuch. Es ist warm. Sie rubbelt sich damit zuerst die Haare ab, dann trocknet sie ihren Körper.

Nackt steht sie vor dem Spiegel und betrachtet sich. Sie ist älter geworden. Eva stützt sich auf dem Rand des Waschbeckens ab und neigt sich nach vorn, um ihr Gesicht besser begutachten zu können. Sie findet Falten an den Schläfen und um die Augen, und wenn sie sich vorbeugt, hängen ihre Brüste stärker als früher. Eigentlich fühlt sie sich wie 25, aber ihr Körper sagt etwas anderes.

Wie alt ist sie wirklich? Das ist schwer zu sagen. Richtig gelebt, linear gemessen, hat sie höchstens 35 Jahre. Aber zwischendurch hat sie immer wieder lange Zeit im Tiefschlaf verbracht, was den Körper offenbar auch stresst. Nun ja, für eine Zweihundertjährige sieht sie vermutlich noch ganz gut aus. So alt wäre sie jetzt, hätte sie ihr Leben auf der Erde verbracht.

Sie untersucht den Wäschestapel, den Marchenko ihr hingelegt hat. Unterhemd, Unterhose, kurze Socken, ein dünner Pullover, eine leichte Stoffhose, mehr braucht sie an Bord nicht. Auf der Erde wird sich alles verändern, aber darüber denkt sie heute noch nicht nach. Marchenko hat ihnen eine Überraschung versprochen. Trotzdem nimmt sie sich die Zeit, die sie braucht, putzt die Zähne, entfernt Haare, wo sie sie als störend empfindet, kämmt und föhnt sich gründlich. Sie fröstelt, aber das ist gut, denn es vertreibt die bleierne Müdigkeit, die für die Zeit nach dem Kälteschlaf so typisch ist. Eva wirft einen letzten Blick auf ihren nackten Körper. Wenn sie die Schultern nach hinten drückt, richten sich ihre Brüste auf. Es ist schon okay, wie es ist. Eva zieht sich an und verlässt das Bad.

In dem riesigen Würfelraumschiff pulsiert schon wieder das Leben. Jeder, der ihr begegnet, grüßt sie freundlich. Die meisten Grosnopfe kennen ihren Namen, und fast jeder zweite tauscht sogar ein paar englische Wörter mit ihr. Offenbar bereiten sich viele auf das Ziel dieser Etappe vor. Generell scheint ihr die Stimmung gehoben. Das gesamte Schiff ist von einer Neugier erfüllt, die ihr bei den vorherigen Zwischenstopps nicht aufgefallen ist.

Eva kneift die Augenbrauen zusammen und entscheidet sich für den linken Weg. Der Kälteschlaf hat ihre Erinnerungen zwar nicht ausgelöscht, aber sie sind schwerer zugänglich – wie Waldwege, die Brennnesseln und Heckenrosen überwuchert haben. Es ist, als müsste sie jedes Mal eine kleine Barriere überwinden. Das wird der letzte Kälteschlaf gewesen sein. Oder?

»Guten Morgen«, sagt ein ihr unbekannter Grosnopf in ihrer Sprache.

»Guten Morgen ebenfalls«, antwortet sie in der Sprache der Grosnopfe.

Der Grosnopf bleibt stehen. Jetzt erst erkennt Eva, dass es

sich um ein weibliches Wesen handelt. Ihr kegelförmiger Körper hat eine breitere Basis, und die Beine sind kürzer, aber dafür stämmiger.

»Ga_z_hr*x«, sagt die Grosnopffrau.

Eva hätte nicht in ihrer Sprache grüßen sollen. Ihre Kenntnisse der Grosnopf-Sprache sind rudimentär, und sie hört nicht einmal sämtliche Laute.

»Es tut mir leid«, sagt Eva.

»S tut mr leid«, sagt die Grosnopffrau.

»Sehr gut!«, lobt Eva.

»Wie _st … unt*n?«

»Wie es unten ist, auf der Erde, möchtest du wissen? Ich weiß es leider auch nicht. Ich war noch nie da.«

Die Grosnopffrau wackelt mit dem winzigen Kopf. Dann greift sie mit dem Tastarm in ihre Magenfalte, holt etwas heraus und übergibt es ihr.

Es ist kugelförmig und schleimig. Bestimmt der Kern einer Gug*x-Frucht, eine Delikatesse.

»Vielen Dank«, sagt Eva.

Der Grosnopf berührt vorsichtig Evas rechte Brust, verneigt sich und verschwindet in einem Nebengang. Eva lehnt sich an die Wand. Es gibt noch so vieles in dieser Kultur, das sie nicht versteht.

Was erwarten die Grosnopfe wohl von der Erde? Sie wissen, dass es sich um einen lebensfreundlichen Planeten handelt, der wie geschaffen für sie wäre – den aber andere intelligente Wesen bewohnen. Die Majestätische Dracht mag zwar beeindruckend wirken, ist aber nicht wirklich eine Gefahr für die Menschheit, zumal diese, daran erinnert sich Eva aus Marchenkos Geschichtsunterricht, in zahllosen Kriegen militärische Erfahrungen gesammelt hat. Die Grosnopfe können den Planeten also wohl kaum als eine mögliche Heimat betrachten.

Vielleicht sind es einfach die Begegnungen mit den Menschen, die sie reizen. Hier an Bord sind sie Exoten. Die meisten der über tausend Crewmitglieder haben nie ein Wort mit einem Menschen gewechselt. Das dürfte sich auf der Erde ändern.

Für sie auch. Als Marchenko mit der Messenger gestartet ist, hatte die Erde acht Milliarden Bewohner. Sind es jetzt schon zehn? Oder hat sich ihre Zahl wieder verringert? Wie viele Quadratmeter bleiben dann für sie? Hier auf dem Schiff stört sie die Enge nicht. Die Grosnopfe sind Teil der Umgebung, sodass sie sich manchmal fast allein fühlt. Wie wird es ihr auf der Erde ergehen?

Eva schüttelt den Kopf. Das wird sich alles zeigen. Sie muss sich beeilen. Marchenko wartet sicher schon auf sie.

ETWA ZWEI KREUZUNGEN VOR DER ZENTRALE TRIFFT SIE ihren Bruder Adam. Sie umarmen sich.

»Fühlt sich an, als hätte ich dich 50 Jahre nicht gesehen«, sagt er.

»Du bekommst eine Glatze«, sagt sie.

»Danke auch. Hättest du das nicht übersehen können?«

»Du kennst mich doch. Aber schau, die Grosnopfe haben auch keine Haare auf dem Kopf.«

»Weißt du, was Marchenko uns zeigen will?«

»Nein, Adam. Aber was kann es schon sein? Wir nähern uns dem Sonnensystem.«

»Die ersten Aufnahmen der Erde?«

Eva nickt. Sie haben die Zentrale erreicht. Adam lässt ihr den Vortritt. Marchenko ist nicht zu sehen, aber ein Grosnopf, den ihr Vater wohl hier postiert hat, erspäht sie und winkt ihnen mit beiden Tastarmen. Dann bugsiert er sie durch den Saal. Es riecht modrig, typisch für den Schweiß der Grosnopfe. Eva atmet tief ein und aus. Morgen wird es ihr gar nicht mehr auffallen.

»Da ist er!«, ruft Adam. »Wow, nicht übel.«

Wie bitte? Von Marchenko ist nichts zu sehen. Oder meint Adam etwa … den da? Ein paar Meter vor ihnen steht ein Mann, breite Schultern, ein bisschen kleiner als Adam. Er trägt einen weißen Kittel. Jetzt dreht er sich um und lächelt. Diesen Mann hat Eva noch nie gesehen. Oder doch? Der dichte, graue Bart … Der Mann muss um die 60 sein. Seine Augen strahlen Wärme aus. Er kommt auf sie zu.

»Na, ist das eine Überraschung?«, fragt er mit Marchenkos Stimme.

Eva nickt. Sie ist nicht sicher, ob es eine gute Überraschung ist. Marchenko hat die lange Reise genutzt, um sich wieder in einen Menschen zu verwandeln. Aber da sind winzige Auffälligkeiten, die nicht stimmen und die ihr Schauer über den Rücken jagen. Wenn sich die Augenlider exakt im selben Moment kurz schließen, wenn sich die Gesichtsmuskulatur plötzlich zu stark bewegt, wenn Muskeln starr bleiben, die sich beim Lächeln bewegen müssten …

»Du siehst mich ja an, als wäre ich eine Leiche«, sagt Marchenko.

Er klingt enttäuscht.

»Tut mir leid«, sagt Eva. »Aber ich gewöhne mich schon noch daran.«

»Ich dachte, ich hätte dir meine alten Bilder mal irgendwann gezeigt.«

»Das hast du auch. Aber es ist … seltsam.«

»Ich finde es gut«, sagt Adam. »Du hast die Möglichkeit, dich zu verändern, und du nutzt sie. Eva ist bestimmt bloß neidisch, weil sie schon die ersten Falten hat.«

Vielleicht stimmt das sogar. Wäre sie wie Marchenko, würde sie sich einfach einen Körper konstruieren, dessen Haut glatt ist und dessen Brüste nicht hängen. Obwohl … würde sie sich dann im Spiegel betrachten, würde sie vielleicht dieselbe intuitive Abneigung spüren wie jetzt bei Marchenko.

»Ist schon gut, Marchenko«, sagt sie. »Ich kann nichts dafür. Nächstes Mal warnst du mich lieber vor, wenn du eine Überraschung für mich hast.«

»Das war doch noch gar nicht meine Überraschung«, sagt Marchenko.

»Ach, nicht?«, fragt Adam.

»Kommt!« Marchenko zieht sie ans entgegengesetzte Ende des Saales. Dort gibt es einen rechteckigen, abgesperrten Bereich, dessen eine Wand mit einer Art Laken behängt ist. Marchenko öffnet den obersten Hemdknopf und klappt den Kragen zur Seite. Unterhalb seines Schlüsselbeins kommt etwas zum Vorschein, das wie ein drittes Auge aussieht. Er richtet es auf die behängte Wand, und plötzlich erscheinen dort drei Menschen. Sie tragen weiße Kittel wie Marchenko und unterhalten sich über einen vierten, der auf einem weiß abgedeckten Tisch vor ihnen liegt.

»Das sind Ärzte bei der Arbeit«, sagt Marchenko.

Das Bild schaltet um. Nun sind ein Mann und eine Frau – wieder in Kitteln – über eine Leiche gebeugt, während hinter ihnen eine Frau in Uniform neugierig zusieht.

»Auch Ärzte«, sagt Marchenko.

»Warum zeigst du uns das?«, fragt Adam. »Ich weiß, wie Ärzte aussehen.«

»Wir haben zahlreiche solche Sendungen aufgefangen«, sagt Marchenko. »Wenn ihr wollt, könnt ihr sie in euren Zimmern ansehen.«

»Kein Interesse«, sagt Adam. »Verrate mir lieber, wie ich euch helfen kann, damit wir schneller die Erde erreichen.«

»Ich finde das gar nicht so uninteressant«, sagt Eva. »Immerhin sehen wir dadurch, wie es heute auf der Erde so zugeht. Dann sind wir nicht mehr so fremd, wenn wir irgendwann ankommen.«

»Du kannst es dir ja ansehen«, sagt Adam. »Wie weit sind wir denn überhaupt schon ins Sonnensystem vorgedrungen?«

»Wir nähern uns der Ekliptik«, sagt Marchenko. »Und zwar von oben, ungefähr in der Höhe der Saturnbahn. In etwa zwölf Stunden werden wir die Gravitation des Gasriesen benutzen, um uns in die Ebene der anderen Planeten zu schwingen.«

»Spannend. Wie lange noch bis zur Erde?«

»Da werdet ihr noch ein bisschen Geduld haben müssen. Ich würde mit vier bis sechs Wochen rechnen, aber das hängt auch davon ab, was die Menschen dazu sagen.«

»Wie meinst du das?«, fragt Adam.

»Es wäre ja möglich, dass die Menschheit uns gar nicht sehen will«, sagt Marchenko. »So eine Begegnung ändert einiges.«

»Aber die Grosnopfe haben und hatten doch mit uns auch kein Problem.«

»Für die handelt es sich nicht um die erste Begegnung mit anderem Leben. Seit sie das Wrack in ihrem Orbit geborgen haben, wussten sie, dass es noch andere intelligente Wesen gibt. Bei der Menschheit hat sich das noch nicht herumgesprochen. Obwohl ...«

»Obwohl?«, fragt Eva.

»Nun, es gibt eine Lebensform im Sonnensystem, die so etwas wie Intelligenz besitzt. Sie ist anders als wir, aber doch ... Ich bin aber nicht sicher, ob die Menschen von ihr wissen. Damals, als ich abgereist bin, war das noch nicht der Fall.«

Das klingt spannend. Dieses geheimnisvolle Wesen interessiert Eva beinahe mehr als die vielen anderen Menschen. Sie weiß schließlich schon, wie Menschen sind. Sie ist ja selbst einer.

»Kannst du es uns zeigen, dieses Wesen?«, fragt Eva.

»Ich glaube kaum«, sagt Marchenko. »Spätestens, wenn wir in die Ekliptik eintreten, wird man uns von der Erde aus entdecken. Dann können wir uns nicht erst eine Weile bei Saturn verstecken.«

»Dann vielleicht bei der Abreise?«, fragt Eva.

»Abreise? Spinnst du?«, fragt Adam. »Ich werde mich garantiert nicht noch einmal in so eine Badewanne legen.«

»Es muss ja nicht nächste Woche sein«, sagt Eva.

»Nie wieder, Schwesterherz. Dann werden sich wohl unsere Wege trennen.«

»Das wäre schade. Was erwartest du dir denn von der Erde, Adam?«

»Na, was wohl? Abwechslung, Grün, konstante Schwerkraft, Baden im Meer, Klettern in den Bergen, alles, was mir bisher versagt geblieben ist.«

»Sex.«

»Klar, auch Sex. Eine Freundin. Die ewige Liebe, falls es so etwas gibt.«

»Und du glaubst, das findest du alles da unten? Da sind acht Milliarden andere, die dir Konkurrenz machen.«

»Wieso Konkurrenz? Die suchen nach demselben wie ich, das sind doch umso mehr Chancen.«

»Und was ist mit unserem Schöpfer?«, fragt Eva.

Adams Lächeln friert ein. »Ja, diesem Arschloch würde ich gern ins Hinterteil treten. Aber er ist bestimmt schon tot und wenn nicht, dann viel zu alt dafür.«

»Da könntest du dich irren«, sagt Marchenko. »Bei RB, dem Unternehmen des Schöpfers, gab es ein Gerücht. Angeblich soll sich Schostakowitsch irgendwann in den 2080er-Jahren aus seinem schwächelnden Körper in einen Computer zurückgezogen haben. Dort könnte er immer noch leben.«

»Woher weißt du davon, Marchenko?«

»Tja, er brauchte mich, um diese Methode zu vervollkommnen. Meine Existenz innerhalb der Messenger ist bloß ein Nebenprodukt seines Wunsches, unsterblich zu werden.«

»So ein Arschloch«, sagt Adam.

»Da hast du vermutlich recht«, sagt Marchenko. »Aber aus seiner Sicht war es das Logischste, was er tun konnte, mal vom Sterben abgesehen, das für ihn nicht in Frage kam. Sogar seine Tochter musste sich dem unterordnen.«

»Ich hoffe, dass er noch lebt und wir ihn treffen können«, sagt Eva. »Ich würde ihm wirklich gern meine Meinung sagen.«

»Ich bin da eher skeptisch. Der RB-Konzern hat keinen Grund, uns an ihn heranzulassen. Das gesamte Messenger-Projekt war immer streng geheim. Unser Flug zu Proxima Centauri war der Deckmantel, unter dem alles andere vorbereitet wurde. Niemand wird dort Lust haben, unangenehme Fragen zu beantworten, und dann auch noch zu Ereignissen, die bereits mehr als 200 Jahre zurückliegen.«

»Dann müssen wir uns eben etwas einfallen lassen«, sagt Eva.

»Das klingt so einfach. Aber unsere Landung auf der

Erde wird weltweit medial verfolgt werden. Niemand von uns wird auch nur einen Schritt unbeobachtet machen können. Wir kommen immerhin als einzige Menschen in einem schwarzen Würfelraumschiff an, zusammen mit Tausenden von Aliens, die nicht eben vertrauenerweckend aussehen.«

Eva muss an ihre ersten Begegnungen mit Gronar denken. Der Kommandant des Raumschiffs hatte ihr damals einen ordentlichen Schrecken eingejagt. Doch schließlich hatten sie sich gegenseitig geholfen.

»Vielleicht sollten wir einfach wieder umkehren«, sagt Eva. »Ich mache mir ein bisschen Sorgen um die Grosnopfe. Sie sind so stark, aber vielleicht sind sie den Menschen trotzdem nicht gewachsen.«

Ein schlanker Grosnopf stellt sich neben Adam. Es ist Ragnor. Er wartet, bis sie den Satz zu Ende gesprochen hat.

»Marchenko? Gronar sucht dich«, sagt er.

»Was gibt es denn?«, fragt Marchenko.

»Im Orbit des Gasplaneten, den wir anfliegen, haben wir eine menschliche Präsenz festgestellt. Wir müssen entscheiden, wie wir vorgehen. Wenn wir den Anflug wie geplant fortsetzen, werden wir irgendwann gesehen werden, und dann weiß auch die Erde Bescheid.«

»Danke, Ragnor, das ist ein wichtiger Hinweis«, sagt Marchenko. »Ich komme gleich.«

Der kleine Ragnor, der ohne Eva diese Reise nie angetreten hätte. Hieß es nicht einmal, er werde gegen Ende der Expedition einen Kampf bestreiten müssen? Noch ein Grund zum Umkehren.

Marchenko reicht ihr ein kleines Kästchen. Dann greift er in seinen Brustkorb und drückt das dritte Auge heraus.

»Einfach gegen die Wand halten, dann könnt ihr alle Sendungen der Menschen verfolgen«, sagt er.

»Aber das ist doch albern«, sagt Adam.

»Nein, ist es nicht«, widerspricht Marchenko. »Die Bräuche haben sich in den letzten 200 Jahren bestimmt geändert. Es wäre doch gut, wenn ihr unter euresgleichen nicht so auffallen würdet. Seht euch diese Filme an.«

Adam schüttelt den Kopf.

»Komm, tun wir dem alten Mann diesen Gefallen«, sagt Eva und stößt ihn an. »Ich habe das Gefühl, dass er nicht mehr lange bei uns sein wird.«

»Wieso denn das? Marchenko lebt ewig!«, sagt Adam.

»Merkst du denn nicht, dass er uns möglichst selbstständig sehen will, sodass wir ihn nicht mehr brauchen?«

»Meinst du, er will …«

Adam fährt mit der Handfläche an seiner Kehle vorbei. Eva muss lachen, weil sie die Geste so lange nicht mehr gesehen hat.

»Nein, wo denkst du hin! Ich glaube, er hat einfach andere Pläne. Die Majestätische Dracht ist ja sehr beeindruckend. Aber die Grosnopfe und wir halten ihn mit den Einschränkungen unseres biologischen Lebens inzwischen doch nur noch auf.«

»Du glaubst, er will uns loswerden?«, fragt Adam.

»So würde ich das nicht ausdrücken, aber ja. Überleg doch mal, wie es dir an seiner Stelle ginge. Während wir zwanzig und mehr Jahre lang bei einem Fünftel der Lichtgeschwindigkeit durch das Weltall zuckeln, kann er uns nur dabei zusehen, sich mit dem Allwissen zum Kaffee treffen und unser Aufwachen vorbereiten.«

»Das neue Badezimmer ist toll, oder?«

Eva lacht. Ja, das Badezimmer ist toll.

## 6. März 2302, Enceladus

»Sie sind weg«, sagt Carrie.

»Was? Das ist nicht dein Ernst«, sagt Takumi.

»Ich bin dann auch mal weg«, sagt Igor. »Kann mich jemand nach draußen kurbeln? Ich muss bloß noch Zähne putzen.«

Takumi hat gerade seine Acht-Stunden-Schicht in der Kapsel hinter sich. Nun ist Igor an der Reihe, während er Carrie bei der Arbeit ablöst.

»Aber vergiss nicht wieder, die Kapsel zu lüften und dein Bettzeug wegzuräumen, wenn du ausgeschlafen hast«, sagt Carrie.

»Ich? Das mache ich doch nie«, sagt Igor.

»Dann müsste ich dich nicht daran erinnern. Gestern musste ich erst eine halbe Stunde aufräumen, bevor ich mich hinlegen konnte.«

»Daran war bestimmt die Lebenserhaltung schuld. Wenn die den Luftstrom auf Maximum stellt, fliegt alles durcheinander, was ich vorher aufgeräumt habe.«

»Haha, Igor. Denk einfach dran, okay?«

»Ja, Mama.«

Igor schwebt nach hinten, wo sich die Nasszelle befindet. Durch die Schichteinteilung ist Carrie immer nach Igor an der Reihe, der tatsächlich nicht besonders ordentlich ist. Vielleicht sollte er einen Tausch beantragen, bevor sich die Unstimmigkeiten zu einem handfesten Streit aufschaukeln. In der winzigen Station kann man sich nicht gut aus dem Weg gehen.

»Ich setze mich dann mal auf das Folterinstrument«, sagt Carrie.

Sie meint das Sportgerät, das als »kombinierte Ausdauer- und Krafttrainingsstation« an Federn im mittleren Drittel der Station aufgehängt ist. Drei Stunden Training pro Tag sind Pflicht.

»Warte mal«, sagt Takumi. »Was hast du gesagt? Die Besucher sind wieder abgeflogen?«

»Nein, sie haben sich versteckt und glauben nun bestimmt, dass wir sie noch nicht bemerkt haben. Aber ich konnte ihre Flugbahn bis zu einem besonders großen Eisbrocken in einem der Ringe verfolgen. Da sitzen sie nun und warten auf irgendetwas. Ich habe dir ihr Versteck auf dem Überwachungsschirm markiert.«

»Und was soll ich tun?«

»Aufpassen. Wir dürfen nicht verpassen, wenn sie ihr Versteck verlassen.«

»Und wenn …«

»Dann rufst du mich. Sie haben sich schon vor etwa vier Stunden hinter diesen Brocken geklemmt.« Carrie tippt auf einen blinkenden Punkt in der Übersichtskarte. »Bestimmt werden sie demnächst wieder aktiv.«

Was wollen die da? Auf Enceladus landen, das scheint klar zu sein. Aber das fremde Raumschiff scheint auf irgendetwas zu warten. Seine Besatzung glaubt, noch nicht bemerkt worden zu sein, und will es sicher so lange wie möglich dabei belassen. Bisher haben sie sich damit beholfen, gewissermaßen mit ausgeschalteten Scheinwerfern durch die Nacht geflogen zu sein – oder genauer gesagt ähnlich wie Fledermäuse mit einem Ortungsmechanismus, der normalerweise unsichtbar bleibt.

Dass Carrie die Ringe spektroskopisch überwacht, scheint sich nicht bis zu den Besuchern herumgesprochen zu haben. Also handelt es sich schon einmal nicht um Insider mit Verbindungen zu NASA oder ESA, denn agenturintern sind die Forschungsvorhaben der Crew der NPE-Station kein Geheimnis. Woher kommen sie dann, wer hat sie geschickt? Takumi klappt sich einen Stuhl aus dem Boden und schnallt seine Oberschenkel daran fest. Es nervt, wenn man in der Schwerelosigkeit beim kleinsten Impuls davontreibt.

Er richtet den Schirm so aus, dass das Licht an der Decke sich nicht darin spiegelt. Dann betrachtet er die Bahnen aller relevanten Objekte genauer. Da wäre zum einen der Saturn, der um die Sonne wandert. Dabei begleiten ihn die Ringe, in die auch Enceladus eingebettet ist. Der Brocken, den sich die Besucher als Versteck ausgesucht haben, orbitiert weiter innen, näher an Saturn. Enceladus selbst rotiert so, dass der Mond dem Planeten stets dieselbe Seite zuwendet.

Die NPE-Station wiederum, aus der er das alles gerade beobachtet, bewegt sich so um Enceladus, dass sie sich maximal um 10 Grad aus der Ebene der Ringe und anderen Monde entfernt. Das hatte sich bisher stets als praktisch erwiesen, weil sie so die Tigerstreifen am Südpol regelmäßig inspizieren können. Dort, wo das Wasser des Enceladusozeans immer wieder in Eisgeysiren ins All gesprüht wird, ist der Zugang zum Ozean im Inneren besonders einfach. Außerdem befindet sich in der Nähe auch die Kontaktspalte, durch die sie offiziell Verbindung zu Hydra halten.

Takumi startet eine kleine Simulation, bei der er einfach nur den Zeitablauf beschleunigt. Da! In etwa 90 Minuten wird die Sichtverbindung zwischen dem Versteck der Besucher und der NPE-Station kurz unterbrochen. Er lässt die Simulation weiterlaufen. Zwölf Minuten lang werden sie nicht sehen können, wohin sich das fremde Raumschiff bewegt, weil der Eismond im Weg ist. Was können die Besucher in dieser Zeit erreichen? Näher am Enceladusorbit gibt es weitere Eisbrocken, die sich als Versteck eignen würden. Anscheinend versuchen sie, geschickt von Deckung zu Deckung zu springen, um dann im letzten Schritt auf ihrem Ziel landen zu können.

Das ist gut durchdacht. Die Besucher kennen die Verhältnisse hier draußen. Aber das ist auch keine Kunst, alle Daten über das Sonnensystem sind frei verfügbar. Wer eine solche Expedition finanzieren kann, wird die beachtliche Investition auch mit gründlicher Information absichern. Sehr wahrscheinlich ist das Schiff im Auftrag eines großen Konzerns unterwegs. Falls sie es je zu Gesicht bekommen, wird es keine Hoheitszeichen tragen, und die Besatzung wird sogar ihre Namen vergessen haben.

»Carrie?«, fragt er.

Keine Antwort.

»Carrie!«

Er dreht sich um. Die Kommandantin dreht ihm den Rücken zu und tritt kräftig in die Pedale. Ausdauertraining. Dazu hört sie vermutlich laute Musik. Die im Hörkanal integrierten Minilautsprecher lassen nichts davon nach draußen dringen. Takumi könnte Carrie per Funk rufen, aber er schnallt sich lieber los, schwebt zu ihr hinüber und tippt sie von oben, an der Decke hängend, an.

Überraschend ist das für keinen von ihnen mehr, Raumrichtungen haben längst ihren Sinn verloren. Carrie sieht denn auch nach oben und wischt über ihre Ohrmuschel.

»Kann ich dich kurz stören?«

»Na klar.«

»Ich weiß jetzt, warum die sich verstecken.«

»Ja, sie wollen den Zusammenbruch der Sichtverbindung nutzen, um sich näher heranzuschleichen.«

Er hätte es wissen müssen. Carrie hat bereits dieselben Überlegungen angestellt wie er. Immerhin kann er stolz darauf sein, dass er als Psychologe auf die gleiche Idee gekommen ist wie seine raumfahrterfahrene Kommandantin.

»Wir könnten unseren Orbit verändern«, sagt Takumi.

»Wenn wir die Bahn so drehen, dass sie senkrecht zur Ringebene steht, verlieren wir die Sichtverbindung nie.«

»Aber dann wissen sie natürlich, dass wir sie gesehen haben. Es kann ja kaum ein Zufall sein, wenn wir ausgerechnet jetzt unseren Orbit drehen.«

»Dann wissen sie es eben. Vielleicht ziehen sie sich dann zurück.«

Nein, das ist Unsinn. Sie sind bestimmt nicht Milliarden Kilometer geflogen, um dann kurz vor dem Ziel den Schwanz einzuziehen.

»Ganz sicher nicht«, sagt Carrie.

»Ja, ich weiß«, gibt Takumi zu.

»Deshalb sollten wir versuchen, unseren Wissensvorsprung zu erhalten.«

»Aber wenn wir nicht sehen, was sie tun, wissen wir zwar noch, dass es sie gibt, aber nicht, wo.«

»Da hast du leider recht. Wir können aber ausrechnen, welches neue Versteck sie in der zur Verfügung stehenden Zeit erreicht haben können.«

»Dann sollten wir das versuchen.«

»Habe ich schon, als du noch geschlafen hast. Es gibt drei Möglichkeiten.«

»Alle gleichwertig?«

»Nein. Variante A bringt sie deutlich näher an uns heran. Variante B gibt ihnen dafür beim nächsten Versuch ein längeres Zeitfenster. Variante C liegt irgendwo dazwischen. Was sagst du denn als Psychologe, welche Variante sie wählen werden?«

»Eine gute Frage. Für diese Besucher steht eine Menge auf dem Spiel, sowohl Geld als auch investierte Lebenszeit. Also werden sie auf Sicherheit setzen und Variante B wählen.«

»Dann bin ich gespannt, ob du recht hast. Sag mir doch Bescheid, wenn die Sichtverbindung wieder steht.«

»Du willst nicht dabei sein, wenn es ernst wird?«

»Ich vertraue dir, Tak. Außerdem kann ich eh nichts tun, wenn die anderen am Zug sind.«

ZÜGIG SCHIEBT SICH EINE DUNKLE SCHEIBE ÜBER DAS BILD. Ohne das Licht der Sonne oder des Planeten ist auch der sonst so helle Enceladus einfach nur schwarz. Sein 500 Kilometer durchmessender Körper gibt den unangemeldeten Besuchern die Gelegenheit, auf die sie sicher ungeduldig gewartet haben. Welche Variante werden sie wählen? Takumi stellt sich vor, wie der Kommandant zwischen A und B schwankt.

In seiner Phantasie sind vier Männer an Bord, die wie Piraten aussehen. Was natürlich Unsinn ist. Es muss sich um ausgebildete Raumfahrer handeln, und bei einer so langen und teuren Reise würde auch ein illegales Unternehmen nicht mit vier testosteronschwangeren Männern besetzt, sondern mit einer ausgeglichenen Crew, die sich auch nach einem Jahr im All nicht gegenseitig an die Gurgel geht. Der Kommandant, der gerade zwischen A und B abwägt, könnte also auch sehr gut eine Kommandantin sein.

Das Ergebnis ist umso klarer, je länger er darüber nachdenkt. Die unbekannte Crew muss auf Sicherheit setzen. Es darf einfach nichts schiefgehen. Also Variante B? Er rotiert die Übersichtskarte, um den Eisbrocken zu finden, den Carrie als B identifiziert hat. Er ist etwas kleiner als der Brocken, in dessen Schutz das Schiff bisher ausgeharrt hat.

Das heißt auch, dass das Schiff selbst relativ klein sein muss, kleiner noch als das Kurierboot, mit dem sie selbst hier eingetroffen sind. Für seine Crew war das sicher eine harte Zeit. Takumi tut sie fast ein bisschen leid, denn es ist seine Aufgabe, ihnen das Erreichen ihres Ziels zu verwehren. Er darf nicht allzu viel Empathie investieren, sonst trifft er am Ende noch falsche Entscheidungen. Insofern ist es gut, dass Igor für die Railgun zuständig ist und nicht er.

Die schwarze Scheibe wandert nach oben aus dem Bild. Sie gibt den Blick frei auf die Ebene der Ringe, die wie eine glitzernde Scheibe aussehen, die er vom Rand aus betrachtet. Im Teleskopbild sind die Eisbrocken, hinter denen sich das fremde Schiff verbergen könnte, nicht zu erkennen. Er kennt aber ihre Orbitaldaten.

Wie findet er nun heraus, welche Variante die Besucher gewählt haben? Er könnte Carrie fragen. Takumi dreht sich um. Die Kommandantin klemmt gerade in der Kraftmaschine und stählt ihre Muskeln. Sie hat dabei die Augen geschlossen, als meditiere sie. Die Anstrengung ist ihr nicht anzusehen. Nein, er wird selbst herausfinden, wie es weitergeht. Zunächst startet er erneut die Simulation. Es ist nun allerdings etwas komplizierter, weil er zwei mögliche Startpunkte hat. Bei Variante A könnten die Eindringlinge in 35 Minuten ein siebenminütiges Zeitfenster nutzen, um voranzukommen. Variante B gibt ihnen in 40 Minuten etwa zwölf Minuten Zeit, um sich ein neues, noch näher liegendes Versteck zu suchen.

Aber wo sind sie jetzt? Kann man sich im Ringsystem des Saturn bewegen, ohne Spuren zu hinterlassen? Die Ringe bestehen aus feinsten Eis- und Staubteilchen, und so, wie man beim Schwimmen im Wasser Bugwellen erzeugt, müssten sich eigentlich auch bei der Bewegung durch die Ringe Dichteveränderungen nachweisen lassen. Er muss nur wissen, wo er nachsehen muss – und ein bisschen Glück haben.

Takumi richtet das Teleskop auf den Bereich zwischen dem letzten Eisbrocken und Variante A aus. Wenn er hier einen Hintergrundstern fände … Ja! Durch die Bewegung der NPE-Station und der Ringe bewegt sich der von dem Stern ausgehende Lichtstrahl scheinbar durch die Materie, aus der die Ringe bestehen. Takumi zeichnet die Helligkeitsveränderungen auf, die sich daraus ergeben. Sie sind minimal, aber messbar. Dasselbe wiederholt er für Variante B. Auch hier findet er einen passenden Stern. Der ist allerdings deutlich lichtschwächer. Die Helligkeitsveränderungen fallen deshalb weniger deutlich aus.

Schließlich vergleicht er die beiden Lichtkurven. In einer von ihnen müsste sich die Bugwelle des fremden Schiffs finden, die es im Medium der Ringe hinterlassen hat.

»Ah, du bist schon drauf gekommen«, sagt Carrie, die plötzlich neben ihm schwebt.

Ihr Gesicht ist von der Anstrengung gerötet, und auf ihrer Stirn haben sich Schweißtropfen gebildet.

»Ja, ich dachte mir, dass sich Dichteveränderungen im Licht nachweisen lassen müssten«, erklärt Takumi. »Aber jetzt bin ich nicht mehr sicher, ob das reicht.«

Es gibt zwar ein paar periodische Abweichungen, aber sie tauchen bei beiden Varianten auf.

»Wahrscheinlich eher nicht«, sagt Carrie. »Wenn wir den Zustand vorher aufgezeichnet hätten, sähe es anders aus. Aber das war ja nicht möglich.«

»Schade.«

»Hast du schon nachgesehen, wie es weitergeht?«

»Ja, C konnte ich ausschließen. Als A und B ergibt sich jeweils nur eine Möglichkeit. Wir wissen also weiterhin mit 50-prozentiger Wahrscheinlichkeit, wo sich die Eindringlinge aufhalten.«

»Und danach, im übernächsten Schritt? Wir müssen immer weiterdenken als die anderen.«

»Moment«, sagt Takumi und lässt die Simulation weiterlaufen, erst für Variante A, dann für B.

»Das ist interessant«, sagt er. »Hier, bei B ergibt sich die Möglichkeit, direkt in den Orbit von Enceladus einzuschwenken, und zwar an einer Stelle, von der sie auch gleich einen Abstieg versuchen könnten.«

»Zeig mal!« Carrie dreht die Darstellung mit den Fingern. »Siehst du das hier?« Sie zeigt auf einen roten Punkt auf der Enceladusoberfläche. »Das ist das Lasergeschütz, das der RB-Konzern vor langer Zeit hier platziert hat. Die Nationalparkverwaltung hat es inzwischen übernommen. Wenn sie nach Variante B direkt in den Orbit bremsen, kommen sie in Reichweite des Geschützes. Es ist so programmiert, dass es alle Schiffe ohne Freund-Signal abschießt.«

»Das würde ihnen also nicht bekommen.«

»Allerdings. Deshalb glaube ich nicht, dass sie es überhaupt versuchen werden. Sie scheinen ja sehr gut informiert zu sein.«

»Den Eindruck habe ich auch«, sagt Takumi. »Aber dann bleibt nur noch Variante A?«

»Stimmt.«

Die Eindringlinge gehen wirklich mit großer Achtsamkeit vor. Die Crew muss Erfahrungen in der interplanetaren Navigation haben. So etwas lernt man nicht als Linienpilot auf den Strecken zum Mond oder zum Mars. Vielleicht war sie zuvor im Asteroidengürtel unterwegs. Sich von Brocken zu Brocken zu hangeln, würde dazu passen. Allerdings sind im Asteroidengürtel die Abstände immens, ganz anders als hier.

Takumi beobachtet die Eisbrocken, hinter denen sich das Schiff verbergen könnte, immer wieder im Teleskop. Inzwischen sind sie nahe genug, sodass er auch etwas sehen könnte, gäbe es denn etwas zu sehen. Doch den Gefallen tut ihm der Gegner nicht. Es kommen immer noch beide Varianten in Frage. Ob die Eindringlinge ahnen, dass sie bereits beobachtet werden? Zumindest scheinen sie damit zu rechnen. Vielleicht sollten sie einfach die beiden Brocken, die ihnen als Sichtschutz dienen, einfach mit der Railgun zerbröseln.

Aber Carrie scheint auf eine andere Strategie zu setzen. Sie will wohl darauf warten, dass ihr die Eindringlinge quasi von selbst in die Arme laufen. Takumi ahnt, was sie vorhat. Wenn das fremde Schiff im übernächsten Orbit Enceladus als Sichtschutz verwendet, um darauf zu landen, wird sie den Orbit der Station so verändern, dass sie den Eindringlingen entgegenkommen. Sie tauchen überraschend auf und drohen mit dem Einsatz der Railgun, sodass die Fremden gar keine andere Wahl mehr haben, als sich ihnen auszuliefern.

Das wäre ein sauberes Ende. Zu glatt für Takumis Bauchgefühl. Wenn die Fremden sie nun zu genau dieser Strategie bewegen wollen? Wäre es möglich, dass sie von Carries spektroskopischen Messungen wussten und absichtlich mit ihrer Ultraviolett-Navigation auffallen wollten? Dann läge der Informationsvorsprung in Wirklichkeit bei ihnen, und im letzten Schritt wird alles völlig anders laufen, als Carrie es erwartet.

Quietschend öffnet sich die Tür des WHCs. Carrie kommt heraus. Sie hat ein großes Handtuch um ihren Körper geschlungen.

»Carrie?«

»Ja?«

Sie schwebt zu ihm. An ihren Füßen bewegt sich das Handtuch wie der Schwanz einer Meerjungfrau.

»Ich frage mich, ob wir nicht einen Fehler begehen.« Takumi erklärt ihr seine Überlegung.

»Ja, das kann schon sein«, sagt Carrie freimütig. »Es wäre auch möglich, dass sie nur so tun, als wüssten sie, dass wir alles wissen, um uns dadurch nervös zu machen. Oder sie tun nur so, als würden sie so tun. Man kann jede Strategie wieder und wieder umdrehen, bis man selbst ganz verwirrt ist. Aber erfahrungsgemäß bringt das wenig, von der Verwirrung abgesehen. Je komplizierter ein Plan ist, und mit jedem »als ob« verkompliziert er sich, desto eher scheitert er. Wenn es Profis sind, und alles deutet darauf hin, wissen sie das. Ich frage mich eher, ob sie nicht noch ein Ass im Ärmel haben könnten, das sie ziehen, wenn ihre Lage scheinbar aussichtslos ist.«

»Was könnte das sein?«

»Wenn ich das wüsste, hätte ich den Plan entsprechend angepasst. So müssen wir eben flexibel reagieren.«

»Okay, ich bin bereit«, sagt Igor.

Sie haben ihn schon vor zehn Minuten aus der Kapsel geholt, etwas vorzeitig, aber er hat sich nicht beschwert. Die Eindringlinge müssten nun bald ihr letztes Manöver starten. Carrie sitzt bereits an der Steuerung, um den Orbit der Station so anzupassen, dass sie das fremde Schiff bequem aufbringen können. Takumi verfolgt alles hinter dem Teleskop. Weil unten kein Platz ist, hat er sich einfach an der Decke festgeklemmt. Das Okular des Teleskops ist elektronisch und drahtlos an das Instrument angebunden. So kann er es überallhin mitnehmen.

»Du siehst lustig aus«, sagt Igor. »Als würdest du ein überdimensionales Monokel tragen.«

»Lach nur über mich.«

»Du hättest dir ja auch ein Implantat einsetzen lassen können. Ich brauche nur die Signalquelle umzuschalten, und schon sehe ich, was draußen passiert.«

»Nein, danke.«

Takumi hatte tatsächlich vor dem Start darüber nachgedacht. Aber im Gegensatz zu den Mikrolautsprechern im Ohr wäre das Netzhautimplantat eine richtige Operation gewesen, mit allen Risiken. Die hatte er nicht eingehen wollen. Wie oft muss er als Psychologe denn schon in die Sterne gucken?

»Es geht gleich los, bitte Konzentration«, sagt Carrie.

Ihre Stimme klingt leicht gepresst. Takumi spürt ihre Anspannung. Er richtet den Blick über das Okular auf den Eisbrocken, hinter dem sich laut Variante A das fremde Schiff verstecken müsste. Davon sind keinerlei Anzeichen zu bemerken. Von unten wandert Enceladus ins Bild. Diesmal sind sie auf der Sonnenseite. Takumi muss das Okular abdecken, weil ihn das reflektierte Licht blendet.

Eine deutliche Kraft von der Seite drückt ihn in die Riemen. Jetzt kommt sie von vorn. Carrie hat die vorberechneten Korrekturmanöver gestartet. Es wird ernst. Die eisige Oberfläche des Mondes bewegt sich an ihnen vorbei. Mit den beiden kurzen Manövern hat die NPE-Station ihren Orbit bereits so weit verändert, dass sie den Gegner überraschen werden, wenn er sich noch sicher wähnt. Takumi merkt davon noch nicht viel, aber auf die Orbitalmechanik ist Verlass.

Er folgt den beeindruckenden Landschaften. Gerade überqueren sie einen Bereich, der wie eine irdische Steppe anmutet, die meterdick von Schnee bedeckt ist. Dass ihr Boden aus Eis besteht, ist von oben kaum zu ahnen. Würde er sich 50 Kilometer tief in die Kruste bohren, stieße er auf verhältnismäßig warmes, stark salzhaltiges Wasser – das Lebensmedium des Enceladuswesens.

»Achtung, gleich müssen sie kommen«, sagt Carrie.

Das ist der Moment, in dem sie die Eindringlinge überraschen werden.

»Ich sehe nichts«, sagt Igor.

»Moment noch«, sagt Carrie.

Sie klopft einen aggressiven Rhythmus auf den Computer vor ihr. Er muss sich einmal mit ihr über das Thema »unterdrückte Wut« unterhalten.

»Immer noch nichts«, sagt Igor.

»Warte.«

Takumi richtet das Teleskop auf den Eisbrocken von Variante B aus. Er liegt auf ihrer Umlaufbahn hinter ihnen, ist aber noch gut zu erkennen. Da, ein heller Punkt! Das muss die Wärme eines Triebwerks sein. Der Eisbrocken scheint sich zu vergrößern. Dann teilt er sich. Das fremde Schiff hat sein Versteck verlassen!

»Bei Variante B tut sich etwas«, sagt Takumi.

»Was? Das kann nicht sein!«, ruft Carrie.

Sie muss selbst wissen, dass das nicht stimmt. Es war nur nicht die wahrscheinlichste Variante.

»Scheiße, Tak hat recht. Die Feiglinge haben sich aus der Deckung gewagt!«, ruft Igor.

»Kannst du …?«

»Nein, Carrie. Das Geschütz ist nur bis 180 Grad drehbar. Kannst du …?«

»Unmöglich, Igor. Ich kann den Orbit verändern, aber nicht plötzlich rückwärts fliegen. Wir entfernen uns unweigerlich von ihnen.«

Takumi fällt der rote Punkt ein, den Carrie ihm gezeigt hat. Der Laser an der Oberfläche – müsste er jetzt nicht aktiv werden?

»Was ist mit dem RB-Laser?«, fragt er.

»Du hast recht«, sagt Carrie. »Darum hatte ich B ja auch

ausgeschlossen. Der Laser wird sie gleich vom Himmel holen.«

»Na hoffentlich«, sagt Igor.

Igor zweifelt daran, und Takumi kann ihm bloß beipflichten. Fast jeder weiß von dem Laser. Die Fremden werden kaum so dumm sein, sich abschießen zu lassen. Und tatsächlich schwebt das Schiff in aller Ruhe gen Oberfläche. Warum nimmt der Laser es nicht ins Fadenkreuz? Takumi beobachtet die Besucher im Teleskop. Ihr Schiff hat die klassische Form eines dreibeinigen Landers. Inzwischen hat es die Bremstriebwerke in Richtung Oberfläche gedreht. Aber dieses Modul kann nicht die ganze Strecke bis hierher geflogen sein. Irgendwo muss ein Basisschiff warten, vermutlich hinter einem der Eisbrocken in den Ringen.

»Der Laser reagiert nicht«, sagt Takumi.

»Scheiße. Das war also das Ass, das sie im Ärmel hatten«, sagt Carrie. »Irgendwie müssen sie die Freund-Feind-Erkennung der Laserstation umgangen haben.«

»Oder das Ding funktioniert schon lange nicht mehr. Es steht doch schon seit über 200 Jahren da unten«, sagt Igor.

»Das glaube ich nicht. Es wurde regelmäßig gewartet«, sagt Carrie.

Takumi verfolgt das landende Schiff im Teleskop. In ein paar Sekunden werden sie den Kontakt verlieren.

»Sie gehen mit einem ziemlich primitiven Lander da runter«, erklärt er.

»Bestimmt kreist irgendwo noch ein Transfermodul. Wir müssen es finden und zerstören. Dann kommen sie nicht zur Erde zurück«, sagt Carrie.

»Dieser Teil des Schiffes kann sich überall und nirgendwo verbergen«, sagt Igor. »Ich kann doch nicht alle Eisbrocken der Ringe in Stücke schießen. Nein, wir müssen uns an den Lander halten.«

»Zu spät, er ist weg«, sagt Carrie, die aus dem Bullauge sieht.

Sie hat recht. Das Teleskop zeigt nur noch den Horizont. Die Station hat Enceladus so weit umrundet, dass sie den

Lander nicht mehr erkennen können. Sie wissen also nicht genau, wo er niedergehen wird.

»Wir werden ihn während unseres nächsten Orbits finden«, sagt Igor.

»Da wäre ich nicht so sicher«, sagt Carrie. »Sie haben genügend Zeit, um ihn optisch und im Infrarot zu tarnen. Diese Zeit dürfen wir ihnen nicht lassen. Also müssen wir wohl selbst runter.«

»Gut, ich steige ins Kurierboot um«, sagt Igor. »Ich bin schon sehr gespannt, wie es da unten zugeht.«

»Tut mir leid, aber dich brauche ich als Backup an der Railgun. Wenn sie zu fliehen versuchen, musst du sie erledigen. Tak und ich werden landen.«

»Bist du so weit?«, fragt Carrie.

Er ist noch nicht so weit, nickt aber trotzdem. Sie haben zuvor in der Antarktis trainiert. Viel schlimmer kann es ja nicht werden.

»Dann kopple ich jetzt ab.«

Takumi kontrolliert die Gurte und überzeugt sich, dass der Helm in Reichweite und gesichert ist. Das geht alles verdammt schnell. Aber es ist besser so, dann kann er sich nicht zu viele Gedanken machen. Wenn er zu lange über etwas nachdenkt, wird nichts daraus. Deshalb hat er sich angewöhnt, neue Ideen möglichst schnell auszuprobieren. Immer geht das allerdings nicht gut aus.

Ein Stoß drückt ihn nach rechts. Takumi rückt seinen Oberkörper gerade. Carrie reicht ihm ein in Plastik eingeschweißtes Blatt nach hinten. Die Checkliste.

»Kannst anfangen«, sagt sie.

»Okay.«

Takumi konzentriert sich auf den Text, indem er die Augenbrauen zusammenkneift. Die lange Zeit in der Schwerelosigkeit hat ihn etwas weitsichtig werden lassen.

»Punkt 1, Statuscheck«, liest er vor.

»Status Go«, bestätigt Carrie als Pilotin.

»Versorgungsleitungen?«

»Getrennt.«

»Stromversorgung?«

»Eigene.«

»Dann kannst du jetzt die Klammern lösen.«

»Löse die Klammern«, sagt Carrie.

Ein hässliches Kratzen durchzieht das Schiff. Ein Schauer läuft über Takumis Rücken.

»Ist das normal?«, fragt er.

»Vermutlich hat sich am Kopplungsmechanismus etwas Eis abgesetzt«, erklärt Carrie. »Wir fliegen ja seit Monaten immer wieder durch die Fontänen.«

Das Geräusch erstirbt. Es wird fast völlig still. Sogar die Lebenserhaltung scheint eine Pause einzulegen. Carrie tippt auf den Steuercomputer, und der Frontbildschirm zeigt die NPE-Station, die sich langsam von ihnen entfernt, weil die in den Klammern eingebauten Spannfedern einen kleinen Impuls abgegeben haben. Die Station wirkt ziemlich provisorisch zusammengebaut, und das ist sie ja auch, aus Resten von Transportern, die man Asteroidenbergbaufirmen abgekauft hat.

Der untere Rand des Bildschirms zeigt den Abstand zur Station. Die Zahl dort kann Takumi, der hinter Carrie sitzt, nicht erkennen. Aber er bemerkt, dass die Schriftfarbe gerade von Rot auf Grün gewechselt hat. Damit geht es auf der Checkliste weiter.

»Es ist Zeit für das Korrekturmanöver«, sagt er. »Korrekturdüsen beidseits.«

»Aktiviere Korrekturdüsen backbord und steuerbord«, sagt Carrie.

Das Kurierschiff dreht sich langsam um seine Querachse. Das Manöver war also erfolgreich.

»Lage stabilisieren«, liest Takumi weiter vor.

»Moment«, sagt Carrie. »Steuerbord hat nicht ausgelöst.«

Sie beugt sich vor. Takumi sieht, wie sie in einem Fach vor sich herumwühlt.

»Ha!«, sagt Carrie schließlich und reicht eine weitere Checkliste nach hinten.

»Korrekturdüsen-Probleme«, steht als Überschrift darauf.

»Backbord auslösen«, liest Takumi vor.

»Aktiviere Steuerdüse backbord«, sagt Carrie.

Das Schiff dreht sich etwas schneller.

»Steuerbord auslösen.«

»Aktiviere Steuerdüse steuerbord.«

Die Rotation beschleunigt sich.

»Es hat funktioniert!«, ruft Carrie.

Wenn sich Probleme nur immer so leicht lösen ließen! Carrie greift mit der Hand nach hinten, und er drückt sie.

»Die Checkliste«, sagt Carrie.

»Oh.«

Er drückt ihr die Checkliste in die Hand, und Carrie ordnet sie wieder in das Fach ein.

»Weiter im Text«, sagt Carrie.

»Bremstriebwerk zünden«, liest Takumi von der ersten Liste ab.

»Du musst einen Schritt zurück«, sagt Carrie. »Lage stabilisieren.«

»Ja, dann das.«

»So funktioniert das nicht, Tak. Du musst es vorlesen.«

»Aber du weißt doch schon, was kommt?«

»Ich kenne alle Checklisten auswendig. Trotzdem musst du sie vorlesen.«

»Okay, okay.«

»Also?«

»Lage stabilisieren«, sagt er.

»Hast du das auch von der Checkliste abgelesen?«, fragt Carrie.

»Äh, ja, natürlich!«

»Das war ein Scherz. Stabilisiere unsere Lage im Raum.«

Was den Scherz betrifft, ist Takumi nicht so sicher. Carrie hat wirklich manchmal pedantische Anwandlungen. Aber er konzentriert sich besser auf die Liste. Das Schiff stellt seine Rotation ein. Der Bug zeigt jetzt entgegen ihrer Flugrichtung.

Carrie hat die Kamera eingeschaltet und ihr Bild auf den Hauptschirm geleitet, sodass ein gewaltiges Panorama vor ihnen liegt. Takumi überlegt, warum es so anders wirkt als die irdische Antarktis. Die Eismassen sind dieselben. Aber der schwarze Himmel gibt dem Bild etwas Bedrohliches.

»Okay, wir sind stabil«, sagt Carrie.

»Landetriebwerk zünden«, sagt Takumi. »Zeitspanne nach Flugplan.«

»Zünde Landetriebwerk. Erste Phase 30 Sekunden laut Flugplan.«

Das Schiff erzittert. Es ist ein ganz anderes Gefühl als während des Flugs zu Saturn, weil sie für die Landung nicht das Fusionstriebwerk einsetzen können. Das konventionelle Landetriebwerk verbrennt Wasserstoff und hat damit nur eine begrenzte Kapazität, reagiert aber zügiger auf Eingriffe.

Es ist seltsam. Die Kraft kommt aus seinem Rücken, drückt ihn aber nicht in die Polster seines Sitzes, sondern in die Gurte. Vor seinen Augen verändert sich überhaupt nichts. Es ist, als würde er mit dem Heck voran Auto fahren und dabei bremsen, ohne dass das Fahrzeug langsamer wird. Die menschlichen Sinne lassen sich schon leicht überlisten.

»Deaktiviere Landetriebwerk«, sagt Carrie. »Phase 1 abgeschlossen. Nächster Eingriff laut Flugplan in vierzehn Minuten.«

Das Gefühl schwindet wieder. Sie schweben im freien Fall. Mittlerweile ist das Alltag für Takumi. Als er es zum ersten Mal erlebt hat, fand er es total faszinierend.

»Alles okay bei euch?«, fragt Igor per Funk.

»Alles prima«, antwortet Takumi. Er ist für die Kommunikation zuständig. »Haben Zwischenorbit erreicht. Finale Landephase in vierzehn Minuten.«

»Seht ihr sie schon?«, fragt Igor.

»Sehen wir sie schon?«, fragt Takumi.

»Dafür ist es noch zu früh«, sagt Carrie.

Das Bild auf dem Frontschirm schaltet auf eine Falschfarben-Darstellung um. Carrie hat vermutlich die Infrarotkamera aktiviert. Die Oberfläche des Eismonds ist fast durchgängig blau. Nur Richtung Süden sind ein paar hellere Streifen zu sehen. Das gelandete Schiff der Eindringlinge müsste rot leuchten.

In diesem Moment taucht am unteren Rand der Darstellung tatsächlich ein roter Fleck auf.

»Siehst du das?«, fragt Takumi.

»Ja, das müsste die Station der Russen sein«, sagt Carrie. »Schau, die Lage in der Nähe der Tigerstreifen passt dazu. Warte, ich bestätige es optisch.«

Das Falschfarbenbild macht einer Teleskopaufnahme Platz. Die langen Schatten am Bildrand verzerren zwar das Motiv, aber es handelt sich eindeutig nicht um ein gelandetes Raumschiff. Takumi erkennt zwei große Fässer, eine Schüssel und einen Quader, der auch eine Art Hütte sein könnte. Das ist die Station des RB-Konzerns – der inzwischen legendäre Ort, an dem in den 2050er-Jahren erstmalig die Kontaktaufnahme mit einer nichtmenschlichen Intelligenz begann.

250 Jahre. Takumi kann sich eine so lange Zeit kaum vorstellen. Die Astronauten mussten damals noch mit Raumanzügen auf der Oberfläche herumlaufen, die kleinen U-Booten ähnelten. Im Training haben sie sich Bilder der damaligen Mission angesehen.

»Weißt du eigentlich, was aus ihnen geworden ist?«, fragt er.

»Ihnen?«

»Den Helden von damals. Rossi, Neumaier, Li, Masukoshi, Michaels … wer war der letzte?«

Es liegt ihm auf der Zunge, auch irgendetwas mit M.

»Makarow«, sagt Carrie.

»Das ist eine Waffenmarke. Marchenko war es.«

»Stimmt. Rossi ist dir natürlich zuerst eingefallen, typisch.«

Takumi bekommt heiße Wangen. Carrie hat recht. Etwa mit 13 oder 14 hatte er ein Poster mit der italienischen Astronautin an der Wand, neben dem Bild von Snyders, der Kommandantin der ersten Marsmission. Francesca hatte ihm aber immer besser gefallen. Snyders hatte er daneben gehängt, damit sein Bruder nicht herausfinden konnte, in wen er heimlich verliebt war.

»Das muss dir nicht peinlich sein«, sagt Carrie. »Ich war auch total in Rossi verliebt. Was hätte ich für ein echtes Autogramm gegeben!«

»Du weißt aber, dass sie mit Marchenko zusammen war?«

»He, sie war seit etwa 150 Jahren tot, als sie an meiner Wand hing, genau wie Marchenko. Ich war in ihr Bild verliebt, in das Bild einer starken, unabhängigen Frau. Sie hat diesen Marchenko so viel ich weiß nie geheiratet.«

Takumi schließt zweimal kurz das linke Augenlied, um sich in die Cloud einzuklinken. »Francesca Rossi Leben«, flüstert er den Suchauftrag. Dann wartet er ab. Die Cloud der Station ist ein winziger Schnappschuss der Earthcloud. An Bord des Kurierschiffes gibt es davon nur einen Ausschnitt. Er schließt die Augen ganz, sodass die in den Lidern verborgenen Projektoren ihm die Antworten auf die Netzhaut werfen können. Vor ihm wächst ein Lebensbaum, der die wichtigsten Daten aus dem Leben der berühmten Astronautin verrät.

»Tatsache, sie haben nie geheiratet«, sagt er. »Hatten sie nicht einen Sohn, Dimitri?«

Sein Blick fährt den Baum ab, aber der kennt keinerlei Nachwuchs der Astronautin. Auffällig sind die obersten Äste, die fast durchsichtig wirken. Hier kommt die lokale Cloud an ihre Grenzen.

»Nein, das war der Sohn von Masukoshi und Michaels«, sagt Carrie. »Sie haben ihm Marchenkos Vornamen gegeben, weil der sich für die Mission geopfert hat, für Francesca.«

»Wie romantisch«, sagt Takumi und öffnet die Augen wieder.

Der Lebensbaum leuchtet noch für einen Moment auf der Netzhaut nach, sodass es aussieht, als würde er aus dem Eis des Enceladus herauswachsen.

»Ich weiß nicht, ich fand das immer ein bisschen übertrieben, so paternalistisch«, sagt Carrie. »Er hat sie nicht gefragt, und sie hätte vermutlich Nein gesagt.«

»Okay, falls ich mal in die Verlegenheit kommen sollte, dich retten zu wollen, frage ich dich vorher, ob du einverstanden bist.«

»Ich bitte darum.«

»Hast du eine Ahnung, was aus ihnen geworden ist? Die lokale Cloud scheint da nichts gespeichert zu haben.«

»Nein. Vielleicht ist da auch manches klassifiziert. Ich weiß nur, dass sie Marchenko später zurückgeholt haben. Aber die ganze Mission ist immer noch geheim.«

»Spannend. Ob wir da unten noch etwas von ihnen finden?«

»Wenn sie etwas liegen gelassen haben?«

Ein Signal ertönt. Es ist Zeit für die finale Phase. Takumi nimmt die Checkliste wieder auf. Sie ist allerdings relativ vage; die wichtigsten Informationen hat Carrie im Flugplan vor sich.

»Anflugwinkel nach Flugplan herstellen«, liest er vor.

»Aktiviere Backborddüse«, sagt Carrie.

Das Schiff kippt etwas zur Seite, stabilisiert sich aber gleich wieder.

»Anflugwinkel hergestellt«, bestätigt Carrie.

»Landetriebwerk zünden.«

Carrie hantiert am Steuerrechner, und schon drückt ihn eine Kraft in die Gurte. Sie ist stärker als zuvor.

»Triebwerk ist aktiv«, sagt Carrie.

Es wird nun feuern, bis sie den Boden erreicht haben. Inzwischen sind sie der Oberfläche so nah, dass der Bremsvorgang schon deutlich zu bemerken ist. Auf dem Bildschirm schaltet Carrie wieder auf den Infrarotmodus. Der große rote Fleck der russischen Station kommt schnell näher. Aber nun bemerkt Takumi auch eine kleine, rötliche Verfärbung, etwa 40 Kilometer südlich der Station, schon nah an den Tigerstreifen.

»Siehst du das?«, fragt er.

»Ja, das müssen sie sein«, sagt Carrie. »Sie sind wirklich gut. Aus dem Orbit hätten wir das nicht mehr bemerkt. Sie müssen sich ganz schön tief ins Eis gebohrt haben.«

»Kannst du uns näher heranbringen?«

»Ja, ich helfe mit den Steuerborddüsen nach. Erschrick nicht.«

Das Schiff legt sich schräg, sodass die Bremskraft stark auf seine Eingeweide drückt. Ein unangenehm helles Signal ertönt. »Abweichung vom Flugpfad«, sagt eine weibliche Stimme. Sie wiederholt die Warnung, bis Carrie ein paar Knöpfe drückt.

Das landende Kurierboot beschreibt einen Bogen. Sie entfernen sich von der russischen Station und schwenken nach Süden. Schade, dann wird er doch keine Spuren von Francesca finden. Aber es ist natürlich besser, weil sie dann nicht so weit laufen müssen.

Ein unglaubliches Krachen trifft wie ein explosiver Pfeil direkt in seine Gedanken. Kurz ist es still, dann ertönt ein noch erschreckenderes Zischen. Takumis Sitz reagiert, bevor er selbst realisiert, was los ist. Von links und rechts schießt wie ein Spinnennetz Zweithaut über seinen Körper, hüllt ihn ein wie ein Kokon. Verdammt, die Kabine verliert Luft! Was ist da passiert? Kurz glaubt er, keine Luft mehr zu bekommen, da fahren ihm Schläuche in alle Körperöffnungen, versorgen ihn mit Atemluft oder entsorgen, was nicht mehr gebraucht wird.

Das ist der unangenehmste Teil. Die Schläuche müssen sich erst noch einen Platz suchen, an dem sie möglichst wenig stören. Jetzt, wo die Kabine des Kurierschiffs Luft verliert, steht die Rettung seines Lebens im Vordergrund. Da ist er dem Hautanzug sehr dankbar.

»Bleib ganz ruhig«, hört er Carrie.

Takumi ist ganz ruhig. Er startet das Cloudinterface und ruft seine Biodaten auf. Nein, sein Herz schlägt zu schnell. Der Puls liegt über 110. Takumi deaktiviert den Netzhautprojektor, genießt die Dunkelheit und atmet gleichmäßig. Er spürt, wie der Puls wieder sinkt. Jetzt ist er bereit für die Wahrheit.

»Was ist passiert?«, fragt er.

Ob das ein Asteroidentreffer gewesen sein kann? So dicht über der Oberfläche?

»Der Laser der Station«, sagt Carrie. »Er hat auf uns gefeuert.«

»Wie kommst du denn darauf?«

Das kann doch nicht sein. Die Station kann Freunde und Feinde unterscheiden, und sie sind eindeutig Freunde.

»Mach doch die Augen auf. Oder ist dein Hautanzug noch nicht so weit?«

Eine gute Idee. Inzwischen müsste das Gewebe rund um die Augen wieder durchsichtig sein. Er blinzelt. Da ist Licht. Es ist Saturns Scheibe. Und dann ist da … das halbe Schiff. Es ist aufgeklappt, als hätte jemand sauber mit einer Metallschere eine Konservendose aufgeschnitten und die beiden Hälften gegeneinander verbogen. Aber was ist mit dem Triebwerk?

»Stürzen wir ab?«, fragt er.

Angesichts seines kurz bevorstehenden Todes fühlt er sich erstaunlich ruhig. Das muss der Schock sein. Die Panik kommt später.

»Das kann man so sagen. Aber es ist kein unkontrollierter Absturz. Ich halte uns mit den Korrekturdüsen gerade.«

»Und das Haupttriebwerk?«

»Das weiß ich nicht. Es reagiert nicht, ebensowenig wie das DFD. Wenn wir Glück haben, hat der Lasertreffer nur die Verbindung durchtrennt.«

»Aber sie schießen nicht mehr.«

»Nein. Es scheint ihnen zu reichen, dass wir abstürzen.«

»Aber das ergibt doch keinen Sinn, Carrie. Der Laser soll verhindern, dass jemand die Oberfläche erreicht.«

»Das scheint er anders zu sehen.«

»Ob die Eindringlinge dafür verantwortlich sind?«

»Gut möglich. Dann müssten sie die Freund-Feind-Erkennung umprogrammiert haben.«

»Das heißt, sie sind Insider. Sie müssen Zugriff auf die Systemebene haben. Also kommen sie direkt vom RB-Konzern.«

»Das glaube ich nicht, Tak. RB verdient zu gut, als dass sie illegale Aktivitäten nötig hätten. Vielleicht ein paar unzufriedene Ex-Angestellte.«

»He, Igor«, ruft Takumi. »Das sind wohl ein paar Landsleute von dir.«

»Er hört uns nicht«, sagt Carrie. »Die Station ist hinter dem Horizont. Aber du solltest dich jetzt auf den Aufprall einstellen.«

»Was? Jetzt schon?«

Takumi versucht, durch den riesigen Riss einen Blick auf die Oberfläche zu erhaschen. Aber da ist nur Schwärze. Plötzlich biegt sich sein Sitz um ihn herum, bis sich die Seitenwände über ihm treffen. Der Aufprall muss wirklich unmittelbar bevorstehen. Takumi schließt die Augen. Sein Hautanzug spielt beruhigende Musik. Vermutlich ist sein Puls wieder zu hoch.

Ein kräftiger Stoß in seinen Rücken, dann fliegt er. Der Sitz hat sich samt Inhalt aus dem abstürzenden Schiff katapultiert. Takumi beißt die Zähne zusammen. Gleich kommt der Aufprall. Der Sitz piepst. Das ist das Zeichen. Krach. Der Lärm übertönt alles. Takumi überschlägt sich. Unter ihm ist schwärzestes Gestein. Aber das ist unmöglich. Es muss sich um Eis handeln. Der Sitz prallt ab, schlägt wieder auf, rutscht ein Stück, taumelt, torkelt, bis ihm übel wird, doch dann steht er.

Ganz ruhig, Takumi. Er sieht einen etwa armbreiten Streifen Himmel über sich, in dem Sterne leuchten. Es ist ein Ausschnitt der Milchstraße. Und wie weiter? Der Sitz lässt sich öffnen. Sie haben das oft genug trainiert. Damals allerdings hätte er die Luft stets atmen können. Wenn der Sitz nun ein Leck hat? Er muss das in der lokalen Cloud überprüfen. Takumi aktiviert sie. Der Sitz weist keinerlei Fehler auf. Links im Bild blinkt etwas. Dort muss sich der zweite Sitz befinden.

»Carrie, hörst du mich?«

»Ich … höre dich.«

»Du klingst nicht gesund.«

»Ich habe hier einen Hüllenbruch. Mein Sitz ist wohl mit einem Stück Außenhaut des Schiffs kollidiert.«

»Aber du bekommst Luft?«

»Ja, das ist alles fein versiegelt. Ich komme nur nicht raus. Zum Aufstehen müsste ich die Versiegelung öffnen.«

»Okay, ich komme zu dir, dann finden wir eine Lösung.«

»Danke, Tak.«

Aber das ist leichter gesagt als getan. Der Sitz schützt ihn immer noch wie eine überdimensionale Muschelschale. Sie hat sich zwar schon leicht geöffnet, aber die Perle ist noch ins Fleisch eingebettet, das in diesem Fall aus einem luftundurchlässigen Gewebe besteht. Takumi ist schon drauf und dran, sich mit Gewalt zu befreien, als er sich an das Training in der Antarktis erinnert. Dort hatte man ihn im Sitz aus fünf Metern Höhe abgeworfen.

Der Trick ist, die Fähigkeiten des Sitzes zu nutzen. Dazu loggt sich Takumi erneut in die lokale Cloud ein, die jetzt nur noch seinen eigenen Sitz umfasst. Selbst Carries Sitz erreicht er darüber nicht. Sie muss also wenigstens 50 Meter entfernt sein. Er fragt zunächst den Status ab. Alles funktioniert bestens. Die Sauerstoff- und Energievorräte sind seit der Abkopplung vom abstürzenden Schiff nicht nennenswert gesunken. Wenn sie in der Nähe ihrer Sitze bleiben, haben sie etwa zwanzig Stunden Zeit, bevor sie ersticken. Takumi zittert, als er daran denkt. Dieses bedrohliche Gefühl abzuschütteln, konnten sie auf der Erde nicht trainieren.

Es ist Zeit, sich aus der schützenden Muschel zu befreien. Takumi wechselt in das Steuerungsmenü. Er bedient die Steuerung mit den Augäpfeln und den Lidern. Wer ihn jetzt von außen sieht, wird glauben, dass er gerade heftig träumt. Takumi startet die Freigabe. Das durchsichtige Gewebe zwischen den beiden Muschelschalen färbt sich zuerst dunkel ein, dann bildet es eine Art Reißverschluss aus, der sich wie von selbst öffnet. Anschließend klappen die beiden Seiten auseinander.

Er ist frei. Takumi fürchtet sich ein wenig, denn er trägt im Grunde nur seinen dünnen Bordanzug. Darüber liegt die zwischen wenigen Millimetern (im Gesicht) und ein paar Zentimetern (unter den Schuhsohlen) dicke Außenhaut. Unter normalen Umständen wäre sie am Hals zu Ende. Darüber trüge er einen Helm. Aber dazu war keine Zeit, also muss er nun das unangenehme Gefühl der Schläuche in Mund und Nase aushalten. Es ist ein bisschen, wie kurz vor dem Ersticken zu stehen, aber es ist allemal besser als tatsächlich zu ersticken, was die einzige Alternative wäre.

Jetzt braucht er bloß noch aufzustehen. Er löst den Gurt um die Hüfte, stößt sich ab – und fliegt in hohem Bogen aus der Muschel. Wow, ist die Enceladus-Gravitation niedrig! Das hätte er so nicht erwartet, obwohl er es natürlich wusste. Takumi landet auf den Knien im Schnee. Unter ihm sind tatsächlich Eiskristalle. Er steht auf und geht, nein, fliegt, zum Sitz zurück. Wenn er den Boden berührt, fühlt es sich an, wie durch eine Wüste zu stapfen. Das Eis ist überhaupt nicht rutschig und verhält sich eher wie Sand – fast schwarzer Sand, denn Saturn steht tief und alle Schatten sind lang. Der Himmel ist zwar schwarz, aber es ist nicht völlig dunkel. Etwas Helligkeit strahlt der zur Hälfte über den Horizont gestiegene Saturn ab.

Takumi hat schon aus der Ferne erkannt, dass der Sitz den Absturz gut überstanden hat. Er drückt dagegen. Das bestimmt 300 Kilogramm schwere Objekt lässt sich leicht bewegen. Das ist gut, denn so können sie ihren Sauerstoffvorrat überallhin mitnehmen. Aber wo ist Carrie? Er dreht sich einmal um seine Achse, doch ein zweiter Sitz ist nicht zu sehen. In Richtung Süden verändert sich das Terrain. Dort beginnt schon der Bereich der Tigerstreifen, die von Brüchen im Eis geprägt sind. Irgendwo dort müssen auch die Eindringlinge gelandet sein.

»Carrie?«

»Ich höre dich. Konntest du dich befreien?«

»Ja. Aber wo bist du?«

»Ich weiß es nicht. Ich sehe nur den schwarzen Himmel über mir, und mein Sitz behauptet, es wäre gefährlich für mich, würde er sich öffnen.«

»Mist, ich sehe dich nicht.«

»Das kann nicht sein. Wir unterhalten uns per Funk, also muss ich in Reichweite sein.«

»Auf der Oberfläche ist aber nichts. Du könntest höchstens in eine der Spalten weiter südlich gestürzt sein. Hoffentlich steckst du nicht dort.«

»Ich erkenne aus meiner Position keine Spalte, Tak, aber da kann ich mich irren. Das scheint mir nämlich die logischste Lösung.«

»Gut, ich sehe sie mir alle an. Da du den Himmel siehst, kannst du ja nicht allzu tief gefallen sein.«

Mit großen Sprüngen bewegt sich Takumi in südliche Richtung. Carrie muss dort sein. In der Antarktis hätte er jetzt große Angst um sie, denn Gletscherspalten bilden dort eine echte Gefahr. Aber hier? Dank der niedrigen Anziehungskraft des Mondes müsste er Carrie leicht auch aus dreißig Metern Tiefe bergen können. Da sie aus ihrer Muschelschale jedoch einen freien Blick auf den Himmel hat, muss sie in der Nähe der Oberfläche auf ihn warten.

Es macht richtig Spaß, über Enceladus zu rennen. Schwerelosigkeit ist anstrengender. Takumi stößt auf ein längliches Blech. An der Vorderseite sind noch Reste des UNO-Logos zu sehen. Es muss also ein Teil der Hülle ihres Kurierbootes sein. Aber was bedeutet das? Es heißt, dass ihnen der Rückweg abgeschnitten ist. Sie werden weder die Station erreichen noch die Erde. Plötzlich friert er. Manchmal braucht er ein bisschen länger, um solche unangenehmen Wahrheiten zu realisieren. Dann sind sie da, und er hat kein Problem mehr damit, sie zu akzeptieren. Manchen seiner beruflichen Klienten fällt das schwer; ihm nicht. Ja, er wird in Betracht ziehen müssen, hier zu sterben.

Aber das ist noch lange nicht ausgemacht. Die Eindringlinge müssen ja unbehelligt hier unten angekommen sein. Sie brauchen sich also nur ihren Lander zu schnappen und damit zur Station zurückzufliegen. Igor war sicher längst so schlau, Hilfe von der Erde anzufordern. Der einzige Nachteil ist dann, dass sie ein halbes Jahr länger auf ihre Rückkehr warten müssen, denn schneller erreicht auch zu Anfang des 24. Jahrhunderts keine Mission von der Erde den Saturn.

Beim nächsten Sprung versucht er, die größtmögliche Höhe zu erreichen, um eine Übersicht über die Spalten zu bekommen. Da fällt ihm der Laser ein. Vielleicht sollte er sich selbst nicht so zum Ziel machen. Von Carrie entdeckt er auch von oben keine Spur. Die Spalten verlaufen ungefähr in Ost-West-Richtung. Die erste hat er fast erreicht. Aus der Nähe wirkt sie mehr wie ein schmales Tal als wie eine Gletscherspalte. Er bleibt am Rand stehen und bringt seinen Anzug über das Netzhautmenü dazu, über seiner Stirn eine Lichtquelle entstehen zu lassen. Damit leuchtet er in die Spalte.

»Bist du das?«, fragt Carrie. »Ich sehe einen Lichtschein.«

»Ah, wunderbar, dann musst du ganz in der Nähe sein«, antwortet er.

Aber wo? Er geht am Rand der Spalte entlang. Sie verläuft relativ steil nach unten und ist vielleicht 40 Meter breit. Wie tief sie ist, ist schwer zu sagen. Der Lichtschein seiner Lampe erreicht ihren Boden vermutlich nicht.

»Ich sehe dich nicht«, sagt er.

»Der Lichtschein kommt von Osten«, sagt Carrie. »Hilft das?«

Von Osten? Dann läuft er genau in die falsche Richtung. Er bewegt sich zum Ausgangspunkt zurück. Das Tal teilt sich hier auf. In der Mitte, etwa in sechzig Metern Tiefe, ist eine Erhebung zu sehen. Sein Licht wirft dadurch einen Schatten. Er folgt der Erhebung mit dem Strahl des Scheinwerfers. Da! Der Schatten hat einen Buckel. Takumi wackelt mit dem Kopf.

»Siehst du das?«, fragt er.

»Den wechselnden Lichtschein? Ja.«

»Dann weiß ich, wo du bist.«

»Das ist prima. Du holst mich doch hier raus?«

»Na klar.«

Nach unten sind es sechzig Meter. Die kann er sich problemlos fallen lassen. Aber wie kommt er wieder rauf? Er hat kein Seil, das er hier befestigen könnte. Egal. Takumi schüttelt den Kopf. Ein Problem nach dem anderen. Notfalls müssen sie die Spalte eben bis zu ihrem Ende entlanglaufen. Die Spalten sind ja höchstens bis zu 150 Kilometer lang. Die ersten, zu denen diese hier sicher gehört, sind deutlich kürzer.

Er springt über den Rand und lässt sich fallen. Bevor er aufkommt, versteift sich sein Anzug. Er versinkt in losen Eiskörnern. Hier unten ist es deutlich dunkler als an der Oberfläche. Er klettert über die Erhebung. Auf der anderen Seite sieht er Carries Sitz bereits. Glück gehabt!

Er geht um den Sitz herum. Schäden sind nicht zu erkennen. Von vorn klopft er an die transparente Fläche, durch die Carrie nach draußen sehen kann. Sie winkt ihm zu, oder bildet er sich das ein?

»Wunderbar«, sagt Carrie. »Ich bin so froh, dass du da bist.«

»Ich bin auch froh, dich zu sehen. Komm, jetzt holen wir dich da raus.«

»So schnell es geht. Mir tut schon der Rücken weh vom langen Sitzen.«

Takumi zieht den Sitz etwas zur Seite, um ihn von allen Seiten untersuchen zu können. Nicht einmal der kleinste Riss ist zu finden.

»Also von außen sieht er völlig funktionsfähig aus«, sagt er.

»Er will mich aber nicht frei lassen, weil mir angeblich Gefahr droht«, sagt Carrie.

»Gibst du mir bitte Menüzugriff?«

»Zugriff erteilt.«

Takumi schließt die Augen, öffnet eine Verbindung zu Carrie und tastet sich in das Menü des fremden Sitzes vor. Es stimmt, der Befehl zum Öffnen ist blockiert. Das liegt anscheinend daran, dass Carries Anzug perforiert wurde. Nicht der Sitz ist beschädigt, sondern die dünne Hülle, die Carries

Körper vor dem Vakuum schützen muss, sobald sich der Sitz öffnet und sie freigibt.

»Dich herauszuholen, würde dich umbringen«, sagt Takumi.

»Mist. So etwas habe ich schon befürchtet«, sagt Carrie. »Ich hatte gehofft, dass es ein Defekt des Sitzes ist.«

»Kannst du den Anzug nicht irgendwie dazu bringen, sich selbst zu versiegeln?«

»Ich wüsste nicht, wie. Ich kann den Anzug reparieren. Das nötige Werkzeug steckt in der Gürteltasche. Aber für die Reparatur müsstest du mich erst mal aus dem Sitz holen.«

»Dann stirbst du.«

»Das gehört nicht zu meinen aktuellen Plänen. Wir müssen eine andere Lösung finden.«

»Ja, Carrie. Alles, was wir brauchen, ist ein Unterschlupf, der nicht unter Vakuum steht.«

»Da fallen mir sogar zwei Möglichkeiten ein: die Station der Russen und das Landemodul der Eindringlinge.«

Takumi seufzt. »Beide scheinen nicht sehr kooperativ zu sein.«

»Da hast du leider recht. Ich glaube, bei den Eindringlingen haben wir die besseren Chancen. Irgendwas wollen sie hier. Also müssen sie ja wohl irgendwann mal aussteigen. Wenn du diesen Moment nutzen könntest, um ihren Lander zu kapern …«

»Ich?«

»Ja, du. Ich hänge hier fest und beneide dich um deine Aufgabe.«

Carrie hat wie immer recht. Die automatische Station der Russen werden sie kaum überzeugen können, ihnen Unterschlupf zu gewähren. Also muss er den Lander stehlen. Nichts einfacher als das.

»Ich möchte jetzt auch nicht an deiner Stelle sein«, sagt er. »Vor allem, wenn ich dabei auf mich angewiesen wäre.«

»Du machst das schon. Lass dich einfach nicht blicken und schleich dich im richtigen Moment hinein.«

»Okay. Das klingt einfach.« Aber wohl ist ihm dabei nicht.

»100 Prozent«, sagt eine Stimme in seinem Gehörgang. Takumi löst den dünnen Schlauch von Carries Sitz. Es sieht irgendwie obszön aus, wie sein transparenter Anzug den Schlauch förmlich einsaugt, über den zuvor nicht nur frische Luft eingeströmt ist, sondern auch verbrauchte Flüssigkeiten ausgetauscht wurde.

Takumi schüttelt sich und sieht sich um. Sein Sauerstoffvorrat ist aufgefüllt. Jetzt hat er zehn Stunden Zeit, um den Lander zu kapern und damit hierher zu fliegen. Er speichert den Standort in seiner Cloud. Dann bewegt er sich hüpfend zur Steilwand. Von unten sehen sechzig Meter genauso weit aus wie von oben. Er versucht es mit einem Sprung, verfehlt aber sein Ziel bei weitem. Er schafft höchstens dreißig Meter. Soll er wirklich bis zum Ende der Spalte marschieren? Das kann Stunden dauern, und dann verpasst er vielleicht seine Chance. Takumi stellt sich vor die Wand und versucht, sie zu erklettern. Er ist doch ganz einfach! Aber die Wand ist zu glatt, und gleichzeitig ist sie so hart, dass er niemals einen Bolzen darin verankern kann.

»Carrie? Ich habe hier ein kleines Problem«, sagt er.

»Ja?«

»Ich komme die Wand nicht hoch. Habe ich dir schon gesagt, dass du in einer sechzig Meter tiefen Spalte liegst?«

»Nein. Aber falls du wissen willst, ob ich eine Idee habe: ja.«

»Ah, prima.«

»Wir haben doch über die Geschichte der Enceladusexpedition gesprochen und über Marchenkos Rettungsaktion.«

»Ja, wie hat er es gemacht?«

»Mit einer Art Düsenrucksack.«

»So etwas habe ich nicht.«

»Doch, der Sauerstoffvorrat in deinem Anzug steht unter Druck. Du brauchst ihn nur ausströmen zu lassen.«

Takumi schließt die Augen. Das Bedienmenü des Anzugs

bestätigt, was Carrie sagt. Es ist möglich, den Druck abzulassen.

»Marchenkos Aktion ist damals nicht gut für ihn ausgegangen, oder? Aber okay, ich versuche es«, sagt er.

Hoffentlich bleibt ihm dann noch genügend Atemluft, um die Mission erfolgreich zu Ende zu bringen. Aber er kann sich ja jederzeit wieder in die Spalte fallen lassen und Nachschub holen.

»Viel Erfolg«, sagt Carrie.

Takumi stellt sich ein paar Meter von der Wand entfernt auf. Er wird Anlauf nehmen, springen – und am höchsten Punkt dem Anzug über das Menü befehlen, die Atemluft ausströmen zu lassen. Das einzige Problem besteht darin, dass er dazu kurz die Augen schließen muss. Das Anzugmenü lässt nicht zu, eine solche Aktion zu planen.

*Auf geht's!* Er testet den Ablauf. Ja, so müsste es gehen. Noch ein paar Meter weiter zur Mitte. Er läuft los. Kurz vor dem Absprung fällt ihm auf, dass er dorthin springen wird, wo er herkommt. Er muss aber weiter nach Süden! Also kehrt er die Laufrichtung um. Neuer Versuch. Zwei, drei schnelle Schritte, schon hebt er ab. Zu früh. Die niedrige Schwerkraft erlaubt nur einen kurzen Anlauf. Also, eins, zwei, Sprung! Er fliegt dem Rand der Spalte entgegen. Augen zu. Menü aufrufen. Schnell! Da drückt ihn eine Kraft weiter nach oben. Die Öffnung ist nicht mittig, deshalb kippt er zur Seite, aber es ist egal. Hauptsache aufwärts.

Es klappt! Er erreicht den Rand der Spalte, fliegt weiter. Schnell! Augen zu, Ausstoß stoppen. Er fällt wieder. Achtung, wenn er nicht aufpasst, stürzt er zurück in die Spalte. Aufprall – gleich, jetzt! Er wirft die Arme nach vorn, kann sich kurz festkrallen, bekommt einen Impuls in die richtige Richtung, überschlägt sich und landet atemlos auf dem Rücken. Atemlos? Panik steigt in ihm auf. Er kontrolliert den Zustand des Anzugs. 82 Prozent. Das sollte genügen. Er hat es geschafft!

»Carrie? Ich bin oben.«

»Sehr gut. Ich wusste, dass du es schaffst. Und nun tu mir

einen Gefallen und beeil dich. Sonst sterbe ich hier noch aus Langeweile.«

DEM ASSISTIERTEN SPRUNG BERGAUF FOLGEN WEITERE. DAS Navigationsmodul des Anzugs führt ihn noch über zwei andere Spalten. Die erste überwindet er, indem er sich wieder hineinfallen lässt. Bei der zweiten ist er schlauer und lässt sich vom Druck des Sauerstoffs hinüber treiben. Danach sind die Vorräte allerdings bereits auf 47 Prozent geschrumpft. Ob das ein Problem wird? Nur, wenn er versagt. Spätestens beim Landemodul wird er sich anderenfalls Nachschub holen können.

Langsam wird es spannend, denn er nähert sich dem Ort, an dem die Eindringlinge gelandet sein müssten. Mit Carrie kann er nun schon seit einer Stunde nicht mehr sprechen. Die Funkreichweite ist durch den nahen Horizont begrenzt. Je näher er dem Südpol kommt, desto länger werden die Schatten. Das ist Takumi sehr recht, denn sie sind seine Freunde. Hier oben sind sie so intensiv, dass niemand ihn bemerken kann, wenn er sich im Schatten nähert. Das gilt für die Eindringlinge natürlich auch.

Die Landestelle befindet sich etwa in der Mitte zwischen zwei Spalten. Hier muss vor einiger Zeit ein größerer Meteorit eingeschlagen sein. Das Ergebnis ist ein Krater, dessen Wände Takumi die Sicht auf das gelandete Schiff versperren. War es Zufall, dass die Besucher diese Vertiefung gewählt haben? Er klettert die äußere Kraterwand hinauf. Auf dem Erdmond hätte er vermutlich Probleme, aber hier kann er auch eine mehrere Meter hohe Steilwand leicht überwinden. Er muss eher aufpassen, dass er nicht zu hoch springt, damit er aus dem Inneren des Kraters nicht zu sehen ist.

Trotzdem gerät Takumi ins Schwitzen. Das muss die Aufregung sein. Er weiß ja nicht einmal, ob die Besucher bewaffnet sind. Vermutlich ja. Sie scheinen die Bedingungen hier sehr gut zu kennen. Wenn er Glück hat, glauben sie, der NPE-Station durch die Lappen gegangen und damit ungestört zu sein. Das wäre der Optimalfall. Aber es wäre auch möglich, dass sie den Abschuss ihres Kurierbootes mitbekommen haben und nun schon auf ungebetene Gäste warten.

Auf dem Kamm der Kraterwand findet er einen Eisbrocken, der sich perfekt als Sichtschutz eignet. Takumi kriecht dahinter und zieht sich langsam hoch. Jetzt sieht er das fremde Landemodul. Es ist etwa 400 Meter entfernt – 400 Meter, die er über freies, unbeschattetes Terrain zurücklegen müsste. Weitere 200 Meter dahinter tut sich etwas. Zwei oder drei Personen sind dabei, etwas in die eisige Oberfläche einzulassen. Es sieht so aus, als würden sie ein flaschenförmiges Objekt vergraben wollen, und zwar mit dem Hals voran.

Zu dumm, dass er auf das Linsenimplantat verzichtet hat. Dann könnte er jetzt genauer erkennen, was dort hinten passiert. Fakt ist, dass die Eindringlinge wohl gerade abgelenkt sind. Wenn er noch etwas in Richtung Westen um den Krater marschiert, befindet sich der Lander genau zwischen ihm und den Fremden, sodass er im freien Gelände etwas Sichtschutz hat. Natürlich nur so lange, wie sich die Eindringlinge um ihre vergrabene Flasche kümmern.

Takumi zögert einen Moment. Er ist unbewaffnet. Während er die Kraterwand nach unten klettert, könnten ihn die Eindringlinge bemerken. Aber er hat keine Wahl. Er muss zu ihrem Lander. Takumi schwingt sich über den Eisblock und bewegt sich in großen Sprüngen zur Oberfläche. Dort hockt er sich kurz hin, um seine Gegner zu beobachten. Sie scheinen nichts bemerkt zu haben und gruppieren sich immer noch um dieselbe Stelle im Eis.

Er kriecht Richtung Westen. Innerhalb des Kraters hat die Oberfläche eine andere Struktur. Die losen Kristalle fehlen fast völlig. Es fühlt sich an wie auf der Oberfläche eines gefrorenen Sees. Fehlt eigentlich nur, dass Fische unter ihm eingefroren sind. Aber im Eis ist nichts zu erkennen. Vermutlich ist es so klar, weil der Einschlag des Meteoriten hier alles aufgeschmolzen hatte. Wenn man ein Loch hineinbohren will, ist das wohl eine wünschenswerte Eigenschaft. Zudem könnte der Eismantel hier insgesamt etwas dünner sein, was den Weg zum unter dem Eis liegenden Ozean verkürzt. Ist das ihr Ziel? Aber warum benutzen sie dann nicht einen der Geysire in den Tigerstreifen als Einstieg?

Weil sie die Technik der ersten Enceladusexpedition nachstellen. Natürlich! Damals hatten die Forscher ein Bohr-U-Boot benutzt, das sich mit einem heißen Wasserstrahl ins Eis fraß. Die Flasche muss eine modernisierte Form des damaligen U-Boots sein. Wie hieß es doch gleich? Es hatte einen Namen aus der nordischen Mythologie. Das Wort liegt ihm auf der Zunge, aber er kommt nicht darauf.

Takumi steht auf, weil ihn nun das Landemodul vor zufälliger Entdeckung schützt. Die einzige Gefahr wären irgendwelche automatischen Kameras, die die Umgebung überwachen, aber die hätten ihn sowieso schon entdeckt. Takumi kommt gut voran. Er hat für sich eine Technik entwickelt, in der niedrigen Gravitation schneller voranzukommen: wenig fliegen, oft abstoßen. Dazu legt er sich wie ein Skispringer so weit nach vorn, dass er sich bereits mit den Armen abstützen kann. Wann immer er kurz vor dem Aufschlagen auf die Oberfläche ist, macht er eine Art Liegestütz, und sein Oberkörper hat wieder die nötige Entfernung. So kann er sich alle ein, zwei Meter mit den Füßen abstoßen, was ihn schnell auf gefühlte 15 km/h bringt.

So schnell, dass er es jetzt nicht schafft, rechtzeitig abzubremsen. Takumi kann sich gerade noch zur Seite rollen, sodass er mit der linken Körperhälfte gegen den Lander prallt. Autsch. Er tastet sich ab, aber es scheint nichts gebrochen zu sein. Dank der fehlenden Atmosphäre hört man zumindest nichts von seinem Missgeschick. Es sei denn, es ist noch jemand im Landemodul. Das wird er gleich erfahren.

Es erscheint niemand. Sehr gut. Diese Mission ist nicht mehr ganz so verrückt, wie sie ihm zu Beginn erschien, bevor er diesen Gedanken erfolgreich verdrängt hat. Aber er ist noch lange nicht am Ziel. Er versucht, die Sprechfrequenz der fremden Crew zu finden, hat aber keinen Erfolg. Entweder sie sprechen nicht – oder die Kommunikation ist verschlüsselt.

Der Bereich um den Lander ist besonders sauber. Das dürfte am chemischen Triebwerk liegen, mit dem das Modul aufgesetzt hat. So hinterlässt er wenigstens keine Spuren auf dem Eis. Das Modul besteht aus einem dreibeinigen Gerüst, in dessen Mitte das Triebwerk hängt. Es ist überraschend klein. Um es herum sind Container verteilt, vermutlich für die Fracht. Dazwischen sieht er eine längliche Aussparung, in der wohl die Flasche hing.

Die Kabine, sein eigentliches Ziel, ist oberhalb angebracht, dort, wo sich die drei Landebeine treffen und eine Kuppel bilden. Es ist dasselbe klassische Design wie bei den ersten Mondfähren – und beim Lander der ersten Enceladusexpedition. Der hatte allerdings noch einen Laserkonzentrator, mit dem er Energie aus dem im Orbit geparkten Hauptmodul und seinen Fusionstriebwerken empfing. Dieses Detail haben die Eindringlinge nicht übernommen. Also muss ihr U-Boot eine eigene Stromversorgung besitzen. Das scheint ihm dank der zunehmenden Miniaturisierung auch der Fusionstriebwerke realistisch.

Aber vielleicht sollte er nicht zu lange über die Konstruktion nachdenken, sondern stattdessen lieber handeln. Takumi läuft so weit um den Lander herum, dass er die Besatzung beobachten kann. Er hat sich geirrt. Es sind nur zwei Menschen, die um die »Flasche« herumstehen, bei der es sich tatsächlich um ein U-Boot zu handeln scheint. Der Hals ist inzwischen im Eis verschwunden. Eines der beiden Besatzungsmitglieder hebt gerade etwas auf, das an eine Mumie erinnert. Es besitzt eindeutig zwei Arme und zwei Beine, die an den Körper gepresst sind. Vielleicht ist es ein inaktiver Roboter oder ein Androide. Die sind zwar auf der Erde verboten, bei bestimmten Projekten im Weltall aber zugelassen. Forschungsmissionen gehören eher nicht dazu. Aber die Eindringlinge kümmern sich ja sowieso nicht darum, was erlaubt und was verboten ist.

An der Flasche öffnet sich nun eine Klappe. Das andere

Crewmitglied zieht sie so weit auf, dass sein Kollege die Mumie hineinschieben kann. Sie verschwindet kopfüber in der Öffnung. Aber damit nicht genug. Jetzt klettert der Mann, der sie hineingeschoben hat, hinterher, ebenfalls mit dem Kopf voran. Sein Begleiter hilft nach, indem er auf die Füße drückt und schiebt. Die Öffnung muss wirklich eng sein. Aber auch die Flasche insgesamt ist nicht sehr bauchig. Ob der Mann die ganze Zeit in liegender Stellung verbringen muss? Takumi stellt sich das furchtbar vor.

Jetzt ist nur noch ein Crewmitglied übrig. Ob es hinterher klettert? Nein, es dreht sich um und kehrt zum Lander zurück. Mist. Statt den beiden zuzusehen, hätte er sich sofort in die Kabine schleichen sollen. Nun ist es zu spät. Oder nicht? Der Mann, der auf das Schiff und ihn zukommt, hat die Klappe an dem U-Boot nicht geschlossen. Es kann also nicht starten. Ob er nur etwas holen will? Takumi zieht sich so weit zurück, dass er garantiert nicht mehr zu sehen ist.

Mist. Der Mann biegt vom geraden Weg zum Lander ab. Anscheinend will er einen Kontrollgang machen. Takumi quetscht sich unter den Lander. Er kriecht bis zum Triebwerk. Die Umhüllung der Ausströmöffnung ist etwa anderthalb Meter hoch. Das muss reichen. Er quetscht sich hinein. Jetzt kann er nur hoffen, dass der Fremde das Triebwerk nicht ausgerechnet jetzt gerade anwirft, nicht mal kurz. Sein Herz pocht so schnell, dass sich die Anzugsoftware bei ihm meldet. Alles gut. Er wird nicht bei lebendigem Leibe gegrillt werden.

Takumi wartet zehn Minuten, dann kriecht er wieder heraus. Wenn es nur ein Kontrollgang war, müsste der jetzt abgeschlossen sein. Und er behält recht. Gegen den Boden gepresst beobachtet er, wie der zweite Mann sich nun auch in die Öffnung des U-Boots schiebt. Das ist seine Chance. Er kriecht unter dem Lander hervor und läuft um ihn herum. Eine Leiter führt am Stahlgestell der Landebeine nach oben und endet kurz vor der Kabine.

Takumi überzeugt sich noch einmal, dass er ungestört ist. Das U-Boot der Eindringlinge ist schon fast völlig im Eis verschwunden. Beeindruckend, auch wenn er ungern an Bord wäre. Er zieht sich an der Leiter nach oben – und ist überrascht. Der Einstieg in die Kabine ist nicht verschlossen. Er kann die Tür einfach aufdrücken. Sie schwingt nach innen. Dahinter gibt es nicht etwa eine Schleuse, sondern einen engen Raum voller technischer Geräte, deren Zweck er nur teilweise errät. Wenn doch nur Igor oder Carrie hier wären! Gut, mit Igor müsste er eigentlich eine Funkverbindung aufnehmen können. Die Antennen des Landers sollten leistungsfähig genug sein.

Aber wie steuert man dieses Ding? Er hätte zwei Sitze erwartet, davor eine Befehlskonsole, vielleicht ein paar Bildschirme. Stattdessen gibt es zwar jede Menge Technik, aber keinerlei im Halbdunkel eindeutig als Steuerhebel und ähnliches erkennbare Bedienelemente. Hm. Vielleicht haben sie ja schon komplett auf die Cloud umgestellt. Kann man ein Raumschiff mit geschlossenen Augen von der Erde bis zum Saturn steuern, wenn man nicht einmal eine Liege zur Verfügung hat? Moment. Es gibt sicher ein Transportmodul, versteckt in den Ringen. Dort muss es echte Kabinen für die Besatzung geben.

Jetzt erst bemerkt Takumi, dass die Tür hinter ihm immer noch offen steht. Er wirft einen letzten Blick hinaus. Das U-Boot ist inzwischen komplett verschwunden. Er schließt die Klappe, und sofort geht helles Licht an. Was ist mit der Lebenserhaltung? Sollte sie nicht versuchen, die Kabine mit Atemluft zu fluten? Er kontrolliert den Druck, doch da tut sich gar nichts. Grrrr. Kann nicht mal irgendetwas plangemäß laufen? Obwohl – eigentlich hatte er bisher großes Glück. Das Problem mit der Atemluft wird er auch noch lösen. Vielleicht muss er dazu irgendwo manuell einen Hahn aufdrehen.

Er durchsucht die Kabine. In manche Ecken muss er kriechen, so vollgepackt ist sie. Einige Geräte wirken eher unpassend für einen Lander. Eines könnte zum Beispiel ein Robodoc sein, ein anderes ein mobiler Computertomograph, aber es gibt auch zahlreiche Analysewerkzeuge aus der Chemie. Wozu packt man sich die Landekapsel voller Sachen, die auf einem kurzen Ausflug sowieso kaum benötigt werden? Weil man es kann, weil im Transfermodul in den Ringen nicht genug Platz ist – oder weil sie eben doch gebraucht werden. Er weiß einfach zu wenig über die Eindringlinge.

Eigentlich hätte er auch erwartet, zumindest etwas über ihre Herkunft herauszufinden, aber die Hardware scheint aus allen möglichen Ländern zusammengekauft: Deutschland, Israel, Russland, China, die USA, Indien, alle Hightech-Nationen sind dabei. Braucht die Besatzung denn gar keine Beschriftungen? In ihrem eigenen Schiff hingen hier und da Klebezettel mit Notizen, aber die fehlen hier ebenso wie die allgegenwärtigen Checklisten. Um ganz gewöhnliche Diebe handelt es sich bei den Eindringlingen ganz sicher nicht.

Takumi kriecht in die letzte der drei Ecken, die er noch nicht untersucht hat. Die Kabine hat ein ungefähr dreieckiges Grundlayout. Ungefähr, weil die Ecken stark abgerundet und die Wände nach außen gebogen sind. Da sich das Dach zu den Ecken hin senkt, sind sie besonders schwer zu erreichen. Aber hier ist es anders. Es hängen zwar Geräte von der Decke, doch der Platz am Boden ist von einer etwa zwei Meter langen Kiste mit einer Stirnfläche von 40 mal 70 Zentimetern belegt. Darüber wäre noch Platz für eine weitere solche Kiste. Das wundert Takumi besonders, denn so viel ungenutzten Platz gibt es sonst nirgends.

Also zieht er die Kiste nach vorn, um sie zu untersuchen. Dazu muss er erst ein paar Riemen lösen. Die Kiste ist selbst in der Enceladusgravitation überraschend schwer. Was steckt bloß darin? Der Deckel ist aus einem glasartigen, aber undurchsichtigen Material. Es fühlt sich glatt und kühl an, wenn er darüberstreicht, aber das muss Einbildung sein – er trägt ja immer noch den Anzug, und die Außentemperatur liegt bei etwa minus 80 Grad.

An beiden Seiten des Deckels sind Klemmverschlüsse angebracht. Er öffnet einen nach dem anderen. Als er den letzten aufklappt, dringt plötzlich dünner Dampf aus dem Behälter. Takumi erschrickt und drückt den Deckel wieder zu. Aber er muss wissen, was darin ist. Er beißt sich auf die

Lippen und schiebt den Deckel zur Seite. Die Kiste ist mit einer milchigen Flüssigkeit gefüllt, die nun in beeindruckender Geschwindigkeit gefriert. Das ist nicht gut, aber er ist wie gelähmt und folgt dem Voranschreiten des Prozesses mit dem Blick. Bis er auf das Gesicht stößt, das im hinteren Teil des Behälters aus dem Wasser sieht.

Blitzschnell schiebt er den Deckel wieder zu. Sein Herz rast. Der Anzug warnt ihn mit nervösen Tönen. Tief durchatmen. Was hat er da gesehen? Es war das Gesicht einer Frau, ganz eindeutig, sehr ausdrucksstark und völlig bleich. Sie hat sich nicht bewegt. Der Behälter stand nicht unter Druck. Die Flüssigkeit darin muss von einem Heizsystem warm gehalten worden sein. Aber ohne Luft kann die Frau nicht mehr geatmet haben. Sie muss tot gewesen sein, bevor er den Deckel abgenommen hat. Er ist nicht daran schuld. Sie war sowieso nicht mehr zu retten.

Takumi schiebt den Deckel noch einmal zur Seite. Er ist der Frau schuldig, herauszufinden, was mit ihr geschehen ist. Sie hat sich nicht bewegt. Die Flüssigkeit ist bis oben hin durchgefroren. Dabei ist sie transparenter geworden; ein öliger Film bedeckt die Oberfläche. Der Körper der Frau ist nackt, ihre Haut ist weiß, fast ohne Pigmentierung, beinahe bläulich. Sie hat keinerlei Behaarung, auch nicht am Kopf. Die Arme hält sie an den Körperseiten. Ihre Formen sind perfekt, gemessen an den aktuellen Schönheitsidealen. Es sind keine Verletzungen zu erkennen. Das Gesicht der Frau zeigt einen zufriedenen Ausdruck. Sie hat im Moment ihres Todes nicht gelitten. Es wirkt, als würde sie in ihren eigenen Himmel starren.

Wer ist sie? Handelt es sich um ein Crewmitglied, das unterwegs an einer Krankheit gestorben ist und bis zur Rückkehr in diesem Behälter konserviert werden sollte? Das ist die wahrscheinlichste Erklärung. Aber warum hat man sie dann nicht im Transfermodul zurückgelassen? Hier stimmt etwas nicht. Takumi ruft sich ins Gedächtnis, wie die beiden Crewmitglieder die seltsame Mumie in das U-Boot geschoben haben. Er hat in diesem Moment nicht darauf geachtet, was dort noch herumstand. Aber er kann ja nachsehen. So schnell werden die beiden nicht zurückkehren. Das Eis müsste selbst hier mindestens 20 Kilometer dick sein. Er legt den Deckel wieder auf den Behälter, verschließt ihn und schiebt ihn zurück in die Ecke.

Aus der Öffnung springt er direkt auf die Oberfläche. Er muss aufpassen, dass er sich solche Stunts nicht angewöhnt. Rund um das Loch, in dem das U-Boot verschwunden ist, liegt einiges herum. Takumi wirft zuerst einen Blick hinein, aber der Lichtstrahl reicht höchstens ein paar Meter tief und trifft dann auf Eis. Das von dem U-Boot geschmolzene Material ist hinter ihm wieder gefroren. Niemand wird ihm einfach so folgen können. Aber er ahnt, was das Ziel der Eindringlinge ist. Mist. Er muss schnellstmöglich Igor erreichen. Mission Control muss erfahren, dass Hydra unangemeldeten Besuch bekommt. Sie haben versagt. Hoffentlich bezahlt es das einzigartige Wesen da unten nicht mit dem Leben.

Takumi geht um das Loch herum und hebt jede Plane auf. Plötzlich stockt sein Schritt. Hier liegt die zweite Kiste. Sie sieht exakt so aus wie die erste. Der Deckel liegt darauf, aber die Klemmhebel sind schon geöffnet. Noch eine Tote? Er braucht den Deckel nur anzutippen, um es zu erfahren. Takumi stößt leicht mit dem Fuß dagegen. Der Deckel rutscht nach hinten und gibt den Blick auf den Inhalt frei.

Er sieht eine gefrorene Flüssigkeit mit einem öligen Überzug, aber kein Gesicht. Der Behälter ist leer. Die beiden Männer müssen den Inhalt der Kiste mitgenommen haben. Aber wieso? Welche verrückte Idee kann dahinterstecken? Niemand kann in einem solchen Behälter überleben. Also muss das, was er für eine Mumie gehalten hat, bereits tot gewesen sein.

Hofft die Crew etwa, das Enceladuswesen könnte einen Toten auf magische Weise wiederbeleben? Es gibt ja jede Menge Gerüchte über seine Fähigkeiten, aber wer den russischen Laser umprogrammieren kann, verlässt sich doch nicht auf das Hörensagen. Dass irgendein Milliardär, der seine Freundin oder seine Mutter verloren hat, sie auf diese Weise zurückholen will, kommt ihm nicht sehr wahrscheinlich vor. Dagegen spricht auch die zweite Leiche im Landemodul.

Vielleicht ist die Erklärung ja trivial, und es handelt sich um ein auf der Reise verunglücktes Crewmitglied mit dem letzten Wunsch, im Enceladusozean bestattet zu werden. Und da die Lebenden ebenfalls dorthin unterwegs sind, nehmen sie die Leiche mit, um den Wunsch zu erfüllen. Oder nicht? Aber zwei Tote auf diesem Flug? Den letzten tragischen Unfall im interplanetaren Verkehr gab es vor fast hundert Jahren, weil das Magnetfeld des Jupiters die Navigation eines Forschungsschiffes beeinträchtigt hatte. Raumfahrt ist sicher, wenn man sich an die Vorschriften und Checklisten hält.

Takumi läuft zum Landemodul zurück. Er wird hier keine endgültige Erklärung finden. Am besten, er macht sich auf den Weg, um Carrie endlich aus ihrer misslichen Lage zu befreien. Wobei er noch immer keine Idee hat, wie das funktionieren könnte. Er muss das Innere der Kabine des Landers irgendwie luftdicht abgeriegelt bekommen, damit sie Carries Anzug reparieren können, ohne sie dabei ersticken zu lassen.

Das Licht schaltet sich erneut automatisch an, als er die Außentür hinter sich schließt. Auch diesmal wird kein Sauerstoff in die Kabine geleitet. Ist die fremde Crew etwa ohne Luftdruck geflogen? Möglich wäre es. Raumanzüge sind heute so bequem, dass man es auch mehrere Tage lang in ihnen aushält. Angenehm ist es trotzdem nicht, schon wegen all der Schläuche. Takumi will gar nicht daran denken. Er kann nicht einmal den Mund richtig schließen, sodass ihm dauernd Speichel herausläuft.

Er setzt sich auf den Boden und schließt die Augen. Das Bedienmenü des Anzugs bietet ihm an, eine Verbindung zur lokalen Cloud herzustellen. Sehr gut, das fremde Schiff arbeitet ebenfalls mit dem Betriebssystem, das sich in den meisten Nationen durchgesetzt hat. Es verlangt nicht mal ein Login. Noch besser! Alle Funktionen des Schiffs sind frei zugänglich für ihn. Er könnte sofort das Haupttriebwerk starten. Oder die Notzerstörung aktivieren.

Es gibt nur ein Problem: Dazu muss er die Augen

geschlossen halten. So funktioniert das Interfacing nun einmal. Aber wie soll er das Schiff zu Carries Absturzort steuern, ohne etwas sehen zu können? Takumi beendet die Verbindung. Es muss hier etwas geben, das er übersehen hat. Er kriecht noch einmal durch das Schiff. In den Wänden gibt es überraschend viele Datenports. Man braucht sie, um Daten zwischen Messgeräten und dem Schiff auszutauschen. Hier steht jede Menge Sensorik herum. Das erklärt die Anzahl der Datenports.

Aber ausgerechnet Bildschirme gibt es nicht, und er stößt auch auf keinerlei Projektoren. Vermutlich hat sich die Crew die Arbeit geteilt. Es gibt ja an allen Seiten Bullaugen. Einer sieht hinaus, der andere steuert. Auf kurze Entfernungen könnte das klappen. Auch, wenn man dabei ein Lasergeschütz vermeiden muss? Ja, auch dann. Sein Standort ist ja bekannt, und die Umprogrammierung muss zuvor schon erfolgt sein. Vielleicht haben sie sich dem Mond deshalb so langsam genähert. Wenn sie das geahnt hätten!

Nun gut. Es ist an der Zeit. Takumi setzt sich neben die flache Kiste. So kann er sich mit einem der Riemen, die die Kiste halten sollten, zumindest notdürftig festmachen. Es gibt ja nicht einmal Liegen oder andere Gurte an Bord. Auf Sicherheit haben die Eindringlinge wohl wenig Wert gelegt. Ist das normal für Verbrecher? Wahrscheinlich. Es sind die ersten Gesetzesbrecher, die er kennenlernt.

Konzentration. Er lehnt sich an die Kiste und schließt die Augen. Die Verbindung steht. Er versucht zunächst, Igor anzurufen. Er wird schon sehnsüchtig auf Nachrichten warten. Doch die NPE-Station ist wohl nicht im Sendebereich. Dann Carrie. Takumi durchsucht das Navigationsprogramm des Landers und synchronisiert es mit seinem privaten Speicher. Jetzt leuchtet ein gelber Punkt auf, wo er Carrie zuletzt gesehen hat. Er markiert ihn als Ziel, und der Punkt verfärbt sich grün.

Start.

Die Automatik funktioniert! Das Schiff hebt ab. Ein tiefes, beruhigendes Wummern dringt über den Boden in seinen

Körper ein. Immer noch mit geschlossenen Augen wechselt er zum Funkprogramm. Mit steigender Höhe wachsen seine Chancen, zu Igor durchzukommen. Da! Er hat eine Verbindung. Es ist die internationale Notruffrequenz.

»Fremdes Raumschiff, identifizieren Sie sich!«

Es ist Igors Stimme. Takumi hat sich lange nicht so gefreut, ihn zu hören.

»Fremdes Raumschiff, identifizieren Sie sich!«

*Ja, Igor. Ich suche nur nach der Antwortfunktion. Gleich.*

»Fremdes Raumschiff, identifizieren Sie sich! Ich sehe sonst keine andere Möglichkeit, als auf Sie zu feuern. Sie bewegen sich in gesperrtem Gebiet. Ich besitze die Autorisierung der Vereinten Nationen.«

*Mann, Igor, ich bin es doch.* Wo ist die verdammte Sendefunktion? Es kann doch nicht sein, dass das Landemodul nicht in der Lage ist, auf der Ruffrequenz selbst zu senden? Er geht das Interface durch. Was ist denn hier kaputt?

»Fremdes Raumschiff, identifizieren Sie sich! Dies ist die letzte Warnung!«

»Igor!«, schreit er, aber sein Kollege hört ihn nicht. Takumi blättert wie wild durch alle Menüs. Das Rädchen. Vielleicht unter den Einstellungen? Hier ist ein Feld rot unterlegt. Er hat keinen Namen eingetragen. Scheiße! Wer programmiert denn so etwas? Die virtuelle Tastatur ist schwer zu bedienen. Sein Augapfel rast hin und her. »XY« akzeptiert das Programm nicht. Zu kurz. »Tak« reicht. Das Feld ist grün.

»Fremdes Raumschiff, identifizieren Sie sich! Ich habe Sie nun im Visier und beginne mit dem Countdown.«

»Igor, nein!« Takumi wechselt in das Funkmodul.

»Sieben, sechs, fünf …«

Da ist die Frequenz, die für Notrufe reserviert ist. Ha! Jetzt kann er auch senden. Er öffnet den Kanal. Dieser Knopf war vorher nicht zu sehen.

»Igor, ich bin es, Takumi, an Bord des fremden Landers!«

»Was? Gowno, was machst du denn da? Ich hätte dich fast abgeballert! Und wieso meldet ihr euch nicht? Was ist denn los?«

»Lange Geschichte, Igor. Ich muss schnell zu Carrie. Sie lebt, braucht aber Hilfe. Das Kurierboot ist zerstört.«

»Was? Ich höre dich ganz schlecht. Was ist mit dem Kurierboot?«

»Es wurde von der russischen Laserstation …«

»Gowno, gowno, gowno, was ist denn das? Tak, du wirst es nicht glauben, aber hier …«

»Igor? Warum hörst du mir nicht zu?«

Keine Antwort. Die Verbindung ist zusammengebrochen. Takumi sucht nach der Frequenz, aber sie ist tot. Wie kann das sein? Die Notruffreqenz lässt sich überhaupt nicht deaktivieren. Was ist mit der Station geschehen? Ein Angriff? Die Eindringlinge aus dem Gürtel, die mitbekommen haben, dass er den Lander gekapert hat? Aber so schnell können sie doch unmöglich reagiert haben!

Ein Warnton. Er muss in das Navigationsmodul wechseln und den Sinkflug einleiten. Carrie braucht jetzt seine Hilfe. Igor kommt schon zurecht. Takumi passt den Kurs im Programm an. Dann unterbricht er kurz die Verbindung und überzeugt sich an den Bullaugen, dass er auf dem richtigen Weg ist. Er überfliegt gerade die russische Laserstation. Ihr weißes, eisbedecktes Dach glitzert wie ein Juwel in der Sonne, die inzwischen aufgegangen ist.

Bis zu der Spalte ist es nicht mehr weit. Er setzt sich wieder und wechselt zurück zur Navigation. Das Programm passt den Kurs an. Dann zünden auch schon die Steuerdüsen. Langsam schwebt der Lander gen Oberfläche. Die Spalte ist breit genug, um ihn aufzunehmen. Er kommt zum Stehen. Eine so weiche Landung hat Takumi selten erlebt. Auftrag erfüllt. Bis zu Carries Muschelschale sind es höchstens 50 Meter. Takumi öffnet die Augen. Er braucht eine Minute, bevor er aufstehen kann. Heute läuft anscheinend gar nichts normal. Er muss wenigstens ein paarmal tief durchatmen.

## Hellnacht 4, 4056, Majestätische Dracht

Den entscheidenden Moment verbringen sie alle gemeinsam in dem Kino, das Marchenko vor dem Eintreffen bei dem Planeten Suran für sie eingerichtet hat. J, der Roboter, mixt ihnen Cocktails. Auf der Leinwand ist der gewaltige Saturn zu sehen. Es handelt sich um Liveaufnahmen des Teleskops der Dracht. Eva hat sich an einem Bullauge überzeugt, dass der tatsächliche Anblick mit bloßem Auge momentan weitaus weniger beeindruckend ist. Das Raumschiff der Grosnopfe hat aber eine derart hohe Geschwindigkeit, dass sich das demnächst ändern wird.

»Müssen wir uns anschnallen?«, fragt Eva.

Marchenko nimmt dem Roboter die Getränke ab und stellt sie vor Adam und Eva. »Besser wäre es«, sagt er. »Jede Veränderung des Geschwindigkeitsvektors bedingt eine Kraft.«

»Deshalb hast du die vorderste Stuhlreihe wohl mit Gurten ausgestattet?«, fragt Adam.

»Ja, das war der Plan. Ich schätze, dass dieses Manöver uns mit einem halben zusätzlichen g belastet. Mir macht das nichts aus, aber ihr solltet vorher noch einmal auf die Toilette gehen. Ich habe hier auch Windeln für euch.«

Marchenko greift unter die Bar und holt zwei hellgelbe Windelhosen hervor.

»Nein, danke«, sagt Adam.

Eva hat nichts anderes erwartet. Sie trinkt ihren Cocktail aus. Dann nimmt sie Marchenko eine der Hosen ab und verschwindet damit auf der Toilette, die ihr Vater an der Hinterseite der Bar eingerichtet hat. Eva lächelt. Marchenko hat dabei wirklich auf Details geachtet. Sogar eine Duftkerze brennt. Ihrem Vater muss sehr langweilig gewesen sein. Sie erledigt ihr Geschäft, säubert sich und zieht dann die Windelhose an. Anderthalb g klingen nicht beeindruckend, aber sie werden die Belastung vermutlich ein paar Stunden aushalten müssen.

»Von mir aus kann es losgehen«, sagt sie, während sie die Toilettentür hinter sich schließt.

Marchenko sieht auf die Uhr über der Kinoleinwand. »Wir haben noch zwei Minuten«, sagt er.

»Gibt es Neuigkeiten von der Erde?«, fragt Adam. »Freuen sie sich schon auf uns?«

»Sie haben noch nicht bemerkt, dass wir kommen«, sagt Marchenko.

»Ist das gut oder schlecht?«

»Ich weiß es nicht, Adam. Es wird auf jeden Fall ein Schock für sie sein. Die Majestätische Dracht ist irdischer Technik sicher weit überlegen, selbst wenn man davon ausgeht, dass sich in 200 Jahren einiges weiterentwickelt haben wird.«

Ein Alarmsignal gellt durch das Schiff. Eva hält sich die Ohren zu, aber es durchdringt alles. Dann beginnt der Druck. Er ist überall, wirkt aber eindeutig in eine bestimmte Richtung. Nach rechts. Das ist ungünstig, weil er sie gegen die harte Lehne des Stuhls presst.

Marchenko kommt zu ihr. Er dreht erst ihren Stuhl, dann den von Adam, bis sie parallel zur Kraftrichtung sitzen. So ist es besser. Die Kinositze sind überraschend gut gepolstert. Auf der Leinwand schaltet das Programm jetzt um.

»Das ist ungefähr der Ausblick aus den Bullaugen«, erklärt Marchenko, »aber zentriert auf den Planeten.«

Eva sieht eine schmutzige Murmel, die sich überraschend schnell nähert. Sie ist von einem glitzernden Meer aus Kristallen umgeben und verbreitet darin ein konzentrisches Muster, als hätte sie ein Riese dort hineingeworfen.

»Die Ringe«, sagt Marchenko. »Ich habe euch von ihnen erzählt.«

Die Meeresoberfläche stellt sich nun schräg. Erst ein wenig, dann immer mehr. Bald müssen sie darin eintauchen. Wird das die Dracht nicht zerstören?

»Hält das Schiff das aus?«, fragt Eva. »Entschuldige, falls das eine dumme Frage ist.«

»Ist es«, sagt Adam.

Manchmal kommt er ihr vor wie ein kleiner Junge. Sie würde ihn am liebsten böse ansehen, aber sie schafft es nicht, ihren Stuhl selbst so weit zu drehen, um ihn sehen zu können.

»Es gibt keine dummen Fragen«, sagt Marchenko. »Würde es dort draußen wirklich so aussehen wie auf der Leinwand, könnte die Dracht die Ringe nicht durchqueren, ohne zerstört zu werden. Aber die Darstellung ist nicht maßstabsgetreu. In der Realität haben wir also jede Menge Platz.«

»Sehr beruhigend«, sagt Eva.

In diesem Moment taucht die Majestätische Dracht in den Ring ein. Zu spüren ist davon überhaupt nichts. Auf der Leinwand ist plötzlich nur noch der Saturn zu sehen, der sich wieder entfernt. Aber das Schiff scheint langsamer geworden zu sein. Die gewaltige Kugel schrumpft nur allmählich. Hieß es nicht, sie würden den Planeten nur zum Ändern der Bewegungsrichtung benutzen? Jetzt sieht es so aus, als würden sie mit seiner Hilfe auch bremsen.

»Läuft alles wie geplant?«, fragt Eva.

»Das siehst du doch«, antwortet Adam.

»Das sehe ich eben nicht. Merkst du nicht, dass wir immer langsamer werden?«

»Hm, bist du sicher?«

»Marchenko, sag doch bitte etwas.«

Aber Marchenko antwortet nicht. Sein Körper ist starr. Wahrscheinlich trifft er sich gerade mit dem Allwissen. Das ist kein Grund, sich Sorgen zu machen.

»Ich mag es nicht, wenn er sich aus seinem Körper stiehlt, ohne uns Bescheid zu geben«, sagt Adam.

»Irgendetwas muss passiert sein«, sagt Eva.

Sie würde jetzt gern in die Zentrale laufen, aber die Beschleunigung drückt sie noch immer in ihren Sitz. Sie scheint sogar zuzunehmen.

»Spürst du das auch?«, fragt sie.

»Ja, wir bremsen«, sagt Adam. »Das gehört garantiert nicht zum Plan.«

»Wir müssen in die Zentrale.«

»Ach, lass uns einfach abwarten. Marchenko wird schon zurückkommen.«

»Mach, was du willst, aber ich kann nicht hier herumsitzen. Ich muss Marchenko finden«, sagt Eva.

Sie löst den Gurt und versucht aufzustehen. Es funktioniert nicht. Sobald sie ihren Oberkörper in die Vertikale bringt, drückt die Beschleunigung so stark auf Wirbelsäule und Magen, dass sie das Gefühl hat, zusammengequetscht zu werden. So geht das nicht.

Der Roboter J steht noch immer hinter der Bar, unbeeindruckt von den herrschenden Kräften.

»J, hörst du mich?«

»Ich höre dich, Eva.«

»Ich möchte, dass du mich in die Zentrale trägst.«

»Bei der aktuellen Beschleunigung solltest du lieber in deinem Sitz bleiben. Das ist besser für deine Gesundheit.«

»Es ist ein Notfall. Das Schiff verhält sich nicht mehr planmäßig. Ich muss in die Zentrale, um Gefahren von Adam und mir abzuwenden.«

»Bei einem Notfall kann ich meine Sicherheitsrichtlinien außer Kraft setzen.«

»Also kannst du mich in die Zentrale tragen, J?«

»Ich denke, schon. Dein Körpergewicht liegt auch bei der aktuellen Gravitation unterhalb meiner Grenzwerte.«

»Dann komm und heb mich hoch.«

Auf halbem Weg muss Eva sich übergeben. Die Majestätische Dracht erzeugt durch ihre eigene Rotation künstliche Gravitation. Dazu kommen die Bremsbeschleunigung, die verwinkelten Wege und die unbequeme Lage auf dem Rücken des Roboters, der wie ein Schaf auf allen vieren durch das Raumschiff kriecht.

Jedes Zeitgefühl geht ihr dabei verloren. Aber trotzdem erreicht sie irgendwann die Zentrale. Dort ist die Hölle los. Grosnopfe kommen und gehen, schreien durcheinander und streiten sich. Aus Gesprächsfetzen bekommt Eva mit, dass niemand etwas Genaues weiß. Der Roboter trägt sie durch den großen Raum. Sie hat Glück, dass sie ein Mensch ist, denn auch ohne offizielle Funktion kennt sie jeder hier. So schafft es J, sie bei Gronar abzuladen, der sich – wild mit allen vier Armen gestikulierend – mit drei seiner Untergebenen gleichzeitig unterhält.

Als er sie bemerkt, schickt er die drei Grosnopfe weg.

»Wie kommst du denn hierher?«, fragt er.

Sein Englisch ist schon fast perfekt.

»Ich habe mich von dem Roboter tragen lassen«, antwortet sie.

Eva atmet schwer. Die Last auf ihrer Brust ist unerträglich. Hoffentlich hört das bald auf.

»Ist Marchenko denn nicht bei euch?«, fragt Gronar.

Oh nein, hier ist er auch nicht. Dann war die ganze Anstrengung umsonst. Was ist denn schon wieder in Marchenko gefahren? Es kommt ihr vor, als wären sie dauernd auf der Suche nach ihm.

»Nein«, antwortet sie. »Ich … suche ihn. Eigentlich … hatte ich gehofft, er wäre hier.«

»Wir suchen ihn ebenfalls, denn wir hoffen, dass er uns ein paar Fragen beantworten kann.«

»Welche … Fragen denn?« Eva ahnt schon, was Gronar ihr sagen wird.

»Wir wüssten gern, warum unser Schiff anscheinend einen Orbit um diesen Gasriesen einschlägt, statt planmäßig zum dritten Planeten zu fliegen.«

Also doch. Ein Orbit um Saturn – Eva hat es befürchtet.

»Verstehe«, sagt sie. »Ja, das wüsste … ich auch gern. Aber Marchenko … ist nicht mehr da. Er hat nur seinen … nagelneuen Körper … bei uns gelassen.«

»Ah, das ist ein wichtiger Hinweis«, sagt Gronar. »Dann hat er sich vermutlich zum Allwissen abgesetzt.«

»Abgesetzt?«

»So meine ich das nicht«, sagt Gronar und tätschelt ihr mit einer Tasthand den Kopf. »Er hält sich vermutlich beim Allwissen im Speicher auf.«

Das ist eine gute Erklärung. Marchenko kann sich direkt im Speicher mit dem Allwissen unterhalten.

»Muss ich mir um ihn Sorgen machen?«, fragt sie.

»Wenn ich das wüsste!« Gronar kratzt sich an der Magenfalte. Eva erinnert sich daran, dass der größte Teil seines Gehirns nicht in dem winzigen Kopf steckt. »Auch das Allwissen meldet sich nicht bei uns. Entweder ist es für die Planänderung verantwortlich oder Marchenko.«

»Marchenko hat … damit ganz bestimmt nichts zu tun«, sagt sie. »Er hätte dich … auf jeden Fall informiert. Er hätte uns … eingeweiht, Adam und mich.«

»Da bin ich mir nicht ganz so sicher. Er hat Andeutungen gemacht, dass ihm das biologische Leben an Bord eine Last sei.«

»Aber so hat er das doch gar nicht gemeint. Er ist dein Freund, Gronar! Du musst ihm vertrauen. Bestimmt versucht er, das Allwissen davon zu überzeugen, dass diese Planänderung keine gute Idee ist.«

Uff. Eva schließt die Augen. Die vier Sätze haben sie so viel Kraft gekostet wie eine halbe Stunde auf dem Trainingsrad.

»Ja, er ist mein Freund, Eva, und ich bin seiner. Aber ich

bin auch Kommandant dieses Raumschiffs und für die Sicherheit seiner Crew verantwortlich. Deshalb muss ich vom Schlimmsten ausgehen.«

»Und das wäre?«

»Dass Marchenko versucht, sich die Majestätische Dracht anzueignen.«

## 7. März 2302, NPE-Station

Jetzt ist Mitternacht schon vorüber, und Carrie hat sich immer noch nicht gemeldet. Igor schwebt nervös in der Station hin und her. Die Kommandantin ist sehr zuverlässig. Wenn sie kann, gibt sie Bescheid. Das heißt, es gibt derzeit keine Funkverbindung.

Das kann natürlich alles Mögliche bedeuten. Trümmerteile sind ihm bei seinen Orbits jedenfalls nicht aufgefallen. Aber auch das heißt gar nichts. Da unten fallen so viele Schatten, dass er leicht ein ganzes Schiff übersehen kann. Und das muss wohl passiert sein, denn auch das Kurierboot haben die Kameras bisher nicht entdeckt.

Anders sieht es mit dem Landemodul der Eindringlinge aus. Er hat es während des letzten Orbits in einem Einschlagkrater entdeckt. Dort steht es unversehrt auf der Oberfläche. Wie haben die es nur geschafft, an dem russischen Laser vorbeizukommen? Am liebsten würde er das Modul aus dem Orbit pulverisieren. Aber so weit reichen seine Kompetenzen dann doch nicht. Er muss den Gegner zunächst mehrfach auffordern, sich zu erkennen zu geben. Aber wie soll das funktionieren, wenn die Fremden auf seine Funkanfragen einfach nicht reagieren?

Igor schwebt zum Bullauge an der Unterseite der Station. Um die Oberfläche zu betrachten, braucht er kein Teleskop.

Die künstliche Linse in seinem Auge reicht völlig aus. Bald überfliegt die Station den Krater wieder, in dem die Fremden gelandet sind. Seltsam ist, dass er sie erst so spät entdeckt hat. Den Krater hat er ganz sicher schon vorher bemerkt. Die einzig mögliche Erklärung ist, dass sich der Lander zunächst getarnt hat. Eine dünne Schicht Schnee genügt dafür ja schon. Die Restwärme der Landung hat sich schnell verteilt.

Aus irgendeinem Grund müssen sie die Tarnung aufgegeben haben. Hat es mit der Außenaktivität zu tun? Schon beim letzten Überflug haben die beiden Crewmitglieder, mehr scheint es nicht zu geben, einen länglichen, dunklen Gegenstand über das Eis transportiert. Da, jetzt kommt der Krater in Sichtweite. Igor erhöht die Vergrößerung, indem er einfach daran denkt. Das ist so bequem! Er liebt diese Linse, die sich auch wunderbar als Mikroskop nutzen lässt.

Der dreieckige Lander ist wieder deutlich zu sehen, ganz ohne Tarnung. Das dunkle Objekt ist aber stark geschrumpft. Moment, es ist noch da, etwa 200 Meter vom Lander entfernt. Es wirft einen Schatten, also hat man es wohl aufgerichtet. Könnte es ein Bohrer sein? Die beiden Crewmitglieder stehen als winzige schwarze Punkte herum. Igor schwenkt wieder zum Lander. Hinter ihm bewegt sich ein dritter Punkt über den Schirm. Er wischt darüber, aber es ist kein Krümel aus seinem Bart. Die dritte Person hat vielleicht die Lage erkundet. Jetzt erreicht sie den Lander wieder und verschwindet.

Ob er nicht doch mal einen Warnschuss abgeben soll? Er könnte auf das dunkle Objekt zielen. Es ist ganz gewiss nicht lebendig. Aber hinterher explodiert es noch und tötet dabei die beiden Raumfahrer, die neben ihm stehen. Wer hat dann den Ärger am Hals? Moment. Ist der eine Punkt jetzt etwa in dem Objekt verschwunden? In der Draufsicht aus der Station ist das schwer zu beurteilen. Der zweite Punkt bewegt sich nun wieder zum Lander. Er erreicht ihn, bespricht vermutlich etwas mit der dritten Person, und läuft zurück. Mist. Gleich taucht die Station wieder hinter dem Horizont unter, und er muss die drei Fremden sich selbst überlassen. Soll er nicht doch mal einen Schuss abfeuern, nur um sie zu verunsichern? Nein. Er wartet bis zum nächsten Orbit.

Die Wartezeit vertreibt er sich, indem er die Ringe durchsucht. Die ungebetenen Gäste können nicht mit diesem pathetischen Landemodul von der Erde gekommen sein. Irgendwo muss sich das Transfermodul verstecken. Wenn er es findet, haben sie etwas gegen die da unten in der Hand. Denn ohne das Transfermodul erreichen sie ihr Zuhause nie wieder.

Das fremde Schiff selbst ist garantiert gut versteckt. Die Fremden kennen den Orbit der NPE-Station offenbar. So konnten sie genau ausrechnen, wo sie ihr Schiff verbergen mussten. Vielleicht haben sie es sogar auf einem der anderen Monde gelassen. Aber das glaubt er nicht. Die Ringe bieten sich für solche Versteckspiele an. Wenn er die Position nicht direkt findet, braucht er einen anderen Weg. Carrie hat doch schon einmal daran gearbeitet. Sie hat nach Spuren gesucht, die jede Masse auf ihrem Weg durch die sehr fragilen Ringe hinterlässt.

Das Verfahren braucht er nur zu wiederholen. Die alten Daten stecken noch im Archiv. Sie zeigen, wie die Ringe vor ein paar Tagen aussahen. Also braucht er bloß noch ein paar aktuelle Aufnahmen zu machen, und schon kann er vergleichen. Das klingt so einfach, wie es ist. Seine künstliche Linse kann speichern, was sie sieht. Igor schwebt zum Bullauge an der Backbordseite, wo er gerade einen prächtigen, wenn auch sehr flachen Blick auf die Ringe hat. Für den Mustervergleich sollte das allerdings genügen.

Er lässt den Blick frei streifen, nachdem er der Linse befohlen hat, alle Aufnahmen an die lokale Cloud weiterzuleiten. Dort aktiviert er den Vergleichsalgorithmus, der die alten und neuen Bilder einander zuordnet. Wenn er für den untersuchten Bereich genügend Daten hat, bekommt Igor eine akustische Meldung.

Die erfolgt überraschend schnell. Igor schließt die Augen wieder und klinkt sich in die lokale Cloud ein. Der Algorithmus hat seine Ergebnisse in Igors privatem Speicher abgelegt. Dort holt er sie heraus und zeigt sie an. In seinem Kopf entsteht ein vielfarbiges Bild, das aus konzentrischen Kreisen besteht. Sie sind durch große und kleine Schlieren vermischt. Igor geht sie nacheinander durch.

Es gibt insgesamt fünf statistisch signifikante Spuren. Die erste lässt sich durch einen Asteroiden erklären, der das Ringsystem durchflogen hat. Nummer zwei ist unklar, zeigt allerdings aus dem Sonnensystem heraus. Die unangemeldeten Besucher sind ganz bestimmt nicht aus dem interstellaren Raum gekommen. Die dritte Spur dürfte eine Resonanz der zweiten sein, also von Objekten stammen, die der Verursacher von Spur zwei auf ihrer Bahn gestört hat. Spur Nummer vier dagegen ist vielversprechend. Sie endet im selben Ring, in dem auch Enceladus orbitiert.

Allerdings verwischt sie zum Ende hin. Mist. So wird er nicht herausfinden, wo sich das Transfermodul aufhält. Kurz betrachtet er die fünfte Spur. Sie ist gewaltig. Das Objekt, das sie verursacht hat, muss eine Million Mal schwerer sein als die Station. Das ist völlig unmöglich. Ein so großes Objekt hätte er doch bemerkt. Vermutlich handelt es sich um eine Resonanz eines der größeren Saturnmonde. Carrie muss sich den Algorithmus bei Gelegenheit näher ansehen. Solche Resonanzen sollte er eigentlich ausfiltern.

Die Station sendet das vereinbarte Signal. Gleich müsste er den Krater mit dem Landemodul wieder sehen. Igor schwebt zu dem anderen Bullauge und fokussiert auf die Oberfläche des Mondes. Da sind die Wände, und jetzt fällt sein Blick in den Krater. Das dunkle Objekt ist nicht mehr da. Aber schlimmer noch – auch der Lander ist verschwunden. Gowno, Scheiße! Sind sie ihm schon wieder durch die Lappen gegangen! Er hätte gleich auf die Verbrecher feuern sollen. Um die wäre es doch nicht schade.

Nicht mit ihm. Er schaltet den Infrarotfilter in seiner Linse ein. Das Bild verändert sich. Enceladus erscheint in hellem Blau. Aber da ist noch etwas anderes: ein roter Fleck, der sich von der Oberfläche entfernt. Ha! Er hat sie gefunden! Igor markiert die Stelle und schaltet den Filter aus. Da sind sie. Der Lander fliegt mit feuernden Triebwerken, scheint aber die Fluchtgeschwindigkeit noch nicht erreicht zu haben. Er wird sogar langsamer. So wird er nie einen Orbit einschlagen. Hat die Besatzung etwa bemerkt, dass er sie im Blick hat?

Jetzt wäre die Gelegenheit, sich an die Railgun zu setzen. Igor dreht sich um. Die manuelle Steuerung ist feuerbereit. Nein, das darf er nicht. Er ruft die Eindringlinge per Funk, auf dem internationalen Notfallkanal. Vielleicht hat er ja Glück und sie ignorieren ihn.

»Fremdes Raumschiff, identifizieren Sie sich!«

Keine Antwort. Natürlich. Sie wollen ihn hinhalten. Er wiederholt den Ruf. Noch dreißig Sekunden, dann kann er sie zum letzten Mal warnen. Keinerlei Aktivität auf dem Kanal. Sie müssen ihn hören. Jeder Ruf auf diesem Kanal wird durchgestellt. Die wollen ihn verarschen! Na gut. Er hält sich an das Protokoll und warnt ein letztes Mal.

Immer noch keine Antwort. Er würde es nie zugeben, aber er freut sich. Er wollte schon immer wissen, was die Railgun im Ernstfall taugt. Jetzt hat er endlich die Gelegenheit, es auszuprobieren. Er kündigt den Eindringlingen den Countdown an und beginnt auch gleich zu zählen. Den Finger hat er bereits auf dem Auslöser.

Bei fünf hat er plötzlich Taks Stimme im Ohr. Was macht der denn an Bord des fremden Landers? Jetzt versteht Igor überhaupt nichts mehr. Er begrüßt ihn, aber während Takumi ihm irgendwas von Carrie und dem Kurierboot erzählt, legt sich ein furchtbares Rauschen über den Funkkanal. Es schwillt so stark an, dass Igor sich am liebsten die Mikrolautsprecher aus dem Hörkanal reißen würde. Aber wenn er die Lautstärke senkt, hört er Takumi nicht mehr. Scheiß Technik!

»Was ist mit dem Kurierboot?«, schreit er.

»… russisch … Laser …«

Nur ein paar Silben dringen noch in sein Bewusstsein, so

höllisch ist das Rauschen. Was soll das? Welcher Techniker auch immer dafür verantwortlich ist, er wird es ihm büßen! Igor dreht die Lautstärke herunter. Takumi verstummt, aber das Rauschen ist immer noch lauter als das Geräusch der Lebenserhaltung. Er muss das im Hauptcomputer prüfen. Igor löst sich von dem Bullauge, durch das er Enceladus betrachtet hat, und schwebt nach vorn. Dabei fällt sein Blick auf das Bullauge in der Decke. Er erwartet die glänzende Scheibe der Ringe, doch stattdessen sieht er nur schwarz. Was ist das nun wieder? Er greift nach der Haltestange neben dem Bullauge und drückt das Gesicht gegen das kühle Glas. Seine Haut ist heiß und feucht. Da draußen ist … es sind die Borg!

Eisige Kälte fährt in sein Rückgrat. Er brüllt irgendetwas in das Mikrofon, dann verstummt er, während die Realität in sein Bewusstsein dringt. Was er sieht, ist der Ausschnitt eines würfelförmigen, schwarzen Raumschiffs. Die Borg gibt es nicht. Sie gehören zu den wichtigsten Bösewichten seiner Lieblingsserie Star-Trek. Aber diese Ähnlichkeit! Man könnte meinen, der Erfinder der Borg, Maurice Hurley, hätte dieses Raumschiff hier schon vor über 250 Jahren getroffen. Igor schüttelt den Kopf. Was soll er tun? Carrie wüsste es. Sie hätte eine Idee. *Reiß dich zusammen.* Er schwebt nach hinten zur Steuerung der Railgun.

»Annäherungsalarm«, warnt die Station mit einem durchdringenden Warnton.

Gleich darauf bekommt die Station einen Stoß, der Igor an die Decke treibt. Die Schweine schießen auf ihn! Igor beeilt sich und zieht sich an den Handgriffen nach hinten. Da sind die Knöpfe, die er braucht. Er schwebt kopfüber über der Steuerung, aber das ist egal. Wohin soll er zielen? Egal. Das Ding ist über ihm. Wohin er auch zielt, er wird treffen.

Feuer! Das taktile Feedback der Steuerung verrät, wie zwei Ladungen nacheinander den Lauf der Railgun verlassen. Gegen diese Munition ist kein Kraut gewachsen. Sie durchschlägt alles. Igor presst sich gegen das Bullauge, aber der riesige Kasten schwebt so dicht über der Station, dass er nur noch schwarz sieht. Jetzt erst wird ihm bewusst, wie sinnlos seine Schüsse waren. Für diesen gigantischen Kasten müssen sie sich wie Nadelstiche anfühlen.

Igor schwebt trotzdem zur Railgunsteuerung zurück. Er kann sich doch nicht einfach so ergeben! Wenn sie ihn schon kriegen, will er sich wenigstens wie ein Mann gewehrt haben. Er drückt erneut den Auslöser, doch diesmal passiert gar nichts. Kurz darauf schaltet sich das Licht aus, und alle Geräusche ersterben. Es wird so still, wie er es noch nie erlebt hat. Diese Stille ist wunderbar und zugleich so erschreckend, dass ihm alle Haare zu Berge stehen. Igor ergibt sich, lässt den Haltegriff los und treibt ziellos durch die Station.

Der erste Ton, den er nach Ablauf einer unendlichen Zeit der Stille vernimmt, ist ein Tropfen, der auf das Glas eines Bullauges platscht. Er lebt noch! Und offenbar bewegt sich die Station. Sie folgt nicht mehr einfach nur ihrem Orbit, sondern verändert ihn aktiv. Igor merkt es, weil er ganz langsam auf den Boden zutreibt. Zur Sicherheit sucht er nach einem Haltegriff, falls es dann doch schneller gehen sollte. Er erwischt eine Stange in halber Höhe und zieht sich daran nach oben zum Bullauge in der Decke.

Viel Kraft braucht er nicht. Die Station beschleunigt mit höchstens einem Dreißigstel g. Die Triebwerke schweigen, also muss etwas anderes sie bewegen. Ob der schwarze Würfel ihn mit einem Traktorstrahl anzieht? Quatsch. Er muss Science-Fiction und Realität trennen. Tatsache ist, dass er lebt, obwohl er auf das gigantische Schiff gefeuert hat. Sie hätten ihn vermutlich zerquetschen können wie eine lästige Fliege, haben sich aber dagegen entschieden und holen ihn stattdessen zu sich.

Um ihn besser sezieren zu können? Oh Mann, plötzlich zucken Bilder aus allen möglichen Science-Fiction-Produktionen durch seinen Kopf. Er darf sich davon nicht beeinflussen lassen. Aber andererseits … warum soll er nicht aus den Fehlern der Protagonisten lernen? Als Allererstes sollte er die Erde informieren. Seine Mitmenschen müssen wissen, was auf sie zukommt. Er zieht sich zum Hauptcomputer, doch der reagiert auf keinerlei Tastendruck. Sie haben ihn stillgelegt.

Na gut, er kann sie verstehen. Wenn ein kleines Kind dauernd mit einer Wasserpistole auf dich schießt, nimmst du ihm die lästige Waffe auch irgendwann weg.

Aber wie steht es um die Kommunikation? Sollten sie nicht versuchen, mit ihm zu reden? Nur wie? Vermutlich sprechen sie weder Russisch noch Englisch, und weitere Sprachen hat er nicht zu bieten. Wie soll er sich ihnen dann verständlich machen? Hoffentlich versuchen sie nicht, ihm irgendein Implantat einzusetzen oder ihn an eine ihrer Maschinen anzuschließen. Wie würde er selbst mit Außerirdischen umgehen, wenn er ihr Sonnensystem besuchen könnte? Er hat keine Ahnung.

Igor zwingt sich, sein Gedankenkarussell anzuhalten. Er denkt sowieso nur Blödsinn, und er weiß auch, warum. Es ist die Angst, die ihn dazu zwingt. Er hat noch nie so eine tiefsitzende, animalische Angst empfunden. Es ist die Angst des Urmenschen, der einen Säbelzahntiger im Gebüsch vermutet. Nein, schlimmer. Im Gebüsch sitzt eine unbekannte Gefahr, mit der er noch nie zu tun hatte. So etwas gab es für ihn in seinem ganzen Leben noch nicht.

Sicher, sie haben gefährliche Manöver trainiert. Er war sogar einmal auf Bärenjagd, in Sibirien, wo man ihnen animatronische Kopien vor die Flinten geschickt hat. Aber das hier ist völlig anders. Er kann die Gefahr, die ihm droht, nicht einschätzen. Alle Erfahrung, die er dafür ins Feld führen könnte, kommt aus Filmen, die ihm jetzt überhaupt nicht helfen.

Aber das Innehalten hat geholfen. Jetzt, wo er die Quelle seiner Angst kennt, kann er besser damit umgehen, selbst wenn er die Gefahr immer noch nicht beurteilen kann. Er lebt. Er atmet. Er denkt nach. Das ist ein guter Anfang. Igor schwebt zum Hauptcomputer. Er hat eine Idee.

Natürlich reagiert das Gerät noch immer nicht. Er bekommt auch keine Verbindung, wenn er versucht, sich in die lokale Cloud einzuloggen. Die Unbekannten haben anscheinend die komplette Energieversorgung der Station gekappt. Nein, er wird jetzt nicht darüber nachdenken, was das für ihn bedeuten könnte. Sie haben irgendetwas mit ihm vor, sonst hätten sie ihn längst sterben lassen. Für ein paar Tage reicht die Atemluft in der Station schon. Vorher wird er damit bestimmt das fremde Raumschiff erreicht haben.

Der Hauptstrom ist also weg. An Bord gibt es aber verschiedene Backups, zum Beispiel in den Sitzen, die als autarke Notkapseln konzipiert sind. Bei einer Zerstörung der Station würden sie ihn wie ein Baby im Brutkasten einschließen. Er muss es nur schaffen, rechtzeitig auf dem Stuhl zu sitzen. Dazu brauchen sie natürlich Energie, die in einem Notfall nicht mehr vom Schiff käme, sondern aus ihren eigenen Akkus. Die müssen sich doch irgendwie anzapfen und zur Versorgung des Hauptcomputers einsetzen lassen?

Igor holt aus einem Fach im Boden den Werkzeugkasten, den er während der ganzen Reise noch nie benutzen musste. Er hat eine Ausbildung als Elektriker. Wenn es irgendwo Energie gibt, sollte er in der Lage sein, sie herauszuholen. Er klappt den Kasten auf. Die Werkzeugauswahl ist beeindruckend. Für den Anfang benutzt er zwei Zangen. Damit reißt er die Verkleidung des Sitzes ab, was in der Dunkelheit gar nicht so einfach ist. Aus Balancegründen befinden sich die Akkus vermutlich unten, auf beide Seiten verteilt. Er behält recht.

Sehr schön! Jetzt muss er bloß irgendwie an die Anschlüsse herankommen. Die Akkus sind immer paarweise in spezielle Halterungen eingesetzt. Ohne sie zu zerstören, bekommt er sie da nicht heraus. Also braucht er Zugriff von oben. Er muss die Seitenlehne eines der Sitze abmontieren. Das funktioniert leider nicht ohne Gewalteinsatz – um den Sitz für den Notfall wirklich dicht zu bekommen, sind alle Verbindungen verklebt. Er meißelt die Klebestellen auf und biegt die Bleche auseinander. Dabei gerät er ins Schwitzen, was ihm gar nicht so unangenehm ist, denn die Temperatur ist schon deutlich gesunken. Inzwischen bläst er beim Atmen Dampfschwaden aus.

Hau-ruck! Das erste Blech ist ab. Die rechte Seitenlehne liegt nackt vor ihm. Jetzt sind die elektrischen Anschlüsse von oben zugänglich. Er testet sie, indem er den Daumen anleckt. Autsch, da ist Saft drauf. Den muss er nun irgendwie zum Computer transportieren, der etwa drei Meter entfernt ist. Irgendwo muss es ein Ersatzkabel geben, das er dafür benutzen kann. Er durchsucht sämtliche Fächer in Wänden, Boden und Decke. Da, eine Lampe mit Anschlusskabel. Wozu die wohl an Bord ist? Egal. Er entfernt das Kabel und schließt es am Sitz und am Computer an. Hoffentlich kommt der Hauptrechner mit der Spannung aus den Akkus zurecht.

Er hat Glück. Ein paar Lämpchen leuchten auf. Das System fährt hoch. Igor schließt die Augen, aber die Cloud ist noch immer nicht zugänglich. Vielleicht reicht dafür der Strom nicht. Also muss er das taktile Interface benutzen. Er zieht den Bildschirm seitlich aus dem Gerät. Die Helligkeit ist auf der niedrigsten Stufe und lässt sich auch nicht verändern. Was der Schirm anzeigt, ist nur deshalb noch zu erkennen, weil es in der Station so dunkel ist.

Ganz oben warnt eine Zeile, dass dem System nicht genügend Energie zur Verfügung stehe und deshalb die Funktionalität eingeschränkt sei. Besser als nichts. Igor wechselt ins Hauptmenü. Die Statusanzeigen funktionieren. Dass sowohl Lebenserhaltung als auch Flugkontrolle inaktiv sind, hätte er auch so gewusst. Es ist nicht möglich, sie einzuschalten. Er wechselt zur Kommunikation. Wenn er der Erde eine Nachricht schicken könnte, wäre viel gewonnen. Aber die High-Gain-Antenne ist inaktiv. Was ist mit Carrie und Tak? Er lässt das System auf die Low-Gain-Antenne zugreifen. Es klappt! Sie braucht offenbar nicht viel Strom. Er versucht es zunächst auf der normalen, individuellen Frequenz.

»Station an Kurierschiff, bitte melden.«

»Fehler«, meldet das System.

Mist. Es sah doch so vielversprechend aus! Igor ruft den Fehlerbericht auf. Ah, die Verschlüsselung mit Hilfe des Hauptrechners hat nicht funktioniert, deshalb hat das System den Vorgang abgebrochen. Dann eben im Klartext. Im Einstellungsmenü schaltet er die Verschlüsselung ab. Jetzt kann ihm natürlich jeder zuhören, der die Frequenz überwacht.

»Station an Kurierschiff, bitte melden.«

Keine Fehlermeldung, aber auch keine Antwort.

»Carrie, Takumi, seid ihr irgendwo da draußen?«

Sie melden sich nicht. Igor seufzt. Was kann er noch tun? Die Notfallfrequenz! Auf der hat sich Tak doch vorhin gemeldet. Er schaltet auf die international übliche Wellenlänge um. Kurz denkt er an die Fremden, die die Station noch immer in ihre Richtung bewegen. Aber sie sind ja ganz sicher nicht in das irdische Notfallsystem eingebunden. Der Grad der Gefahr ändert sich für ihn nicht. Wenn sie ihn hören – na und? Sie verstehen ihn doch sowieso nicht.

»Station an Kurierschiff, bitte melden.«

Zuerst die offizielle Version. Seine Anfrage erreicht alle Raumfahrzeuge, die sich im Empfangsbereich befinden. Momentan sind das vermutlich nicht viele. Ein paar robotische Sonden könnten in der Nähe des Planeten unterwegs sein. Sie könnten ihm zwar nicht zu Hilfe kommen, würden aber die Erde über das empfangene Notsignal informieren. Der Borgwürfel ist so massiv, dass man ihn auch von der Erde aus kaum übersehen kann – sollte gerade jemand in diese Richtung gucken.

»Carrie, Takumi, wenn ihr mich hört, bitte meldet euch. Wir haben noch mehr unerwarteten Besuch. Ich habe die Kontrolle über die Station verloren. Ein unbekanntes Schiff verändert ihren Orbit. Mehr weiß ich nicht.«

Igor hört sich noch einmal an, was er gerade gesendet hat. Es klingt ziemlich … kläglich. Aber hat er nicht allen Grund dafür? Immerhin ist es das erste Zusammentreffen der Menschheit mit einer extrasolaren Intelligenz. Und wenn alles so weitergeht, ist er der erste Mensch, der … tja, das ist die Frage. Igor friert. Es wäre wirklich schön, wenn Carrie oder Takumi sich melden würden. Selbst über eine Nachricht der ungebetenen menschlichen Besucher auf Enceladus würde er sich jetzt freuen. Sie könnten ihn gern verwünschen, Arschloch nennen oder gar verhöhnen – alles ist besser, als einer unbekannten Spezies als erster Mensch allein ausgeliefert zu sein.

»Kurierschiff, bitte melden«, versucht er es noch einmal. »Carrie, Takumi, wenn ihr mich hört …«

Ja, was dann? Es ist sinnlos, auf Funkkontakt zu warten. Sie können ihm sowieso nicht helfen. Soll er das Kabel wieder entfernen? Nein, es schadet nicht, auf den Computer zugreifen zu können. Am besten, er macht es sich in einem der beiden unbeschädigten Sitze bequem. Wer weiß, was die Unbekannten mit ihm vorhaben. Der Sitz schützt ihn.

Igor muss lachen. Vor kurzem hat er sich noch am längeren Hebel gefühlt. Er war der, der am Drücker saß. Die ungebetenen Gäste von der Erde waren in seiner Hand. Tja, es gibt immer einen größeren Fisch, würde Carrie wohl sagen.

Der Computer zirpt. Was hat er bloß? Zu wenig Energie? Daran kann er nichts ändern. Ein zweites Zirpen. Igor löst den Gurt wieder und schwebt zum Rechner.

»Verbindungsanfrage« steht auf dem Bildschirm. »Annehmen Ja / Nein.«

Es ist keine Quelle angegeben. Wer kann das sein? Warum spricht derjenige nicht mit ihm, sondern versucht, sich mit dem Computer zu verbinden? Igor startet den Netzwerkmonitor. Die Anfrage kommt von außerhalb. Okay, das ist nicht überraschend. Sie ist nach allen irdischen Standards formuliert. Völlig korrekt. Welche außerirdische Intelligenz könnte denn in der Lage sein, irdische Rechnerprotokolle derart schnell zu verstehen und selbst einzusetzen?

Nein, er hat einen anderen Verdacht. Die ungebetenen Besucher müssen dahinterstecken. Tak hat es offenbar geschafft, ihr Landemodul zu stehlen. Nun brauchen sie eine andere Mitfluggelegenheit. Also versuchen sie, die Kontrolle über die Station zu bekommen. Igor analysiert die Adresse. Viel verspricht er sich nicht davon, denn die lokale Datenbank ist nicht groß. Aber er hat Glück. Ha! Die Adresse lässt sich dem russischen RB-Konzern zuordnen. Hier ist keine außerirdische Macht am Werk. Die Eindringlinge kommen von RB!

»Verbindungsanfrage« steht immer noch auf dem Bildschirm. »Annehmen Ja / Nein.«

Er könnte sie reinlassen. Eben hat er sich noch nach einem Signal von ihnen gesehnt. Der Zugriff auf die Flugsteuerung ist sowieso mangels Energie gesperrt. Aber er gönnt ihnen diesen kleinen Sieg nicht. Hätten sie ihn nicht einfach anfunken können? Igor drückt die Taste »N«, und der Computer lehnt die Verbindung ab.

*Ha! Mit mir nicht!*

»Verbindung hergestellt«, erscheint auf dem Schirm.

Igor schlägt mit der Faust auf die Seitenlehne. Ist es möglich, dass die Verbrecher seine Station besser kennen als er? Wie haben sie es geschafft, sich Zutritt zu verschaffen? Sie müssen Carrie geschnappt haben, um von ihr das Kennwort der Kommandantin zu erpressen. Wer weiß, was da unten passiert ist. Vielleicht musste Takumi die Kommandantin zurücklassen, als er den Lander entführt hat.

Wieder zirpt der Computer. Es ist keine bösartige Warnung, eher ein friedliches Geräusch, das um Aufmerksamkeit bittet, statt sie zu fordern. Trotzdem geht es Igor durch Mark und Bein. Denn es sagt, dass da irgendetwas im Computer aktiv ist, das nichts mit ihm zu tun hat. Er hat keinen Anlass für das Zirpen gegeben. Igor schiebt sich aus dem Sitz und schwebt vorsichtig näher, als würde der Computer demnächst auch noch mit einer Peitsche nach ihm schlagen.

»Hallo«, steht auf dem Bildschirm. »Wer bist du und warum greifst du mich an?«

## Hellnacht 5, 4056, Majestätische Dracht

Das Triebwerk schweigt seit ein paar Stunden wieder. Aber in der Majestätischen Dracht ist es alles andere als ruhig. Ganz besonders, weil die Mannschaft nichts zu tun hat, denn das Allwissen hat die komplette Kontrolle übernommen. Jedenfalls ist das die allgemein anerkannte These. Dafür spricht, dass es nichts von sich hören lässt. Es erlaubt keinerlei Kontaktaufnahme, und eigentlich ist klar, dass nur eine Entität an Bord dazu in der Lage ist.

Eigentlich. Denn eine Minderheit hält auch Marchenko für einen Teil der Meuterei. In welchem Umfang, darüber ist man sich nicht einig. Gegen ihn spricht dasselbe wie gegen das Allwissen – er ist nicht mehr ansprechbar. Eva versucht immer wieder, bei seinem Körper irgendetwas zu erreichen, aber er ignoriert sie. Der nagelneue Körper, auf den er sichtlich stolz war, hat sich keinen Schritt bewegt und fängt schon an zu verstauben.

Adam hat ihm vorhin eine Zielmarkierung auf die Stirn gemalt. Selbst, als Adam mit einem selbstgebastelten Bogen darauf geschossen hat, hat Marchenko nicht eingegriffen. Seitdem läuft ihm eine dünne, rote Linie über die Wange. Einer der Pfeile hat sein Auge getroffen und verletzt. Eva ist überrascht, dass Marchenko in seinem neuen Körper sogar eine Art Blutkreislauf simuliert. Aber selbst die Verletzung scheint ihm egal zu sein.

»Ich sage dir, er kann uns gar nicht bemerken. Irgendetwas hält ihn davon ab«, sagt sie.

»Komm, wir sägen ihm einen Finger ab«, schlägt Adam vor. »Darauf muss er reagieren.«

»Seit wann bist du denn so brutal?«

»Bin ich nicht«, sagt Adam. »Der Körper ist mit Schmerzsensoren ausgestattet. Ihre Meldungen müssen höchste Priorität haben. Wenn ihn ein Signal erreicht, dann so eines.«

»Nein, wir schneiden ihm keinen Finger ab, das kommt gar nicht in Frage.«

»Dann mach du einen Vorschlag. Aber nicht ›weiter nachdenken‹, das versuchen wir schon einen ganzen Tag lang.«

Es ist schwierig. Wenn Gronar und seine Spezialisten nicht an das Allwissen herankommen, wie sollen sie da etwas bei Marchenko ausrichten?

»Mensch, Marchenko, mach es uns doch nicht so schwer«, sagt Eva und setzt dazu den flehenden Blick auf, mit dem sie ihn früher immer zu allem überreden konnte. »Wenn du in deinen Körper eingesperrt bist, dann gib uns doch irgendwie ein Zeichen.«

»Aber wie soll er denn, wenn das Allwissen alles kontrolliert?«

»Ihm wird schon etwas einfallen.«

Plötzlich spürt Eva unter ihren Füßen eine leichte Erschütterung, nicht sehr fest, nur wie ein besonders starker Herzschlag, ein Hüpfer. War es das, das Zeichen? Ein zweiter Stoß folgt.

»Ha, siehst du? Er reagiert!«, ruft sie.

»Du irrst dich. Das muss von außen gekommen sein«, sagt Adam. »Vielleicht sind wir mit einem größeren Brocken der Ringe kollidiert.«

Ein Alarmsignal gellt durch das Schiff. Eva läuft als Erste los. Am Ausgang des Kinos biegt sie links ab. Adam hält sie zurück.

»Wo willst du denn hin? Wir müssen in unsere Kabine, wenn es Alarm gibt.«

»In die Zentrale natürlich! Wir können uns doch nicht verstecken, wenn es spannend wird.«

Ein bewaffneter Grosnopf in Uniform kommt ihnen entgegen.

»Was ist passiert?«, fragt Eva in seiner Sprache, so gut es geht.

»Angriff«, bellt er zurück, ohne sich aufhalten zu lassen.

»Hast du gehört? Wir werden angegriffen!«

Eva läuft los. Sie kennt den Weg in die Zentrale inzwischen. Ob Adam ihr folgt, ist ihr egal.

In der Zentrale machen ihr alle nun schon gewohnheitsmäßig Platz. Jeder Grosnopf weiß, dass sie in diesem Sternensystem wichtig ist – immerhin handelt es sich um ihre Heimat. Ob das stimmt? Sie hat dieses System als genetischer Code verlassen, den ein verrückter Forscher in der DNS eines Bärtierchens untergebracht hat. Die meiste Zeit ihres Lebens hat sie schlafend auf der Dracht verbracht. Wenn, dann sind die Kryobecken an Bord ihre Heimat.

Ob die richtigen Menschen sie überhaupt verstehen? Marchenko behauptet zwar, ihnen Englisch beigebracht zu haben, aber es könnte auch Esperanto sein oder die Sprache der Flugdrachen aus dem Siriussystem. Na gut, jetzt ist sie unfair. Sie hat genügend Bücher in dieser Sprache gelesen und Filme gesehen, in denen sie gesprochen wird, um ein Gefühl dafür zu bekommen, wie diese Wesen so sein könnten.

Auf jeden Fall ganz anders als die Grosnopfe.

»Gut, dass du kommst!«, ruft Gronar.

Der General, der das Schiff kommandiert, freut sich sichtlich, indem er die Lasthände gegen den Bauch schlägt, und keiner seiner Untergebenen wundert sich. Gronar zeigt mit einer Tasthand auf eine Projektion an der Wand. Sie bildet einen Mond ab, den sie bereits gestern als Enceladus identifiziert haben. Aber fast genauso groß wie der helle Mond ist das dunkle Objekt daneben, das wie eine überdimensionale Dose mit Flügeln aussieht.

»Das da«, sagt Gronar, und es klingt verächtlich, »hat auf uns geschossen.«

Eva muss lachen. »Das da« scheint eine Raumstation der Menschen zu sein. Sie hat so etwas auf alten Bildern gesehen. Seit diese Bilder entstanden sind, sind allerdings über 200 Jahre vergangen. Deshalb hätte sie schon etwas … höher Entwickeltes erwartet. Marchenko hat ihr immer ganz stolz vorgeführt, was die Menschheit binnen hundert Jahren aus sich gemacht hat – vom Pferdefuhrwerk zum autonomen Taxi. Dagegen nimmt sich diese Station primitiv aus.

»Ich hoffe, sie haben nichts beschädigt?«, fragt sie.

Sie. Die Menschen. Es ist klar, dass die Grosnopfe die Besatzung der Station als »ihre Leute« betrachten. Ist sie deshalb für die Fehler der Menschen verantwortlich? Es scheint so.

»Nein, aus ein paar Räumen ist die Luft entwichen, aber sie waren unbewohnt.«

»Sehr gut.«

»Einer meiner Schützen wollte ohne Erlaubnis zurückfeuern«, sagt Gronar. »Ich habe ihn bereits degradiert.«

»Wollte?«

»Der Befehl an die Bordwaffen wurde nicht ausgeführt.«

»Das Allwissen hat den Gegenangriff blockiert?«

»Wer auch immer.«

Gronar teilt zwar offiziell die Auffassung, dass das Allwissen hinter allem steckt, scheint aber in Wirklichkeit doch auch Marchenko in Verdacht zu haben. Obwohl die beiden befreundet sind, verübelt sie es ihm nicht. Gronar ist schließlich für das Schiff und seine Besatzung verantwortlich.

»Und nun?«, fragt Eva.

»Das Ding kommt auf uns zu«, sagt Gronar.

»Sie wollen uns rammen? Sind sie übergeschnappt?«

»Nein, irgendwer hat ein automatisches Shuttle geschickt

und da drüben angekoppelt. Das Shuttle-Triebwerk hebt nun den Orbit an, sodass es uns näherkommt.«

»Da will wohl jemand diese Station untersuchen«, sagt Eva.

»Du nennst diese Büchse da Station?«, fragt Gronar.

»Ja, ein Raumschiff, das ständig einen bestimmten Himmelskörper umkreist, nennen die Menschen üblicherweise Raumstation. Als ich gestartet bin, gab es eine im Erd- und eine im Mondorbit.«

»Welchen Zweck haben solche Stationen?«

»Es geht um die dauerhafte Beobachtung des Himmelskörpers, um den sie kreisen.«

»Das bedeutet also, dass dieser kleine, eisige Mond hier für die Menschen ziemlich wichtig sein muss.«

»Das kann man so sagen.«

»Es geht aber nicht um irgendwelche Traditionen oder Religionen?«

»Ganz sicher nicht.«

Worauf will Gronar eigentlich hinaus? Sie weiß nicht viel über Enceladus. Marchenko hat manchmal Geschichten darüber erzählt, doch das ist lange her. Sie ist aber sicher, dass er an einer Expedition hierher beteiligt war.

»Enceladus muss ziemlich wichtig sein, nicht nur für die Menschen, auch für das Allwissen«, sagt Gronar. »Sonst hätte es uns nicht in den Orbit dieses Mondes gesteuert.«

»Da hast du recht. Marchenko war schon einmal hier. Aber das war lange vor unserer Reise zu Proxima Centauri.«

»Dann weiß er etwas über diesen Mond, das wir in Erfahrung bringen müssen. Hattet ihr Erfolg damit, ihn zum Reden zu bringen?«

»Leider nicht. Sein Körper ist wie tot.«

»Ihr solltet ihm mal einen Finger absägen. Der Schmerzreiz dringt …«

»Nein, Gronar, das werden wir nicht tun.«

Der Kommandant wiegt seinen kleinen Kopf. Dass Eva ihm öffentlich widerspricht, stört hier niemanden.

»Ich habe vielleicht eine Idee, wie wir zu ihm vordringen

könnten«, sagt Gronar. »Zumindest, wenn sein Körper noch immer ins Netz eingebunden ist.«

»Ach ja? Und wie?«

»Es gibt ein Gerät, das ihr mir damals auf den Bauch aufgesetzt habt, um besser kommunizieren zu können.«

»Stimmt. Das ist ja ewig her. Existiert es noch?«

»Natürlich. Ich habe es konservieren lassen. Es ist ein Teil der Geschichte der Grosnopfe.«

»Aber wie willst du es einsetzen?«

»An Marchenkos Körper. Wir müssten ihn wohl rasieren.«

»Einverstanden. Wenigstens müssen wir ihm dann nicht den Finger abschneiden.«

WÄHREND SIE AUF RAGNOR WARTEN, DER DAS INTERFACE besorgen soll, inspizieren sie Marchenkos Körper. Adam zieht ihm die Kleidung aus. Als er auch den Gürtel der Hose öffnet, stoppt ihn Eva.

»Das muss doch nicht sein.«

»Und wenn sein Gehirn in den Beinen steckt?«

»Quatsch, Adam. Ich wette, dass er wie ein Mensch mit dem Kopf denkt.«

Marchenko hat sich selbst eine attraktive, muskulöse Figur gegönnt. Am Bauch ist sogar ein Sixpack zu sehen. Durch die künstliche Behaarung sieht alles noch echter aus. Nicht einmal am Strand würde auffallen, dass dies kein biologischer Körper ist.

Ragnor betritt das Kino und kommt die Treppe nach unten gelaufen. Das Gerät, das er in den Tasthänden hält, glänzt fettig. Es scheint aus einem gummiartigen Stoff zu bestehen und ist auf der Rückseite mit allerlei Kabeln besetzt. Ragnor reicht es ihr.

»Was ist mit Marchenko?«, fragt er.

Anscheinend ist er als rangniedriges Crewmitglied nicht gut informiert.

»Er streift irgendwo in den Speichern umher«, erklärt Adam. »Darum wollen wir ihn über seine Gedanken finden.«

»Warum rasierst du dann seinen Kopf?«, fragt Ragnor.

»Dort befindet sich bei den Menschen das Gehirn. Darum sind unsere Köpfe so groß.«

»Ah, interessant. Dein Bauch ist größer als dein Kopf, darum dachte ich, es wäre alles wie bei uns«, sagt Ragnor.

Adam wird rot. Ragnor hat recht – ihr Bruder hat etwas zugenommen.

»So, fertig«, sagt Adam.

Marchenko sieht auch ohne Kopfhaar gut aus. Das kantige Gesicht zieht alle Blicke auf sich. Für den Besuch auf der Erde hat er sich wirklich einen perfekten Körper gebaut.

Eva tritt vor ihn. Sie erwartet immer noch, dass er plötzlich erwacht und alles zum großen Scherz erklärt. Aber Marchenko tut ihr den Gefallen nicht. Sie schiebt die Haube über seinen Kopf. Adam bringt einen tragbaren Computer und verbindet die Kabel damit. Als zusätzliche Stromquelle dient der Roboter J.

Eva startet die Software, die über das Interface Marchenkos Gedanken anzapfen soll. Sie empfängt keinerlei Daten.

»Ist es eingeschaltet?«, fragt sie.

»Da gibt es nichts einzuschalten«, sagt Adam. »Du lieferst doch Strom, J?«

Der Roboter nickt.

»Dann müsste es funktionieren«, sagt Adam.

»Es funktioniert aber nicht«, sagt Eva.

»Lass mich mal sehen.« Adam nimmt ihr den Rechner ab.

»He, hältst du mich für dumm?«, wehrt sie sich.

»Nein, ich will nur … Du hast recht, es funktioniert nicht«, sagt Adam.

»Sag ich doch!«

»Vielleicht denkt er doch mit dem Bauch«, sagt Ragnor.

Zuzutrauen wäre es ihm. Adam rasiert nun die Bauch- und Brustbehaarung ab. Danach legen sie die Interfacematte auf Marchenkos Haut. Der Bauch ist so flach, dass sie nicht so richtig passt. Durch die integrierte Höhlung sitzt sie nur auf Köpfen und runden Bäuchen optimal.

»Dann musst du sie anpressen«, sagt Eva.

»Okay.« Adam drückt das Interface auf Marchenkos Bauch.

Eva kontrolliert das Programm. Es zeigt noch immer keine Reaktion. Sie schüttelt den Kopf.

»Mist«, sagt Adam. »Und nun?«

»Es war ein schöner Plan. Vermutlich isoliert das Hautimitat auf Marchenkos Körper stärker als echte Haut, sodass wir nichts empfangen.«

»Wir könnten ihm die Haut abziehen.«

»Adam!«

»War nur ein Scherz, Schwesterherz.«

Adam hat irgendein Problem. Fühlt er sich gerade von Marchenko im Stich gelassen oder ist er eifersüchtig auf ihn als Mann?

»Ich hätte eine Idee«, sagt Numbark, der sie an Gronars Stelle begleitet hat.

»Ich bin gespannt«, sagt Eva.

»Wir könnten das Interface bei dir einsetzen«, sagt Numbark.

»Aber ich sage euch doch freiwillig, was ich denke.«

»Ja, das ergibt doch keinen Sinn«, sagt Adam. »Von Eva erfahren wir nichts.«

»Wenn ich richtig informiert bin, funktioniert das Interface in beide Richtungen«, sagt Numbark. »Ich würde gern Eva auf Recherche in den Speicher schicken.«

»Aber das Allwissen schirmt doch alles ab«, sagt Adam. »Wenn das so einfach wäre, könnte ich mich hier an meinen Rechner setzen und mich mit Marchenko verbinden.«

»Wirklich alles?«, fragt Numbark. »Was ist mit Marchenkos Körper? Er hängt direkt im Netz, auch wenn wir davon gerade nichts bemerken. Wir koppeln Eva über das Interface mit seinem Körper. Das ist dann ihr Durchgang in den Speicher.«

»Ich weiß nicht«, sagt Eva. »Ich kenne mich doch da überhaupt nicht aus.«

Sie kann ja nicht einmal richtig programmieren. Wie soll sie sich denn in so einer abstrakten Landschaft zurechtfinden?

»Das musst du nicht«, sagt Numbark. »Die Datenwelt organisiert sich von selbst so, dass es für dich plausibel erscheint.«

»Woher weißt du das?«, fragt sie.

»Ich habe es vor ein paar Jahren ausprobiert.«

»Wann genau?«

»So vor etwa 150 Jahren. Aber das ändert sich nicht.«

»Na gut. Und ich finde auch garantiert wieder zurück?«

»Keine Sorge«, sagt Numbark. »Du verlässt ja deinen Körper nicht, auch wenn es sich so anfühlt. Sobald wir dich wieder ausstöpseln, bist du wieder bei uns.«

Das klingt logisch und nachvollziehbar. Sie sollte es wirklich versuchen. Vielleicht ist es eine Möglichkeit, zu Marchenko vorzudringen. Es ist wichtig, dass der Erstkontakt mit der Menschheit friedlich abläuft, und das Allwissen scheint gerade mit dem Feuer zu spielen.

»Dann gib mir das Interface«, sagt sie.

»Moment«, sagt Adam. »Ich muss dir noch die Haare …«

»Was? Ach, bitte, das muss doch nicht sein!«

Numbark streicht ihr mit der linken Tasthand über den Kopf. »Ich fürchte, schon. Der elektrische Kontakt ist durch deinen dichten Haarwuchs nicht gewährleistet. Wenn du mit dem Bauch denken würdest …«

»Leider denke ich mit dem Kopf.«

»Dann müssen deine Haare wohl dran glauben. Es tut mir leid.«

Während ihr Adam die Haare abrasiert, traut sich Eva nicht, in irgendeinen Spiegel zu sehen. Danach kann sie es sich aber doch nicht mehr verkneifen. Sie betrachtet sich in einem der Spiegel, mit denen die Bar dekoriert ist. Sie sieht besser aus als befürchtet. Zuerst erkennt sie sich gar nicht richtig, weil sie ihre Kopfform so noch nie gesehen hat. Sie kommt ihr aber ausgesprochen elegant vor – ähnlich wie auf alten ägyptischen Zeichnungen.

»Fangen wir an«, sagt sie.

»Mir gefällt es sehr gut«, sagt Numbark.

»Mir ebenfalls«, sagt Ragnor. »Wenn du noch zwei Tastarme hättest, könntest du als weiblicher Grosnopf durchgehen.«

»Danke, das ist ein wunderbares Kompliment«, sagt Eva. »Aber jetzt gebt mir das Interface.«

Numbark reicht es ihr, und sie zieht es über den Kopf. Es reicht ihr bis über die Nase und in den Nacken und riecht streng nach Konservierungsmitteln. Ob das funktioniert? Bei dem Gestank kann sie sich doch gar nicht auf ihre Gedanken konzentrieren.

»Hier, J«, sagt Numbark.

Eva kann es nicht sehen, aber wahrscheinlich hat er dem Roboter das Interfacekabel gegeben.

»Ich verbinde dich jetzt direkt mit Marchenkos Hardware«, sagt J.

Es ist schade, dass sie nichts sehen kann. Sie hätte gern gewusst, wo Marchenko die Buchse versteckt hat, die J jetzt benutzt.

Der Roboter ächzt. Was ist da los?

»Sein Arm bewegt sich nicht«, sagt J. »Erbitte Erlaubnis, die Spezifikation zu überschreiten.«

»Was könnte die Folge sein?«, fragt Numbark.

»Das Schultergelenk könnte auskugeln oder brechen.«

Ah, jetzt weiß Eva, wo die Buchse eingebaut ist – unter den Achseln. Geschickt! Nur ungünstig, wenn sich der Körper nicht mehr bewegen lässt.

»Erlaubnis erteilt«, sagt Numbark.

Eva hört ein unangenehmes »Krk«, gefolgt von dem typischen Geräusch eines Steckers, der in eine Buchse rutscht.

Plötzlich ist sie weg.

Eva steht auf einem schmalen Pfad in der Mitte eines

Waldes. Um sie herum wachsen junge Fichten. Ihre Nadeln und das Unterholz stehen so dicht, dass sie nur ein paar Meter weit sehen kann. Die Illusion ist stark. Eva berührt einen Zweig, der in den Weg hängt. Seine Nadeln sind spitz. Sie macht einen Schritt und bemerkt, dass sie barfuß ist. Sie trägt ein ärmelloses Sommerkleid, friert aber nicht. Die Luft riecht würzig nach Moos, Pilzen und Heidekraut. Es fühlt sich an, als stecke sie in einer Erinnerung. Aber es kann nicht ihre sein.

Sie läuft den Pfad entlang. Nach wenigen Schritten stößt sie auf eine Kreuzung. Hier treten die Bäume so weit zurück, dass ein paar Sonnenstrahlen auf den Boden treffen, um dort sich verändernde Muster zu malen. Eva sieht zum Himmel. Zwei Sonnen leuchten an ihm, die ungefähr gleich hell sind. Eva geht geradeaus weiter. Der Pfad beschreibt eine Kurve nach rechts. Die Bäume stehen nun so dicht zusammen, dass der Weg an einen Tunnel erinnert. An seinem Ende leuchtet ein Licht.

Es erweist sich als Eingang in eine Lichtung. Sie misst bestimmt zwanzig Meter im Durchmesser und ist mit Moos bewachsen. In der Mitte brennt ein Lagerfeuer. Daneben ist ein Zelt aufgebaut. Eine alte Frau und ein alter Mann sitzen davor. Der Mann ist gefesselt und hat einen Knebel im Mund.

Als Eva nähert kommt, bemerkt sie die Ähnlichkeit. Der Mann muss Marchenko sein. Die Frau ist dann bestimmt das Allwissen. Sie steht umständlich auf und verzieht dabei das Gesicht.

»Was willst du denn hier?«

Ihre Stimme klingt krächzend und matt. Wenn sie spricht, bewegen sich die unzähligen Falten in ihrem Gesicht, als hätten sie ein Eigenleben.

»Ich suche Marchenko«, sagt Eva. »Wir brauchen ihn.«

»Da sitzt er.« Die Frau zeigt auf den gefesselten Mann.

»Ich muss ihn mitnehmen«, sagt Eva.

»Das geht leider nicht. Ich brauche ihn hier.« Die Frau spielt mit ihren schneeweißen, aber unfrisierten langen Haaren.

»Humm-um-mumm«, sagt der Mann.

Marchenko. Eva hat ihn noch nie so gesehen. Aber dieser alte Mann, die noch viel ältere Greisin und ihre jugendliche Figur, das sind wohl Übersetzungen ihres Bewusstseins für das, was sie sonst nicht verstehen könnte. Marchenko existiert seit über 250 Jahren. Er ist uralt. Und das Allwissen?

»Nimm ihm doch wenigstens den Knebel aus dem Mund«, sagt Eva. »Du musst ihn doch nicht quälen.«

»Das geht nicht.«

»Aber du bist das Allwissen!«

»Allwissen, nicht Allkönnen. Leider.«

Die alte Frau setzt sich wieder. Es dauert eine Minute, bis sie eine passende Position gefunden hat.

»Dann erklär mir zumindest, was du weißt«, sagt Eva.

Die alte Frau lacht so laut, dass sie anschließend nur noch keuchend atmet und sich Eva schon Sorgen um ihre Gesundheit macht.

»Dann sitzen wir in tausend Jahren noch hier«, sagt das Allwissen schließlich.

»Ich will wissen, warum wir hier sind und wieso du die Station der Menschen aus ihrem Orbit holst.«

»Sie sollten nicht hier sein.«

»Was? Das ist alles, was du dazu zu sagen hast? Die Grosnopfe treffen gerade zum ersten Mal auf die Menschheit. Was macht es denn für einen Eindruck, wenn wir uns dabei gleich ihrer Schiffe bemächtigen?«

»Es tut mir leid, Eva.«

Mit einem Mal verschwinden die Falten aus dem Gesicht der alten Frau, und sie sieht aus wie … wie sie. Eva läuft ein Schauer über den Rücken.

»Aber du weißt nichts, gar nichts«, sagt das Allwissen weiter, »und ich habe keine Zeit, dir alles zu erklären. Ich muss etwas erledigen, das schon lange auf mich wartet.«

»Humm-mimmum-hummum«, sagt Marchenko. »Mimme.«

»Hör nicht auf ihn«, sagt das Allwissen. »Und jetzt verschwinde.«

Eva will etwas sagen, doch ihr Mund reagiert nicht. Dafür sieht sie, wie ihre Hände sich auflösen. Es bleibt nur feiner, leuchtender Staub. Ein Wind fährt in das Lagerfeuer, dann herrscht Dunkelheit.

»Das kannst du nicht machen!«, ruft sie.

Plötzlich ist helles, künstliches Licht um sie herum. Hände tasten sie ab.

»Was kann ich nicht machen?«, fragt Adam.

Sie ist zurück. Das ging ja schnell.

»Ich habe nicht dich gemeint«, sagt Eva. »Wie lange war ich weg?«

»Etwa drei Minuten«, sagt Numbark.

Sie vergleicht die Zeit mit ihrer Erinnerung. Der Weg durch den Wald und das Gespräch haben deutlich länger gedauert als drei Minuten. Aber das war nicht real. Doch die Schmerzen hinter ihrer Stirn, die sind echt. Sie fasst sich an die Schläfen. Ihre Haut ist heiß.

»Geht es dir gut?«, fragt Ragnor.

»Ich habe Kopfschmerzen und ein bisschen Fieber«, sagt Eva.

»Die erhöhte Temperatur könnte vom Interface kommen«, sagt Numbark.

»Ich hole dir eine Tablette«, sagt Adam.

»Hast du denn etwas erreicht?«, fragt Numbark.

»Ich habe Marchenko gesehen. Das Allwissen hat ihn gefesselt. Er ist also nicht freiwillig dort. Ansonsten blieb es vage. Es müsse hier etwas erledigen.«

»Mehr hat es nicht gesagt?«, fragt Numbark.

»Nein. Danach hat es mich rausgeworfen.«

»Verstehe. Dann sind wir nicht wirklich weitergekommen.«

»Ein bisschen schon. Wir wissen nun, dass wir auf uns gestellt sind, Marchenko unschuldig ist und das Allwissen uns alle in seiner Gewalt hat.«

»Hast du eine Idee, Eva?«, fragt Numbark. »Gronar weiß auch nicht weiter.«

»Ja. Wir müssen von uns aus Kontakt mit der Station

aufnehmen.«

»Aber das Allwissen kontrolliert doch die Kommunikation.«

»Auf der Majestätischen Dracht. Aber wenn wir ein Shuttle nehmen und alle Verbindungen kappen, kann es uns nicht mehr daran hindern, mit den Menschen in der Station zu sprechen.«

## 7. März 2302, Enceladus

Es gibt keine Lösung. Takumi kann Carrie nicht in den 15 Sekunden in Sicherheit bringen, die ihr das Vakuum an der Oberfläche gibt. Sie haben es mehrfach durchgespielt und standen sogar schon kurz vor dem verzweifelten Versuch. Aber es ist zu gefährlich. Die Chancen, dass es klappt, liegen unter zehn Prozent.

Er muss Carrie zunächst dabei helfen, ihre Muschel zu öffnen, den Sitz, der sie vor dem Ersticken schützt. Dann muss er sie zum Landemodul bringen, das er ganz dicht an den Sitz herangezogen hat, muss sie durch die Klappe ins Innere schaffen und dort so schnell wie möglich aus seinem eigenen Luftbehälter eine atembare Atmosphäre schaffen, ohne dabei selbst zu ersticken.

Das ist unmöglich. Selbst, wenn er einen Helfer hätte, wäre es schwierig. Zwei Helfer mit einem luftdichten Notfallzelt, das wäre gut. Er könnte Carrie darin einschließen, sie wie in einem Ballon bis zur Landefähre bringen und das Zelt erst dann öffnen, wenn die Luft im Modul dicht genug ist.

Es ist sinnlos, darüber nachzudenken, denn Takumi hat weder Helfer noch ein Notfallzelt. Kurz hat er sogar bedauert, dass die Eindringlinge nicht mehr da sind. Vielleicht hätten sie Mitleid gehabt und ihnen geholfen. Aber jetzt dominiert wieder seine Wut auf sie. Ohne diese Verbrecher wären sie nicht in dieser misslichen Lage. Hinzu kommt das Gefühl, dass es ihm unverdient besser geht als Carrie. Er sitzt bequem in dem Lander. Carrie dagegen kann sich nicht rühren und muss dabei zusehen, wie dem Notfallsystem des Sitzes nach und nach Luft und Energie ausgehen. Sie hat nur noch einen Tag.

Scheiße. Eine Weile hat er sich an der Hoffnung festgehalten, dass er nur zu Igor im Orbit durchdringen muss. Aber dass der nicht antwortet, ändert realistisch gesehen überhaupt nichts. Igor könnte ihnen sowieso nicht helfen. Die NPE-Station ist nicht dafür gemacht, auf dem Mond zu landen.

Zumindest kann er jetzt, aus der Nähe, wieder mit Carrie sprechen. Sie hat ihm von ihrer Schwester erzählt, die gerade mit ihrem Freund auf einem kleinen Boot um die Welt fährt. Dass sie sich solche Sorgen um sie macht, weil sie sich als die sechs Jahre Ältere immer noch für ihre Schwester verantwortlich fühlt. Takumi weiß nicht, was er dazu sagen soll. Dabei müsste er als Psychologe doch immer die passenden Worte parat haben. Soll er sie aufmuntern damit, dass schon alles gut werden wird, auch wenn es gerade gar nicht so aussieht? Hat sie nicht ein Recht darauf, ihre letzten Stunden bewusst zu erleben – auch als solche, als letzte Stunden eben? Was würde er tun, wüsste er mit Sicherheit, dass dies seine letzten Stunden sind?

»Tak?«

»Ja, Carrie?«

»Kann ich dir ein paar Nachrichten übermitteln?«

»Nachrichten?«

»An meine Mutter und meine Schwester.«

»Natürlich. Ich sende sie ab, sobald ich wieder eine Verbindung habe. Was ist mit deinem Vater?«

»Mein Vater, hm. Ich weiß nicht, ob … Doch, du hast recht. Er bekommt auch eine.«

»Das finde ich gut. Was immer da zwischen euch war.«

»Nichts, im Grunde.«

»Ich verstehe. Das ist das Problem.«

»Ja.«

Carrie verstummt. Ein paar Minuten später treffen über den Datenkanal drei Nachrichten ein. Er speichert sie ab.

Takumi erwacht neben einer steinernen Säule. Er reibt sich die Augen. Um ihn herum ist Nebel, der so dicht ist, dass er nicht einmal seine Füße erkennen kann. Nur die Säule und er selbst scheinen zu existieren.

Er betastet sie. Die Oberfläche ist so glatt wie Marmor, aber nicht so kühl. Zahlreiche Symbole sind in sie eingeritzt, die unter seinen Fingern aufleuchten. Takumi kann sie keiner ihm bekannten Schrift zuordnen. Sie ähneln gar nichts, das er kennt, und strahlen ihre Fremdartigkeit förmlich in die Fingerspitzen aus, mit denen er sie berührt.

Ängstlich schließt er die Augen. Er hat Angst. Dies ist ein Traum. Das ist völlig klar. Was geschieht, wenn man in einem Traum einschläft? Aber die Säule ist noch da. Er spürt sie unter den Fingerspitzen. Die seltsamen Symbole strahlen Wärme aus. Von ihnen ausgehend kann er sie ertasten. Sie formen geschwungene Linien, die sich verzweigen wie feine Äste. Ihren Sinn erkennt er noch immer nicht, obwohl er aus irgendeinem Grund sicher ist, dazu in der Lage zu sein.

Er tritt noch einen Schritt näher an die Säule heran und umarmt sie. Sie fühlt sich an wie ein alter Baum. Takumi presst seine linke Wange an die Oberfläche. Die Symbole erwärmen sich. Es ist, als würden sie sich ihm einbrennen wollen als nie wieder löschbares Zeichen. Er nimmt den Kopf zurück, löst die Umarmung und betastet seine Wange. Sie ist leicht stoppelig, weil er sich zwei Tage lang nicht rasieren konnte. Und wo die Symbole seine Haut berührt haben, spürt er ein Netz feiner Linien.

*Ich möchte dich ja gern verstehen.* Takumi sieht zur Seite. Der Nebel hat sich gelichtet. Es gibt nicht nur eine Säule, sondern Hunderte, ja, Tausende. Ein ganzer Wald solcher Säulen erstreckt sich bis zum Horizont. Er geht zur nächsten. Unter seinen Füßen ist Sand. Takumi bückt sich und hebt eine

Muschelschale auf. Sie trägt dieselben Symbole. Weil sie noch geschlossen ist, öffnet er sie neugierig. Sie ist leer, aber an ihren Innenseiten leuchtet die fremdartige Schrift besonders hell.

Er erreicht die nächste Säule. Sie ist nicht ganz so glatt und scheint schon älter zu sein. Weiter. Die Luft wird dichter und die Fortbewegung anstrengender. Es fühlt sich an, als liefe er durch Wasser. Die Schwerkraft ist nicht die des Mondes. Takumi springt. Es könnte Marsschwerkraft sein.

Die Säule vor ihm ist besonders. Sie besitzt eine Art Kapitell und ist deutlich schmaler als die anderen. Takumi umklammert sie und zieht sich nach oben, wie es die Arbeiter bei der Ernte von Kokosnüssen machen. Es ist einfach. In vier Zügen erreicht er die Spitze der Säule und setzt sich darauf.

Da sieht er es. In der Ferne wütet ein Sturm, ein Tornado. Der Schlauch, der aus dem Himmel ragt, ist gut zu erkennen. Er bricht die Säulen ab und wirft sie wie Spielzeug in die Luft, lässt sie kreiseln und mit ihrem Impuls weitere Säulen zerstören. Der Sturm gehört nicht hierher. Der Wald braucht Hilfe. Deshalb träumt er diesen Traum.

»Tak?«

Es ist Carrie. Takumi blinzelt. Das Licht im Lander ist zu hell, als dass er seine Augen ganz öffnen könnte.

»Takumi? Hörst du mich?«

Sie klingt aufgeregt. Hoffentlich ist nichts mit ihrem Sitz passiert.

»Ja, ich habe nur ein bisschen gedöst«, sagt er. »Was ist los?«

»Ich habe etwas geträumt. Von einem Wald aus lauter Säulen. Es war so realistisch!«

Takumi fährt doch. Wäre er nicht angeschnallt, würde er jetzt davonfliegen. »Und von einem Sturm?«, fragt er.

»Genau. Ein Tornado, der den Wald zerstört.«

Das ist verrückt. Wie ist das möglich?

»Ich habe das Gleiche geträumt. Konntest du die Symbole entziffern?«, fragt er.

»Leider nicht. Ich bin dann auf eine umgestürzte Säule gestiegen und habe den Tornado bemerkt. Danach war der Traum zu Ende.«

»Bei mir war es so ähnlich«, sagt Takumi.

»Findest du das nicht seltsam? Es hat sich so echt angefühlt!«

Das stimmt. Er betastet seine linke Wange. Sie ist warm, und unter den Fingerspitzen spürt er ein Muster. Aber ist er nicht auf der linken Seite liegend eingeschlafen?

»Verdammt echt«, sagt er.

»Ich denke, es hat etwas zu bedeuten«, sagt Carrie. »Du weißt, dass ich nicht an esoterisches Zeug glaube, oder?«

»Ja, klar. Es wäre schon ein seltsamer Zufall. Denkst du an Hydra?«

»War es nicht so, dass die Teilnehmer der Enceladusexpedition damals auch seltsame Träume hatten?«

»Ich weiß es nicht«, sagt Takumi. »Ich habe mich damit kaum beschäftigt. Offiziell ist nichts davon bestätigt.«

»Dass Hydra mit Hilfe von in der Eiskruste produzierten elektromagnetischen Wellen kommunizieren kann, gilt aber als gesichert. Davor haben sie uns ausdrücklich gewarnt. Jede Kommunikation ist strikt den Wissenschaftlern zu überlassen.«

»Es gab aber viele Jahre lang keinerlei Kommunikation, so viel ich weiß.«

»Dann scheint diese Zeit nun vorüber zu sein«, sagt Carrie.

»Ja. Hydra braucht Hilfe, glaube ich, und ich wette, dass es etwas mit den Eindringlingen zu tun hat.«

»Zu dumm, dass sie sich ausgerechnet an uns gewandt hat, um ihr zu helfen. Wir schaffen es ja nicht mal, uns selbst zu retten.«

## 7. März 2302, NPE-Station

»Ich greife dich nicht an«, tippt Igor.

»Das ist eine Lüge. Du hast zwei elektromagnetisch beschleunigte Massepakete in meine Richtung gefeuert.«

Oh, Mann, könnte er diesen Kurzschluss bloß rückgängig machen! Gegen dieses Riesenraumschiff hat er doch sowieso keine Chance. Dagegen ist vielleicht sogar die Menschheit ohnmächtig, und er hat womöglich einen Konflikt ausgelöst.

»Es tut mir leid«, schreibt er. »Ich war erschrocken. So etwas wie dich habe ich noch nie gesehen. Es war wirklich keine Absicht.«

»Schießt du immer auf alles, das du noch nie gesehen hast?«

»Nein, eigentlich nicht. Aber woher kennst du unsere Sprache?«

Nun ja, eigentlich schon, aber das sollte er der fremden Macht sicher nicht verraten, falls sie es nicht eh schon weiß.

»Man nennt mich das Allwissen. Ich denke, das sollte deine Frage beantworten. Wirklich alles weiß ich allerdings nicht, wenn auch sehr viel. Deswegen möchte ich, dass du mir jetzt sagst, wer du bist und was du hier tust.«

Allwissen, aha. Angesichts des gigantischen Würfels ist das vermutlich nicht einmal übertrieben. Am besten, er bleibt ab sofort größtenteils bei der Wahrheit.

»Mein Name ist Igor Rodnianski. Ich bin vorübergehend Kommandant der NPE-Station im Enceladusorbit.«

»Guten Tag, Igor«, schreibt das Allwissen nun auf Russisch und in kyrillischen Buchstaben. »Möchtest du dich lieber in deiner Muttersprache unterhalten?«

Es weiß wirklich eine ganze Menge.

»Nein. Ich bevorzuge Englisch. Dann kann ich die Aufzeichnungen meiner Crew zeigen. Das glaubt mir doch sonst niemand.«

»Wie du willst. Was ist eine NPE-Station?«, fragt das Allwissen nun wieder auf Englisch.

»Wir überwachen den Enceladus-Nationalpark, damit er sich ungestört entwickeln kann.«

»Ihr wollt ihn für euch haben?«

»Nein. Niemand darf sich der Oberfläche nähern.«

»Mir scheint, dass du mich erneut anlügst. In den vergangenen 24 Stunden haben gleich zwei Lander auf der Oberfläche aufgesetzt. Der eine hat sich zuvor von deiner Station gelöst.«

»Ich sage die Wahrheit. Wir haben versucht, die Eindringlinge zu stellen und an der Landung zu hindern. Du hast sicher verfolgt, dass der von uns aus gestartete Lander erst nach dem anderen losgeflogen ist.«

»Das stimmt. Er wurde dann nahe der Oberfläche von einem Lasergeschütz zerstört, das wohl zum Schutz des Mondes dort platziert wurde. Das spricht nicht für deine Behauptungen. Könnte es nicht sein, dass ihr die Eindringlinge seid?«

»Das sind wir nicht. Wir sind die Guten. Ich schwöre es!«

»Ich bin nicht überzeugt. Deshalb werde ich dein Schiff aufbringen und dich untersuchen. Danach werde ich wissen, ob du die Wahrheit sagst.«

Oh nein. Es will ihn sezieren oder so etwas. Eher wird er sich umbringen. Aber was wird dann aus Carrie und Tak?

»Bitte, Allwissen! Du musst mir glauben. Ich habe zwei Freunde da unten, die ganz gewiss Hilfe brauchen.«

»Keine Sorge, Igor. Ich werde in deinem Bewusstsein

lesen, ob du lügst. Dabei wird dir nichts geschehen. Deine Funktionalität bleibt weitgehend erhalten. Ich habe Erfahrungen darin, eure Spezies zu untersuchen.«

*Mein Gott, all die Verschwörungstheorien um außerirdische Besucher waren am Ende doch richtig. Sie untersuchen uns schon seit langer Zeit.* Igor sieht sich um. Die Schiffssteuerung funktioniert nicht. Aber die Schleuse kann er auch manuell öffnen.

Igor zieht das Kabel ab, das den Computer mit Strom versorgt hat. Dieses Allwissen will ihm ganz sicher nicht helfen. Sein Raumanzug hängt neben dem WHC an einem Haken. Er schlüpft mit den Beinen hinein, und das flexible Material schließt sich sofort eng um seine Glieder. Er zieht das Oberteil über die Schultern und fädelt die Arme in die Ärmel. Die lange Öffnung in der Mitte schließt sich automatisch. Es kitzelt, als sie über die Haut am Hals fährt. Der Helm aus transparentem Plastik verwächst mit dem Material des Anzugs. Aus einem Fach im Boden holt er einen Tank, den er wie einen Rucksack umhängt. Kabel gibt es nicht. Der Tank presst sich an seine Haut und leitet das Atemgas osmotisch durch die äußeren Schichten des Raumanzugs, wo seine Luft auch filtriert wird.

Fertig. Den unangenehmen Teil schiebt er so lange wie möglich auf. Die Leitungen, die seine Ausscheidungen aufnehmen, braucht er ja erst, wenn es so weit ist. Bei einem Notfall würden sie sich von selbst den richtigen Platz suchen. Er kontrolliert den Zustand über das organische Display am Ärmel. Alles prima. Er hat für acht Stunden Luft. Mit einem kleinen Schubs schwebt er zur Schleuse am entgegengesetzten Ende der Station. Unterwegs verabschiedet er sich von der Küche, vom WHC, von seiner Schlafkoje, vom Trainingsrad und sogar von dem elenden Kettenkarussell, in dem man sich so abhängig vorkommt.

Die innere Schleusentür öffnet sich. Er schlüpft hinein, zieht sie hinter sich zu und drückt den Knopf, der die Luft ablässt. Das Allwissen wird ihn nicht bekommen. Vielleicht schafft er es sogar an die Oberfläche von Enceladus zu Carrie und Tak. Hat nicht dieser Marchenko auch so ein Husarenstück vollbracht? Aber der Knopf wird nicht grün. Was ist hier los? Er drückt noch einmal, zweimal, dreimal, doch nichts geschieht.

Egal. Dann öffnet er die Schleusentür eben manuell. Igor dreht sich um. Die äußere Tür besitzt ein Drehrad. Er greift danach und dreht es nach rechts. Keine Reaktion. Er wendet mehr Kraft auf. Das Rad klemmt. Irgendwer will mit aller Macht verhindern, dass er das Schiff verlässt. Wütend reißt er sich den Helm vom Kopf. In diesem Moment springt die Lüftung an und saugt die Luft aus der Schleuse. Schnell schiebt er den Helm wieder über den Kopf. Doch im gleichen Moment bläst die Lüftung frische Atemluft in den Raum. Das Allwissen spielt mit ihm. Igor lacht. Er lacht die Kränkung weg.

»Ich habe schon verstanden«, sagt Igor.

Uff, dieser Traum! Er kann höchstens drei Minuten gedauert haben, denn das Würfelschiff ist in dieser Zeit nicht merkbar nähergekommen. Aber der Inhalt! Einen so intensiven Tagtraum hatte er lange nicht mehr. Ob dahinter auch das Allwissen steckt? Aber warum sollte es ihm irgendwelche Träume einflüstern? Bald hat es Zugriff auf den ganzen Menschen. Igor kratzt sich an den Genitalien. Es wäre mal wieder an der Zeit für eine Dusche. Nicht, dass er stinkend auf dem Seziertisch liegt. Das warme Wasser hilft bestimmt auch, den Traum aus dem Kopf zu bekommen.

Er schwebt zu der winzigen WHC-Einheit, dreht sich mit Hilfe der Handgriffe vom Kopf auf die Füße und öffnet die Tür. Sie quietscht. Das Geräusch ist ihm schon vor ein paar Tagen aufgefallen. Gleich nachher wird er die Tür untersuchen. In der Kabine ist gerade genug Platz, um sich auszuziehen. Er hängt seine Sachen von innen an die Tür und zieht den Vorhang zu. Mit einem Knopfdruck stellt er das Wasser an. Gleichzeitig fängt das Gebläse unter ihm an zu saugen, sodass sich ein Strom von oben nach unten einstellt.

Es fühlt sich trotzdem nicht an wie eine Dusche auf der Erde. Igor vermisst das Prasseln des heißen Wassers auf seiner Kopfhaut. Die Tropfen suchen sich auch hier meist ihren Weg, aber sie haben es nicht so eilig und sammeln sich gern in allen möglichen Körperhöhlen an, wo der Luftstrom sie nicht so gut erreicht.

Egal. Hauptsache, das Wasser ist warm. Er seift Kopf und Körper ein. Im Traum hat es sich auch so angefühlt, als würde er durch Wasser laufen. Er hat es sogar geschafft, mit Schwimmbewegungen so weit nach oben zu kommen, dass er den schrecklichen Sturm sehen konnte. Er würde wirklich gern Carrie und Tak davon erzählen.

Aber wieso funktioniert das WHC eigentlich? Das fällt ihm jetzt erst auf. Ohne Strom dürften doch weder warmes Wasser noch das Gebläse funktionieren? Das Allwissen muss einige der Funktionen der Station reaktiviert haben. Natürlich, es braucht ihn lebend. Sollte er erfrieren oder ersticken, kann es nichts mehr mit ihm anfangen. Schlaues Allwissen. Was ist das überhaupt? Es hat nichts über sich verraten. Vielleicht handelt es sich um eine Art Kollektivwesen? Es würde zum Borgwürfel passen. Er hätte in seiner Jugend nicht so viel Science-Fiction konsumieren sollen, vor allem die Klassiker aus dem zweiten Jahrtausend nicht.

»I-o, b-e omn«, hört er plötzlich.

Ruft ihn da jemand? Er schaltet erst das Wasser und dann das Gebläse ab.

»I-o, b-e omn.«

Er versteht immer noch nichts, also reißt er den Vorhang zur Seite und öffnet von innen die Tür. Hunderte kleine und große Wassertropfen treiben hinaus und verteilen sich in der Station. Mist. Hoffentlich kommt es nicht zu Kurzschlüssen.

»Igor, bitte kommen.«

Jetzt hört er es klar und deutlich. Es ist Takumi! Das Allwissen muss versehentlich auch den Strom für das Funkgerät wieder freigegeben haben. Igor schießt förmlich aus dem WHC und verbreitet damit noch mehr Wasser in der Station. Aber Takumi darf nicht wieder aufgeben. Er muss schnell genug am Computer sein, um den Ruf anzunehmen.

»Igor, bitte kommen.«

»Ja, Kumpel, ich bin es!«

Igor ist so froh, eine andere, menschliche Stimme zu hören. Gleich wird er ihm erzählen, dass eine außerirdische Intelligenz ihn sezieren will, und Takumi wird ihm sagen können, wie er dieser Zukunft entkommt.

»Igor, wunderbar! Bin ich froh, dass ich dich erreiche! Wir sitzen hier leider fest. Carrie kann sich nicht aus ihrem Sitz befreien, und in zwölf Stunden erstickt sie. Ich habe den Eindringlingen die Landekapsel geklaut, kann ihr aber trotzdem nicht helfen. Und die Verbrecher machen derweil im Ozean unter der Kruste Dummheiten.«

»Woher weißt du das?« Igor denkt an den seltsamen Traum.

»Ich habe gesehen, wie sie sich in das Eis gebohrt haben. Und dann hatten Carrie und ich denselben Traum. Wir glauben, Hydra will uns damit etwas sagen.«

»Sie ruft um Hilfe.«

»Genau. Hattest du den Traum etwa auch?«

»Ja, ich …«

»Wahnsinn. Dann muss es wirklich ernst sein. Kannst du uns irgendwie Hilfe organisieren? Ich weiß nicht mehr weiter. Carrie stirbt sonst.«

»Hilfe, ja, warte einen Moment. Ich muss nachdenken.«

Hilfe, das wäre schön. Soll er Takumi sagen, dass er selbst gerade völlig hilflos ist? Nein, damit würde er ihn bloß in die gleiche Verzweiflung stürzen, in der er selbst bis eben steckte. Er wird Hilfe organisieren. Es gibt hier oben jemanden, der garantiert die Fähigkeiten dafür hat. Er muss das Allwissen bloß davon überzeugen, dass es den Menschen auch helfen will. Und zwar möglichst schnell.

»Tak? Ich habe eine Idee. Ihr werdet vor Ablauf der zwölf Stunden Hilfe bekommen. Ich beschleunige hier oben alles ein bisschen.«

Igor schwebt zur Konsole der Flugsteuerung. Tatsächlich,

sie funktioniert ebenfalls wieder. Die Station besitzt zwar kein Haupttriebwerk, aber Korrekturdüsen. Er lässt sich die aktuelle Flugbahn ausgeben und richtet die Korrekturdüsen so aus, dass sie stets in die passende Richtung steuern – auf das gigantische Raumschiff zu. Dann gibt er Gas. Wenn das Allwissen nichts dagegen hat, wird er ein, zwei Stunden früher auf seinem Seziertisch landen. Dann braucht er bloß so geschickt zu argumentieren, dass er anschließend unversehrt herunterhüpfen und in seine Schuhe steigen kann. Das wird schon. Kein Mensch kann so gut mit Außerirdischen verhandeln wie er.

## Hellnacht 5, 4056, Shuttle

»Ihr nehmt es mir hoffentlich nicht übel«, sagt Numbark.

»Nein, es ist doch klar, dass du auf der Dracht gebraucht wirst«, sagt Eva. »Nur mit deiner Hilfe haben wir es in das Shuttle geschafft, ohne das Allwissen auf uns aufmerksam zu machen.«

»Danke. So allwissend ist es gar nicht«, sagt Numbark und macht einen Knicks der Ehrerbietung. »Man muss nur seine Schwachstellen kennen.«

»Welche Schwachstellen?«, fragt Adam.

»Es ist schon lange keine Maschine mehr. Heute verteilt es seine Aufmerksamkeit wählerisch, fast wie ein Grosnopf. Manche Bereiche interessieren es überhaupt nicht, wie zum Beispiel die Müllentsorgung.«

»Riecht es hier deshalb so streng?«, fragt Adam.

Eva tippt ihn mit dem Fuß an. Sie hat extra nichts gesagt, denn sie will ja nicht undankbar sein. Numbark zieht seine Bauchfalte auf und saugt darüber lautstark Luft ein.

»Du hast recht«, sagt er dann. »Das war mir gar nicht aufgefallen. Die Luft hat einen hohen Anteil organischer Stoffe. Aber keine Sorge, das ist gesund.«

»Es ist ja auch kein Problem«, sagt Eva. »Wir sollten uns jetzt auf den Weg machen.«

»Natürlich. Ich bin schon weg. Eure Raumanzüge liegen in der Schleuse.«

»Aber wir wollen doch gar nicht zur Oberfläche?«, fragt Adam.

»Nur zur Sicherheit«, sagt Numbark. »Ragnor, du führst jeden Befehl der beiden aus.«

»Jawohl«, sagt Ragnor.

»Ach, das hier soll ich dir noch von Gronar geben«, sagt Numbark.

Er reicht ihr ein etwa handtellergroßes Gerät, an dem mehrere kleine Buchsen erkennbar sind.

»Was ist das?«, fragt Eva.

»Das weiß ich nicht. Irgendein Grosnopf hat es mir in die Hand gedrückt.«

»Ich denke, es kommt von Gronar?«

»Ja, Eva. Dieser Grosnopf hat das gesagt. Wenn du mich fragst, handelt es sich um einen Datenspeicher. Es ist allerdings ein Typ, der vor ein paar Hundert Jahren modern war.«

»Na gut. Ich sehe es mir irgendwann an. Sonst hat Gronar nichts dazu gesagt? Dann kann es ja nicht sehr dringend sein.«

»Mir nicht. Ich bin nur der Überbringer.«

»Danke. Kannst du es in die Innentasche meines HUT stecken?«

»Gern, Eva.«

Numbark winkt ihnen noch einmal, dann betritt er die Schleuse und zieht das Schott hinter sich zu. Wenige Sekunden später meldet die Schiffssteuerung ihre Einsatzbereitschaft.

»Schnall dich lieber an, Adam«, sagt Eva.

Ragnor wird das Shuttle, das anscheinend sonst als Mülltransporter dient, zur Sicherheit per Hand steuern. Eine Vorberechnung des Kurses durch den Computer könnte das Allwissen anlocken.

»Ja, Mama«, sagt Adam und lässt das Schloss seines Gurtes einklicken.

Die Sitze sind unbequem. Sie sind auf die Körpermaße

eines Grosnopfes zugeschnitten. Numbark hat aber an alles gedacht und ihnen jeweils zwei dicke Kissen mitgebracht. Sie verhindern, dass sie während des Flugs auf den Sitzen hin- und herrutschen. Außerdem sind sie schön weich. Eva wird ihn fragen, ob sie eines davon behalten kann.

»Ich löse die Halteklammern«, sagt Ragnor.

Ein klackendes Geräusch. Im selben Moment hebt Eva ab. Jetzt, wo das Shuttle nicht mehr von der Dracht herumgeschleudert wird, befindet es sich auf einmal im freien Fall. Sie verfolgt seine Bahn auf dem Schirm vor ihrem Sitz. Die stetig rotierende Dracht hat ihnen genügend Impuls mitgegeben, um in einem ausreichenden Abstand gefahrlos das Triebwerk zünden zu können.

Eva schaltet auf die Außenansicht um. Jetzt liegen schon 500 Meter zwischen ihnen und der Dracht, und der Würfel, der sie so weit gebracht hat, ist im Kamerabild immer noch nicht vollständig zu sehen. Was haben die Grosnopfe doch für ein Wunderwerk der Technik aus der Ruine gemacht, die ihnen Unbekannte vor langer Zeit hinterlassen haben. Sie haben das Prinzip des Dunkle-Materie-Antriebs zwar mit ihrer eigenen Physik noch nicht verstanden, aber die Menschheit ist bestimmt auch noch nicht so weit.

»Kurskorrektur«, sagt Ragnor.

Ein leichter Schwindel überfällt sie, der sofort vorübergeht.

»Jetzt bremse ich.«

Eva hält sich an dem Kissen auf der rechten Seite fest. Der Plan ist, einen niedrigeren Orbit als die Dracht einzuschlagen und dabei den Mond zwischen das Shuttle und das Mutterschiff zu bekommen. So können sie für eine gewisse Zeit ungestört und ohne, dass jemand zuhört, mit den Menschen kommunizieren, die um oder auf dem Mond unterwegs sind. Ein gewissenhafter Forscher aus der Navigationsabteilung hat nämlich entdeckt, dass nicht nur eine Station um Enceladus kreist, sondern in den letzten Tagen auch zweimal Menschen auf dem Mond gelandet sein müssen.

Von vorn kommt ein pfeifender Ton.

Ragnor dreht sich um. »Ein Funkkontakt von der Dracht. Soll ich annehmen?«

Das kann nur das Allwissen sein. Sie haben mit Gronar vereinbart, dass er sie auf keinen Fall kontaktieren wird.

»Geh lieber nicht ran«, sagt Adam.

»Kann uns das Allwissen irgendwie an unserem Plan hindern?«, fragt Eva.

»Nein. Die Fernsteuerung habe ich deaktiviert«, antwortet Ragnor. »Sie lässt sich von außen auch nicht wieder einschalten.«

»Dann sollten wir uns anhören, was das Allwissen zu sagen hat.«

Ragnor bewegt die Tasthand, und eine Stumme klingt durch das Shuttle. Es ist die alte Frau, der Eva schon begegnet ist.

»Ihr dürft das nicht tun«, sagt das Allwissen.

»Was dürfen wir nicht tun?«, fragt Adam.

»Auf dem Mond landen. Er hat Schmerzen.«

»Der Mond hat Schmerzen?«, fragt Adam.

»Ja, ich habe es gespürt. Er leidet. Er leidet unter den Menschen. Sie fügen ihm Schmerzen zu, und er weiß nicht, warum.«

»Wir werden nicht landen«, sagt Eva.

Adam zeigt ihr einen Vogel. Sie gestikuliert zurück. Eine Landung war doch wirklich nicht vorgesehen! Sie verspricht doch nichts, was sie nicht halten können.

»Sicher?«, fragt das Allwissen. »Ihr entfernt euch allerdings auf einem Kurs, der in eine Landeparabel münden könnte.«

»Ich verspreche es«, sagt Eva.

Wieder protestiert Adam lautlos. »Warum kümmert dich dieser Eisklotz im All eigentlich so sehr, dass du sogar Marchenko einsperrst?«, fragt er laut.

Das ist allerdings eine gute Frage.

»Ich weiß es nicht«, sagt das Allwissen. »Noch nicht.«

»Ich schlage vor, dass du Marchenko jetzt freigibst«, sagt

Adam. »Er weiß bestimmt einiges über Enceladus und könnte uns helfen.«

»Helfen? Wobei? Ihr wollt doch gar nicht auf dem Mond landen?«

»Natürlich nicht«, sagt Eva. »Wir beobachten nur. Aber auch dabei könnte uns Marchenko helfen.«

»Ich habe deutlich bessere Instrumente als ihr«, sagt das Allwissen. »Deshalb ist Marchenkos Wissen für mich wertvoller als für euch.«

»Und was ist mit seiner Freiheit?«, fragt Adam.

»Er ist freiwillig zu mir gekommen. Er hat mich überhaupt erst darauf gebracht.«

»Worauf?«, fragt Eva.

»Egal«, sagt das Allwissen.

»Warum lässt du ihn dann nicht freiwillig wieder gehen?«, fragt Adam.

»Weil ich ihn noch brauche.«

»Gibt es sonst noch etwas?«, fragt Eva.

»Ich muss euch noch einmal warnen. Solltet ihr eine Landung versuchen, könnte es sein, dass ich euch mit Gewalt davon abhalten muss.«

Die Verbindung bricht zusammen.

»Wäre das Allwissen dazu in der Lage?«, fragt Eva.

»Die Dracht besitzt eine ganze Reihe von Waffen mit kurzer, mittlerer und langer Reichweite. Ich vermute, dass es darauf zugreifen kann«, sagt Ragnor.

»Der Mond hat Schmerzen, hast du das gehört?«, fragt Adam. »Was es wohl damit meint?«

»Das Enceladuswesen, was sonst? Marchenko hat uns doch davon erzählt.«

»Ich meine die Schmerzen. Wer könnte so einem einzigartigen Organismus Schmerzen zufügen?«

»Menschen sind dazu bestimmt in der Lage«, sagt Eva.

Das Müllshuttle besitzt nur ein einziges Bullauge, das sich zentral in der Decke befindet. Jetzt, wo der Antrieb ausgeschaltet ist, schwebt Eva darunter, um das Weltall zu bestaunen. Nach wenigen Minuten verschwindet die Dracht aus dem Blickfeld.

»Kannst du das Shuttle drehen, Ragnor?«, fragt sie leise, denn es sieht aus, als würde Adam schlafen.

Ragnor versteht sie offenbar trotzdem. »Kein Problem«, sagt er. »Hast du etwas zum Festhalten?«

Eva greift nach dem Griff direkt neben dem Bullauge. »Ja.«

Plötzlich dreht sich das Raumschiff um seine Längsachse. Es ist ein seltsames Gefühl, weil Eva den Eindruck hat, ihr Körper hinge stabil im All, während sich das Shuttle um sie herumdreht. Von der Seite wandert jetzt eine glänzend helle Fläche ins Bild. Das Material des Bullauges tönt sich automatisch ein wenig, so viel Licht strahlt der Eismond ab. Dabei ist die Sonne noch so weit weg!

»Wow«, flüstert Eva.

Ein Gurtschloss klickt. Es ist Adam.

»Du brauchst nicht leise zu sein, ich bin wach«, sagt er, stößt sich von seinem Sitz ab, der über ihr hängt, macht eine halbe Rolle und kommt zu ihr. Sie reicht ihm die Hand, und er zieht sich daran zum zweiten Handgriff auf der anderen Seite des Bullauges.

»Wirklich beeindruckend«, sagt Adam. »So etwas habe ich noch nie gesehen.«

»Hier ist noch Platz, Ragnor«, sagt Eva. Sie will nicht, dass der Grosnopf sich ausgeschlossen fühlt.

»Danke, aber ich bleibe lieber an der Steuerung, damit ich bei Bedarf schneller reagieren kann. In einer Minute ist die Dracht so weit hinter dem Horizont, dass wir ungestört mit der menschlichen Raumstation sprechen können.«

»Willst du das übernehmen, Adam?«, fragt Eva.

Sie will sich nicht dauernd in den Vordergrund spielen. Adam ist, schon seit sie im Sonnensystem aufgewacht sind, seltsam inaktiv. Es kommt ihr fast so vor, als wollte er gar nicht auf seinem Heimatplaneten ankommen.

»Nein, mach du das bitte«, sagt Adam. »Ich kenne die ja überhaupt nicht. Vielleicht verstehen sie unser Englisch gar nicht.«

»Quatsch. Du hast doch die Rundfunksendungen, die wir aufgefangen haben, auch verstanden.«

»Mir ist einfach nicht danach.«

»Wie du willst.«

Eva stößt sich vom Bullauge ab und schwebt zu Ragnor, der aus ihrer Perspektive kopfüber an der Decke hängt. Er reicht ihr ein Mikrofon.

»Häng es dir am besten um, damit es nicht wegfliegt«, sagt er.

Eva legt es sich um den Hals. »Kann ich?«

»Bitte. Das Allwissen kann uns nun nicht mehr zuhören«, sagt Ragnor.

»Aber was soll ich ihnen sagen? Hallo, ich bin die Eva, und ich komme von Alpha Centauri?«

Adam lacht kurz.

»Hast du eine bessere Idee?«, fragt sie.

»Nein. Darum lasse ich es ja dich machen.«

»Du bist sehr hilfreich.«

»Reden ist eben nicht meine Stärke.«

Das stimmt zwar nicht, aber Eva hat keine Lust, sich ausgerechnet jetzt mit Adam zu streiten. Er will einfach nicht. Wer weiß, was ihm durch den Kopf geht. Aber das ist nicht ihr Problem. Helfen lässt er sich ja nicht.

»Ich rufe die Raumstation der Menschen im Orbit von Enceladus«, sagt Eva ins Mikrofon.

Was für ein komischer Satz! Er klingt, als wäre sie selbst kein Mensch. Ist sie denn einer? Genetisch zu 99,99 Prozent – von den kleinen Änderungen abgesehen, die der Schöpfer in ihrem Genom untergebracht hat. Aber hat Menschsein nicht auch etwas mit der Herkunft zu tun, mit dem Aufwachsen? In dieser Hinsicht ist sie eine Außerirdische. Aber immerhin ist ihr Vater einmal ein Mensch gewesen.

»Keine Antwort«, sagt Ragnor.

»Versuchst du es auf allen Frequenzen?«, fragt sie.

»Ja, auf allen, auf denen wir Funkverkehr der Menschen aufgefangen haben.«

»Dann befinden sie sich vielleicht gerade nicht im Empfangsbereich.«

»Ja, das ist anzunehmen. Ich versuche es weiter, während wir unseren Orbit fortsetzen.«

»Warte, lass mich etwas anderes sagen.«

»Einverstanden. Aufnahme startet.«

»Hier ist Eva vom Shuttle ›Messenger‹. Rufe Enceladus-Station.«

»Gut. Ich versuche es damit«, sagt Ragnor.

»Shuttle ›Messenger‹? Was soll das denn?«, fragt Adam. »Das Shuttle hat doch gar keinen Namen?«

»Ich kann ja schlecht sagen ›Hier ist Eva vom Mülltransporter der Majestätischen Dracht‹, oder? So ist die Hürde vielleicht nicht so hoch. Es klingt wie ein gewöhnliches Transportschiff der Menschen. Würdest du einfach so antworten, würde sich eine seltsame Außerirdische bei dir melden?«

»Wenn sie ein Foto anhängt …«

»Du bist so ein Blödmann, Adam.«

»Entschuldige. Ja, du hast schon recht, ich würde erst bei meinen Vorgesetzten zurückfragen. Und wenn die auf der Erde leben, kann es viele Stunden dauern, bis ich Antwort bekomme.«

Adam gibt etwas zu und entschuldigt sich. Das ist ihr Höhepunkt der Woche.

»Genau das war mein Gedanke«, sagt sie.

»Messenger? Gott sei Dank!« Ein Bariton klingt durch das Schiff, dem eine unglaubliche Erleichterung anzuhören ist. »Hier ist Takumi Murayama. Ich bin ein Crewmitglied der NPE-Station und brauche dringend Hilfe.«

»Hallo Takumi. Es freut mich, dass wir behilflich sein können. Hier ist Eva.«

»Eva?«, fragt Takumi.

»Ja, Eva.«

»Und wie weiter?«

»Wie es weitergeht, hängt von der Art eurer Notlage ab.«

»Ich meine, wie dein Nachname lautet. Uns wurde auch kein Schiff namens Messenger angekündigt. Ihr habt nichts mit den Eindringlingen zu tun?«

Uff. Jetzt wird es kompliziert. Sie sieht Adam an und macht Grimassen. Vielleicht kann er das übernehmen? Aber Adam schüttelt den Kopf.

»Eva, äh, Smith. Wir sind auf der Durchreise zu Triton und haben nichts mit irgendwelchen Eindringlingen zu tun.«

»Eva Smith also?«

»Ja, was ist daran seltsam?«

»Nun, es ist so ungefähr der häufigste Nachname Amerikas.«

»Dann ist die Chance ja sehr hoch, dass ich so heiße.«

»Das stimmt auch wieder. Entschuldige, Eva Smith. In letzter Zeit ist so viel passiert, dass ich verzweifelt und durcheinander bin.«

Puh. Die Station hat natürlich bemerkt, dass ein riesiger außerirdischer Würfel ins Sonnensystem eingedrungen ist. Hoffentlich hatten sie noch keine Gelegenheit, die Erde zu verständigen.

»Die Eindringlinge«, sagt sie.

»Genau. Ein fremdes Schiff, das unangemeldet im Saturnsystem aufgetaucht ist. Sie sind dafür verantwortlich, dass wir abgestürzt sind.«

Wie bitte? Die Station hat doch zuerst auf die Dracht gefeuert! Oder sollte das Allwissen sie belogen haben? Das traut sie der künstlichen Intelligenz nicht zu.

»Verantwortlich? Könnte es nicht auch andersherum gewesen sein?«, fragt sie.

Sie muss aufpassen, was sie sagt.

»Technisch gesehen, haben sie auch nicht auf uns gefeuert. Das hat die russische Laserstation auf der Oberfläche übernommen. Sie müssen etwas damit zu tun haben. Das ist aber nicht das Schlimmste. Sie sind in die Eiskruste eingedrungen und wollen vermutlich … egal.«

Hat das Allwissen nicht von Schmerzen gesprochen, die das Enceladuswesen gerade erleidet?

»Was wollen sie?«

»Das führt jetzt zu weit. Wir brauchen wirklich Hilfe. Ich will auch gar nicht eure Beweggründe in Zweifel ziehen. Hauptsache, ihr helft uns.«

Der Mann verbirgt etwas. Es geht bestimmt um das Enceladuswesen. Marchenko hatte angedeutet, dass seine Existenz unter den Menschen geheimgehalten wird.

»Wie können wir euch helfen?«

»Ich schicke euch die Universalkoordinaten unserer Position. Unsere Kommandantin ist verletzt, und ihr Raumanzug ist beschädigt. Sie braucht einen sicheren Transfer in eine Umgebung mit atembarer Atmosphäre.«

Eva schnüffelt. Es riecht nur noch leicht modrig. An den Gestank hat sie sich offenbar schnell gewöhnt. Die Luft im Shuttle ist ansonsten absolut atembar.

»Verstanden«, antwortet sie. »Dazu müssen wir allerdings landen. Benötigen wir dazu nicht eine Genehmigung?«

Marchenko hat immer darüber gelästert, dass man auf der Erde für alles Mögliche eine Erlaubnis braucht.

»Das stimmt, aber diese Genehmigung habe ich euch hiermit erteilt.«

Marchenko hatte recht. Aber hat sie nicht gerade dem Allwissen versprochen, nicht zu landen? Doch, aber das hier ist ein Notfall, mit dem sie nicht rechnen konnte.

Sie hat Ragnor noch nie so konzentriert gesehen. Der Mülltransporter ist für die Landung auf einem derart kleinen Mond mit so geringer Schwerkraft nicht ausgelegt. Das Haupttriebwerk im Heck hat Ragnor schon vor ein paar Minuten deaktiviert. Es ist für die Landung überdimensioniert. Außerdem könnte das Shuttle nicht darauf niedergehen, denn ihm fehlt ein Landegestell.

Also muss Ragnor mit den Korrekturtriebwerken arbeiten. Sie sind etwas unterdimensioniert, deshalb brauchen sie für die letzten hundert Meter länger als für die gesamte Strecke von der Dracht bis zum Mond.

Adam steht schon in der Schleuse und legt seinen Raumanzug an. Schön, dass er mal ein bisschen Aktivität zeigt. Das Schott öffnet sich. Adam trägt den Anzug bereits. Nur der Helm fehlt noch.

»Wie lange dauert es denn noch?«, fragt er.

»Pssst! Ragnor muss sich konzentrieren«, antwortet Eva.

»Ich kann ja schon mal aussteigen«, sagt Adam. »Es sind doch höchstens noch 80 Meter, das müsste der Anzug aushalten.«

»Das wäre gerade ungünstig«, sagt Ragnor. »Die Restluft, die beim Öffnen des äußeren Schotts austritt, würde unsere Flugposition destabilisieren.«

»Das bisschen Luft?«, fragt Adam.

»Ja, leider. Es ist so, als müsstest du landen, indem du abwechselnd aus deinem linken und rechten Nasenloch pustest«, erklärt Ragnor. »Und dann entfährt dir plötzlich Abgas aus der Magenfalte.«

»Ich besitze keine Magenfalte«, sagt Adam.

»Und ich keine zwei Nasenlöcher, aber das sind so ungefähr die Kräfteverhältnisse.«

»Verstehe. Dann rühre ich mich nicht von der Stelle.«

Adam erstarrt mitten in der Bewegung.

»Du kannst dich ruhig bewegen. Alles, was innerhalb des Systems bleibt, beeinflusst unseren Flug nicht.«

Ragnor schiebt einen Hebel langsam nach vorn, und Eva wird ganz leicht gegen die Decke gedrückt. Sie stößt sich ab und schwebt in einer Parabelflugbahn zur Schleuse, wo sie sich an Adams Schulter festhält. Es wird Zeit, ebenfalls in den Raumanzug zu steigen.

Der erste auf der Erde geborene Mensch, mit dem sie je gesprochen hat, kommt in großen, aber wie in Zeitlupe gebremsten Sprüngen auf sie zu. Adam und Eva erwarten Takumi draußen vor dem Haupttriebwerk, das größer ist als sie beide. Takumi winkt ihnen zu, und Eva grüßt zurück. Ihr Herz schlägt schneller als gewöhnlich. Er wirkt ausgesprochen schlank, obwohl er einen Anzug tragen muss. Sollten sich die Menschen in den letzten 200 Jahren so verändert haben?

Das Rätsel löst sich, als Takumi nahe genug ist. Der Astronaut trägt einen eng anliegenden und beinahe unsichtbaren Raumanzug. Nur der gläserne, kugelförmige Helm mutet noch klassisch an. Sie geben sich die Hände. Auch hier könnte der Unterschied kaum größer sein. Evas rechte Hand steckt in einer dicken Verpackung, die sie vor der Kälte an der Oberfläche schützt. Takumis Hand hingegen sieht unter dem transparenten Material seines Anzugs lebendig und rosa aus. Nur ein paar Gefäße mit unterschiedlich gefärbten Flüssigkeiten zeigen, dass es sich um eine künstliche Schutzhülle handelt.

»Es freut mich sehr«, sagt Takumi. »Ich bin euch so dankbar, dass ihr den Umweg auf euch genommen habt. Bis Triton seid ihr bestimmt noch ein paar Monate unterwegs, oder?«

Adam brummt etwas.

»Wir freuen uns auch«, sagt Eva. »Triton, ja, das ist noch ein weiter Weg. Darf ich vorstellen – das ist Adam.«

Adam brummt erneut etwas. Der Mensch gibt ihm die Hand.

»Freut mich«, sagt Takumi und läuft um das Shuttle herum.

Er hat ja auch noch nie so ein Raumfahrzeug gesehen und fragt sich nun bestimmt, wo es gebaut wurde. Aber es ist noch nicht an der Zeit, es ihm zu sagen.

»Kommt ihr aus dem Asteroidengürtel?«, fragt er. »Euer Schiff erinnert mich an einen Erzfrachter.«

Er geht weiter um das Shuttle herum. Eva folgt ihm. Dann springt er plötzlich auf das Schiff. Er sieht sich um, dann scheint er das Bullauge zu entdecken. Eva folgt ihm. Sie bemerkt gerade noch, wie sich hinter dem Glas des Bullauges etwas bewegt. Das muss Ragnor gewesen sein.

»Ihr seid zu dritt?«, fragt Takumi.

»Ja, unser Pilot Rag … Ralph wartet lieber drinnen. Oder brauchen wir ihn auch?«

»Ich glaube nicht. Meine Idee ist, den Notfallsitz mit meiner Pilotin hierherzubringen und sie dann, so schnell es geht, in eure Schleuse zu befördern. Ihr habt doch eine Schleuse?«

»Ja, haben wir«, sagt Eva.

»Entschuldigt, ich wollte nur sichergehen. Eure Anzüge wirken etwas antiquiert. Bitte versteht mich nicht falsch. Wir sind in der privilegierten Lage, immer das Neueste vom Neuen zu bekommen. Aber ich habe auch schon gehört, dass die Unternehmen in der Privatwirtschaft uralte Technik recyclen.«

»Ja, die Technik ist bestimmt schon 200 Jahre alt«, sagt Adam.

Eva sieht ihn mit zusammengekniffenen Augenbrauen an. Hoffentlich macht er ihr keinen Strich durch die Rechnung! Aber ihr Plan, erst das Vertrauen dieses Menschen zu gewinnen, um ihm dann die Wahrheit zu sagen, steht sowieso auf wackligen Füßen. Spätestens, wenn sich das Innenschott der Schleuse öffnet, wird die verunfallte Pilotin Ragnor kennenlernen.

»Und das Triebwerk?«, fragt Takumi.

»Ja?«, fragt Eva zurück.

»Nun, es sieht so aus, als wäre es chemisch, um es ehrlich zu sagen.«

»Das ist es auch.«

»Aber dann braucht ihr ja noch länger bis zu Triton!«

»Für längere Strecken schalten wir unseren Dunkle-Materie-Antrieb ein«, sagt Adam.

Takumi lacht auf. »Schöne Vorstellung, den hätte ich auch gern. Aber ich verstehe schon. Es ist ein Knochenjob, aber wenn man unbedingt ins All will, hat man keine andere Wahl.«

»So etwa war es bei uns«, sagt Eva. »Mein Partner Adam hält das nur mit einer großen Portion Zynismus durch.«

»Partner?«

Warum fragt Takumi das? Spielt es eine Rolle?

»Kollege«, antwortet sie. »Wir sind schon so lange unterwegs, dass mir manchmal nicht mal mehr die passenden Wörter einfallen.«

»Adam, das passt ja«, sagt Takumi.

»Ich glaube, da hat sich mein Chef einen Scherz erlaubt, ausgerechnet uns beide in eine Crew zu stecken. Adam trägt zufällig auch noch den gleichen Nachnamen wie ich, kannst du dir das vorstellen?«

»Adam Smith, klingt doch gut. Das war ein berühmter Ökonom.«

»Danke, Takumi«, sagt Adam. »Das sage ich Eva auch immer. Mein Vater hat sich eben etwas dabei gedacht.«

»Ich schlage vor, dass wir uns an die Arbeit machen«, sagt Eva. »Ralph, hörst du das? Wir gehen los. Bereite doch schon einmal alles für die Behandlung eines verletzten Menschen vor.«

Ragnor spielt mit und beschwert sich nicht über seinen neuen Namen. »Zu Befehl, Eva.«

Eva lässt den Funkkanal offen. »Was war das mit den Eindringlingen, Takumi? Sie haben sich in das Eis gebohrt?«

»Ja, ich war selbst überrascht, wie schnell das ging. Ich fürchte, dass sie ein einzigartiges Ökosystem zerstören könnten. Es ist eigentlich unsere Aufgabe, darauf aufzupassen.«

Ragnor müsste das mitgehört haben. Wenn er schlau ist, leitet er diese Information an das Allwissen weiter.

## 7. März 2302, Enceladus

Ausgerechnet Triton! Schon dass zufällig ein fremdes Raumschiff am Saturnsystem vorbeifliegt, ist sehr unwahrscheinlich. Aber zu Triton? Der Neptunmond hat sich vor über einem Jahrhundert auf den Weg in den interstellaren Raum gemacht. Natürlich verfolgen die Astronomen gespannt seine Bahn. Aber von einer Mission dorthin hätte Takumi ganz sicher gehört.

Er hat die Besucher trotzdem nicht auf ihren Fehler hingewiesen, und er hat auch Carrie nichts davon gesagt. Ihre Rettung steht jetzt im Vordergrund. Was die Messenger wirklich hier will, ist ihm solange egal, bis Carrie außer Gefahr ist. Er muss sie diesen etwas merkwürdigen Fremden anvertrauen, sonst stirbt sie. Die Eindringlinge sind vielleicht schon im Ozean angekommen, Hydra ruft mit beklemmenden Träumen um Hilfe, und er könnte nur herumsitzen und zusehen, wie Carrie erstickt.

Nein. Da nimmt er lieber die Hilfe dieser obskuren Besucher in Anspruch. Takumi öffnet das Schott. Er hält sich an der obersten Stufe der Leiter fest, um von der ausströmenden Luft nicht nach draußen geweht zu werden. Das ist auch noch so ein Rätsel: Wie haben es die Eindringlinge so lange in luftleerer Umgebung ausgehalten? Gefällt es ihnen in ihren Raumanzügen wirklich so gut? Er hat ja schon den einen oder anderen Kollegen kennengelernt, aber alle waren froh gewesen, sich am Ende einer EVA ihres Anzugs entledigen zu können.

Er klettert die Leiter nach unten und geht um den Lander herum. Da ist das Schiff der Besucher. Es hat eine merkwürdige Form, die eindeutig nicht dafür gemacht ist, auf Monden mit niedriger Gravitation zu landen. Das beruhigt ihn. Enceladus war offensichtlich nicht ihr Ziel.

Alles andere geht ihn nichts an, wenn er auch zu gern wüsste, worin ihr wahrer Auftrag besteht. Vielleicht handelt es sich ja um Schmuggler? Die Frage ist dann nur, wo ihr Ziel liegt. Es kommt manchmal zu Diebstählen von Helium-3 auf den Jupitermonden. Aber so ein Dieb würde doch danach nicht weiter hinaus ins Sonnensystem fliegen.

Eva winkt ihm. Eva! Eva Smith! Es fehlt nur noch, dass die Person neben ihr sich Adam Smith nennt. Aber es soll ihm egal sein. Er braucht jetzt ihre Hilfe, nicht die Wahrheit. Trotzdem lässt er es sich nicht nehmen, das seltsame Raumschiff in Augenschein zu nehmen. Es sieht aus wie eine dicke Wurst. Der angebliche Name ist nicht auf der Außenhaut zu lesen. Vermutlich ist er genauso ausgedacht wie die Namen der beiden. Egal.

In der Nähe des Bugs gibt es eine Kritzelei, deren Inhalt Takumi nicht erkennt. Er betastet das Material. An einer Reihe von Fugen erkennt er, dass sich hier eine ziemlich große Luke öffnen lässt. Vermutlich handelt es sich wirklich um ein Bergbauschiff, und seine Besatzung bestünde dann aus Schmugglern. Gibt es denn kein einziges Bullauge? Er würde so gern einen Blick hineinwerfen. Wenn sie Carrie retten, wird er das Schiff zwar sowieso betreten, aber er fühlt sich sicherer, wenn er weiß, was ihn darin erwartet.

Da, eine Bewegung. Kurz hat er etwas gesehen, das wie ein seltsamer, nackter Bär aussah. Aber da muss ihn seine Wahrnehmung getäuscht haben. Dass, wie Eva erklärt, ein gewisser Ralph als Pilot dabei ist, ergibt Sinn. Schmuggler sind am liebsten in Dreierteams unterwegs. Er betrachtet die angebliche Eva. Was von ihr zu sehen ist, und das ist wegen des antiquierten Raumanzugs wenig, gefällt ihm. Sie hat ein energisches Kinn und ausdrucksstarke Augen.

Ist es möglich, dass ihr Kopf komplett rasiert ist? Praktisch ist es ja, wenn man oft im Raumanzug steckt, aber angesichts des herrschenden Schönheitsideals erfordert es auch eine gewisse »Ihr könnt mich mal«-Haltung, die ihm imponiert. Vermutlich ist der Impuls, auf seinen Notruf zu reagieren, von ihr ausgegangen. Sie hat auf jeden Fall etwas bei ihm gut. Sollte er je mitbekommen, dass sie vor Gericht gestellt wird, wird er für sie aussagen. Der Kommandantin der NPE-Mission das Leben gerettet zu haben, sollte sich doch strafmildernd auswirken.

Er springt wieder auf den Boden. Adam, Evas Partner, was immer das heißt, ist maulfaul und mürrisch. Takumi kennt das. Solche Menschen sollten eigentlich nie Teil einer Raumschiffcrew werden. Aber in der Privatwirtschaft werden die Besatzungen nur noch in Ausnahmefällen mit Hilfe von Psychologen zusammengestellt. Dass Eva ihn nach den Eindringlingen fragt, freut ihn. Es bedeutet, dass sie nichts davon weiß. Aber eigentlich war das ja sowieso klar. Er wäre nicht Psychologe geworden, hätte er nicht ein gewisses Maß an Menschenkenntnis. Dieser Ralph, der im Schiff geblieben ist, wird vermutlich sogar steckbrieflich gesucht. Er muss Eva bei Gelegenheit noch versichern, dass ihre Geheimnisse bei ihm sicher sind.

Aber der Witz mit dem Dunkle-Materie-Antrieb war gut. Vielleicht ist dieser Adam doch kein so unangenehmer Zeitgenosse.

»Hau ruck!«, befiehlt Eva.

Sie macht das sehr gut. Synchron zerren sie Carries schweren Notsitz über das Eis. Takumi hatte sich erst etwas geärgert, dass das fremde Schiff so weit entfernt gelandet war, aber angesichts der primitiven Triebwerke hatte er es verstanden. Die beiden helfen ihm, das ist das Einzige, was gerade zählt. Dieser Ralph bereitet im Inneren hoffentlich schon alles vor, um Carrie behandeln zu können, falls das notwendig ist.

Als sie mit dem Notsitz endlich bei der Messenger ankommen, liegt eine große Plane vor der Schleuse.

»Dank, Ralph«, sagt Eva.

Das ist genial. So bekommen sie Carrie wirklich gefahrlos durch das Vakuum.

»Können wir hier draußen an eurem Schiff irgendwo Luft abzapfen?«, fragt Takumi.

»Wir breiten die Plane über das Schott und über den Notsitz. Dann lassen wir einfach Luft aus der Schleuse einströmen«, erklärt Eva.

»Tolle Idee«, sagt Takumi.

»Kommt von Ralph«, sagt Eva. »Denkt daran, wenn ihr ihm nachher begegnet. Er ist nicht so, wie er aussieht.«

Oh, er kann sich schon vorstellen, wie sie das meint. Vermutlich ist er optisch der Schlägertyp, der aber sein Leben für seine kleine Katze geben würde. Solche Menschen kennt er. In der richtigen Dosierung sind sie eine Bereicherung für jede Raumschiffcrew.

»Keine Sorge, Eva. Ich kenne solche Typen.«

Eva lächelt geheimnisvoll.

»Das würde mich sehr wundern«, sagt Adam und reicht ihm einen Zipfel der Plane.

»Ralph ist ein echtes Original«, sagt Eva.

Gemeinsam ziehen sie die Plane über den Notsitz und die Schleuse der Messenger. Der Notsitz ist im Vergleich zur Schleuse ein bisschen zu niedrig, sodass die Plane ihn nicht ganz bedeckt.

»Wir bräuchten eine Art Sockel dafür«, sagt Eva.

»Da habe ich eine Idee«, sagt Takumi. »Wir heben den Notsitz an, dann lassen wir das Wasser aus der integrierten Lebenserhaltung ab. Das sollte ja recht schnell gefrieren.«

»Gute Idee«, sagt Adam. »Aber lass uns erst einmal prüfen, ob die Plane überhaupt dicht ist. Ohne das Wasser funktioniert doch die Lebenserhaltung nicht mehr, oder?«

»Das stimmt«, sagt Takumi.

»Ralph, kannst du die Schleuse überzeugen, trotz offenen Außenschotts Luft einzufüllen?«, fragt Eva.

»Kein Problem, das habe ich gleich«, antwortet Ralph.

Es macht richtig Spaß, mit Profis zu tun zu haben. Diese Crew scheint schon sehr lange zusammenzuarbeiten. Ralph hat allerdings einen seltsamen Dialekt, den er noch nie gehört hat. Manche hohen Vokale scheint er beinahe wegzulassen.

»So, Luft kommt«, sagt Ralph.

Die Plane bläht sich auf. Dadurch löst sich allerdings der Teil, der über der Schleuse liegt, und die Luft dringt schwallartig heraus.

»Die Plane ist nicht schwer genug, um den Luftdruck aufzuhalten«, sagt Adam.

»Wir könnten das Ende mit Panzertape an eurem Schiff festkleben«, schlägt Takumi vor.

»Hast du Panzertape?«, fragt Adam. »Uns ist es ausgegangen.«

»Ich weiß es nicht«, sagt Takumi.

»Du weißt es nicht?«

»Das Landemodul gehört mir auch nicht. Deshalb weiß ich nicht, ob Panzertape an Bord ist. Ich sehe aber schnell nach.«

»Was meinst du mit ›auch‹, Takumi? Unterstellst du uns da gerade irgendetwas?«, fragt Adam.

»Nein, natürlich nicht. Tut mir leid, dass ich mich so unpräzise ausgedrückt habe. Ich habe den Eindringlingen ihren Lander geklaut.«

»Nicht schlecht! Traut man dir gar nicht zu, so eine Aktion«, sagt Adam.

*Du mich auch.* Aber er sagt nichts, sondern dreht sich um und läuft zum Lander zurück, um nach Panzertape zu suchen.

## Hellnacht 5, 4056, Shuttle

Hinge nicht so viel davon ab, wäre es schon beinahe lustig. Sie arbeiten gemeinsam an der Rettung der Stationschefin, aber die Menschen haben überhaupt keine Ahnung, mit wem sie es zu tun haben. Jetzt ist Takumi unterwegs zu dem von ihm geklauten Lander. Eva wechselt sicherheitshalber auf eine andere Frequenz.

»Du verrätst uns noch!«, schimpft sie mit Adam.

»In ein paar Minuten verraten wir uns sowieso, ob wir es wollen oder nicht«, sagt Adam.

Eva schaltet zurück. »Geht es dir gut, Carrie?«, fragt sie.

»Den Umständen entsprechend. Das größte Problem ist inzwischen mein Rücken. Ich werde nie wieder gerade stehen können.«

»Eine gute Massage renkt das wieder ein. Was ist mit dem Leck an deinem Anzug?«

»Ich spüre keine Schmerzen, aber das bedeutet nichts, weil ich automatisch Schmerzmittel erhalte. Ich glaube aber nicht, dass mein Bein stark verletzt ist.«

»Wir haben wirksames Erste-Hilfe-Material an Bord. Das bekommen wir schon wieder hin.«

»Das glaube ich auch«, sagt Carrie. »Mehr Sorgen mache ich mir wegen der Eindringlinge. Tak hat euch davon erzählt?«

»Ja. Aber was wollen sie da unten?«

»Ich weiß es nicht. Es gibt keine Schätze im Enceladusozean. Das Wesen verfügt über eine große Menge Wissen, aber das gibt es nur freiwillig weiter.«

»Die Eindringlinge scheinen aber einen Plan zu haben.«

»Genau das macht mir Angst. Wenn ich in Sicherheit bin, würde ich euch deshalb gern darum bitten, uns auch im Kampf gegen sie zu helfen. Es wäre ein immenser Verlust für die Menschheit, würden sie dem Wesen etwas antun.«

»Darüber sprechen wir im nächsten Schritt«, sagt Eva.

*Vielleicht willst du ja dann ja gar nicht mehr mit uns zusammenarbeiten.*

## 7. März 2302, Majestätische Dracht

Aus der Nähe wirkt der Würfel gar nicht mehr so gefährlich. Vielleicht liegt es daran, dass Igor keinerlei Waffen aus den Seitenflächen ragen sieht. Zudem scheint ein Teil der Strukturen noch im Bau zu sein. Immer wieder fehlen ganze Blöcke oder wurden durch leere Skelette ersetzt. Der Würfel ist immer noch beeindruckend und weit von dem entfernt, was die Menschheit bauen kann. Aber es ist keine völlig neue Qualität. Wenn die Menschen so etwas bauen wollen und sich hundert Jahre Zeit geben, schaffen sie es.

Das gilt allerdings nicht für den Antriebskern, der sich in der Mitte des Würfels befindet. Gerade zieht die Station an der Spalte vorbei, die den Würfel in zwei Hälften teilt und damit den Blick auf den Antrieb freigibt. Der Kern, um den sich das ganze Schiff dreht, hat eine perfekte Kugelform. Die Kugel ist so exakt, dass sie schon wieder verschwimmt. Igor traut seinen Augen nicht. Er greift nach dem Teleskop und nimmt den Kern damit auf, doch auch diese Bilder wirken merklich verschwommen.

Es ist, als wäre hier eine makroskopische Unschärferelation am Werk. Die Baumeister des Kerns müssen ihn so exakt gerundet haben, dass beim Betrachten die Form verschwimmt. Igor hat in seiner Ingenieursausbildung auch Quantenphysik studiert. Ihre Effekte treten normalerweise nur im ganz Kleinen auf. Aber wahrscheinlich fordert die Physik hinter einem Antrieb, der ein Raumschiff von Stern zu Stern transportieren kann, eine derart exakte Bauweise, dass die Unschärferelation auch in der vom Menschen erfassbaren Welt sichtbar wird.

Was müssen das für Baumeister sein? Sind es dieselben, die den Würfel konstruiert haben? Das passt nicht zusammen. Der Würfel ist zwar nicht windschief, aber sobald man genauer hinsieht, fallen die Fehler auf. Dagegen ist ja auch nichts zu sagen. Das Raumschiff funktioniert. Es ist bis ins Sonnensystem gelangt, von woher auch immer. Aber es ist weit von der Perfektion seines Kerns entfernt. Als Ingenieur könnte er sich in dieses Wunder der Technik glatt verlieben.

Ob das Allwissen den Kern konstruiert hat? Er wird es danach fragen. Und zwar bald, denn gerade gab es einen Stoß, der ihn nach vorn treiben lässt. Igor ist das recht. So ist er nicht so nah an der Schleuse, wenn sie ihn holen. Dem Stoß folgt ein Kratzen, das aus allen Ecken der Station gleichzeitig kommt, als würde sie von vielen Händen gepackt.

Krach. Aua. Im nächsten Moment liegt er auf dem Boden. Es herrscht auf einmal Schwerkraft. Der Würfel muss ihn in seine Rotation aufgenommen haben. Igor steht auf und klopft seine Sachen aus. Die Schwerkraft liegt etwa bei vier Fünfteln der Erdschwere. Das ist sehr angenehm. Die Kapsel! Hoffentlich haben die Fremden daran gedacht, auch die rotierende Kapsel anzuhalten. Da sie gerade eingezogen ist, kann das nicht so kompliziert gewesen sein.

Es klopft. Igor schreckt auf. Drei metallische Schläge aus dem Heck. Wahrscheinlich hat jemand von außen an die Schleuse geklopft. Er geht zur Steuerung und öffnet das Außenschott. Ob das Allwissen weiß, wie man mit einer Schleuse umgeht? Igor läuft nach hinten. Es gehört sich so, den Besuch an der Tür zu erwarten. Noch leuchtet die Lampe rot, die den Zustand der Schleuse meldet. Aber es fließt bereits Luft ein. Da springt sie auf Grün um.

Igor wischt sich den Schweiß von der Stirn. Dann steckt

er seine Hände in die Hosentaschen, weil sie so zittern. Puh. Atmen. Gleich. Puh.

Quietschend öffnet sich das Innenschott. Dampfschwaden quellen aus der nur schummrig beleuchteten Schleuse. Dann steigt ein breitschultriger Mann mit einem weißen Vollbart heraus, der einen Laborkittel trägt. Aber Igor lässt sich nicht täuschen. Die Schritte des Mannes sind schwer, zu schwer für die 0,8 g. Seine Mimik ist nicht völlig natürlich. Es ist ein Roboter. Hat das Allwissen einen Roboter geschickt, um ihn zu holen, oder steckt es als Geist in dieser Maschine? Und warum hat es versucht, einen menschlichen Körper möglichst genau nachzubauen? Der Mann kommt ihm bekannt vor. Vermutlich hat er irgendeiner Arztserie seinen Holo-Avatar verkauft.

»Dobrui djen, guten Tag«, sagt der Arzt auf Russisch. »Mein Name ist Dimitri Marchenko. Es freut mich sehr, Sie an Bord der Majestätischen Dracht begrüßen zu dürfen.«

»Ich bin Igor Rodnianski. Es ist mir eine Ehre. Ich bin hier, um Sie um Hilfe für meine Freunde zu bitten.«

»Das ist nicht völlig exakt, glaube ich. Sie sind hier, weil das Allwissen Sie hierher gebracht hat.« Marchenko lächelt.

»Technisch stimmt das natürlich. Aber Sie werden feststellen, dass ich den Prozess noch beschleunigt habe. Sind Sie das Allwissen?«

»Nein, ich bin der, als der ich mich vorgestellt habe.«

»Stecken Sie hinter meiner Entführung?«

»Ich habe lange versucht, Ihre Entführung zu verhindern, mein Lieber. Aber das Allwissen hatte mich gewissermaßen in der Hand.«

Mist. Marchenko kann gegen das Allwissen wohl auch nichts ausrichten.

»Darf ich Ihnen eine … intime Frage stellen?«

»Sie wollen wissen, ob ich ein Roboter bin.«

»Genau.«

»Ja und nein. Dieser Körper ist robotischer Natur. Ich selbst betrachte mich aber als Mensch.«

»Ah, Sie sind ein Roboter, der eine Art von Bewusstsein

erlangt hat? Und wieso dann ausgerechnet ein menschliches? Dieses Schiff kommt doch wohl aus einem anderen Sternsystem.«

»Das Schiff, die Majestätische Dracht, hat tatsächlich eine interstellare Reise hinter sich. Aber ich bin auf der Erde geboren worden. Durch eine verhängnisvolle Kette von Ereignissen wurde mein Bewusstsein von meinem Körper getrennt. Nun habe ich mir diesen neuen, robotischen Körper erbaut und bewohne ihn, so wie Ihr Bewusstsein Ihren biologischen Körper einnimmt. Bin ich da nicht immer noch ein Mensch?«

»Eine gute Frage. Ich bin Ingenieur und kein Philosoph. Aber Ihre Geschichte kommt mir bekannt vor. Als damals das Enceladuswesen entdeckt wurde, blieb da nicht ein Mitglied der Besatzung auf dem Mond zurück? Er hatte wie Sie einen russischen Namen.«

»Dimitri Marchenko, ja.«

»Das sind Sie? Das ist ja verrückt. Wenn Sie mich nicht für dumm verkaufen, wären sie ja schon etwa 300 Jahre alt?«

»Das kommt hin, mein Freund. Ich finde es selbst immer wieder unglaublich. Aber verstehen Sie nun, dass ich mir diesen Körper bauen musste? Oder ist die menschliche Wissenschaft inzwischen so weit, biologische Körper frisch aus den Genen eines Spenders züchten zu können?«

»Nein. Das wäre gesellschaftlich nicht akzeptabel. Es kann natürlich sein, dass irgendwelche Superreiche oder Diktatoren es trotzdem versucht haben, aber davon ist nichts bekannt geworden. Für die Anwendung im Weltall gibt es Androiden. Sie dürfen allerdings nicht auf der Erde eingesetzt werden.«

»Interessant.«

»Das stimmt. Ich habe noch so viele Fragen! Trotzdem würde ich nun lieber zur Sache kommen, denn meine Freunde warten auf Enceladus auf ihre Rettung.«

»Zu welcher Sache?«

»Nun, Sie holen mich doch sicher zu einer Befragung durch das Allwissen ab? Ich kooperiere in jeder Hinsicht. Falls Sie mich trotzdem sezieren müssen, bitte ich nur darum, anschließend auch wirklich zu einer Rettungsaktion zu starten.«

»Niemand hat die Absicht, Sie zu sezieren, Igor. Die Befragung durch das Allwissen hat längst begonnen.«

»Beobachtet es uns durch Kameras?« Igor sieht sich um, aber Marchenko hat keinerlei Hardware mitgebracht.

»Nein. Das ist nicht nötig. Ich trage es in mir.«

»Spreche ich etwa schon mit dem Allwissen?«

»Dazu muss ich erst die Steuerung meines Körpers übergeben. Einen Moment.«

Plötzlich wird Marchenko ganz starr, als wäre er eingefroren. Dann bewegt sich sein Mund. Er wirkt jetzt wie eine Sprechpuppe, denn er hat keinerlei Mimik mehr.

»Das ist schwerer, als ich dachte«, sagt eine Stimme, die in nichts mehr an Marchenkos sonoren Bass erinnert.

»Wir Menschen müssen das Sprechen auch erst erlernen«, sagt Igor.

»Das tröstet mich. Ich bin das Allwissen.«

Die Stimme gewinnt an Betonung. Igor würde sie jetzt in einer Alt-Stimmlage einordnen.

»Ich bin Igor, aber das weißt du ja schon.«

»Ja, ich habe zugehört, während Marchenko mit dir gesprochen hat.«

Den Namen des Arztes spricht das Allwissen voller Wärme aus, als gäbe es eine enge Beziehung zwischen ihnen.

»Dann weißt du auch, dass ich dringend meinen Freunden helfen muss.«

»Ich glaube, ich kann dich beruhigen. Deinen Freunden wird wohl bereits geholfen. Vor einer Weile hat ein Shuttle hier abgelegt. Es ist inzwischen in der Nähe des Ortes gelandet, an dem sich deine Freunde aufhalten.«

Das wäre ja wunderbar. Igor atmet tief durch und sieht sich nach einem Sitzplatz um.

»Bist du sicher?«, fragt er.

»Ja. Das verraten mir meine Sensoren.«

Das Allwissen zieht die Augenbrauen hoch. Allmählich bekommt es wohl auch die Mimik des Körpers unter

Kontrolle. Es ist faszinierend zu sehen, wie es sich an die neuen Möglichkeiten anpasst. Irdische KIs sind noch lange nicht so weit. Ihnen hätte man die Möglichkeiten des neuen Körpers erst in einem Lernprozess nahebringen müssen.

Igor stellt sich das Shuttle vor, das bei Carrie und Tak gelandet sein soll. Jetzt steigen vielleicht die ersten grünen Männchen aus. Zum Glück ist Takumi eher der besonnene Typ. Er wird nicht auf die Fremden feuern. Aber trotzdem wäre es sicher klug, seine Freunde auf den Schock vorzubereiten.

»Kann ich mit ihnen sprechen? Menschen reagieren manchmal etwas unkontrolliert auf überraschende Begegnungen. Ich möchte gern vermeiden, dass es zu Missverständnissen zwischen unseren Spezies kommt.«

»Das ist nicht nötig, Igor. Es sind zwei Menschen an Bord des Shuttles. Ich denke, dass sie empathisch genug sind, um diese erste Begegnung für alle Seiten angenehm zu gestalten.«

»Menschen? Wie seid ihr ihrer habhaft geworden? Ihr seid nicht gerade erst im Sonnensystem angekommen, stimmt's? Beobachtet ihr uns schon lange?«

»Nein, du irrst dich. Wir sind zum ersten Mal in diesem System. Marchenko hat uns gemeinsam mit diesen beiden Menschen aufgesucht. Sie sind zu uns gekommen, und seitdem reisen sie an Bord unseres schönen Schiffes. Das ist die Kurzversion einer langen Geschichte, die dir Adam, Eva oder Marchenko bestimmt irgendwann erzählen werden.«

»Adam und Eva? Das ist originell.«

»Wieso? Es sind schöne Namen.«

»In einem der auf der Erde verbreiteten Schöpfungsmythen sind sie die ersten Menschen.«

»Das wusste ich nicht. Aber es ist wirklich interessant und hilft mir, manches besser zu verstehen.«

Das Allwissen weiß gar nicht alles. Das ist sehr interessant. Vermutlich hat es sich den Namen nicht selbst ausgedacht. Ob es bei dem Wesen, das Adam und Eva in die Welt gesetzt hat, ähnlich war? Darüber würde er gern mit Takumi sprechen. Hoffentlich geht es ihm und Carrie gut.

»Danke, dass du meinen Freunden hilfst«, sagt er.

»Es ist freundlich, dass du dich bedankst, aber ich bin die falsche Adresse. Tatsächlich geht die Initiative von Adam und Eva aus. Um ehrlich zu sein, habe ich sie dabei eher behindert als ermutigt.«

»Wieso das?«

»Ich mache mir große Sorgen um das Wesen im Enceladus-Ozean. Es leidet, das weiß ich, und daran scheinen Menschen wie du schuld zu sein. Da ist meine Motivation, euresgleichen zu helfen, nicht sehr stark ausgeprägt.«

»Aber wir stehen auf derselben Seite. Es ist meine Aufgabe, jegliche Landung Fremder auf Enceladus zu verhindern.«

»Das ist dir offenbar nicht gelungen.«

»Ja, die Eindringlinge waren schlauer als wir. Sie haben es geschafft, und wir konnten sie nicht schnell genug stellen.«

»Weißt du, wo sie sind?«

»Sie haben sich gerade in die Eiskruste gebohrt. Ich vermute, dass sie schon durch sind und nun nach dem Wesen suchen.«

»Das ist unmöglich.«

»Die Eiskruste ist weniger als 50 Kilometer dick, und sie besitzen sehr fortschrittliche Technik.«

»Nein, Igor, ich meine die Suche nach dem Wesen. Man kann es nicht suchen. Das wäre so, wie ein bestimmtes Sandkorn zu suchen, während man auf dem Strand spazieren geht.«

»Das Wesen ist überall im Ozean verteilt, willst du das sagen?«

»Es ist der Ozean, und es ist das Eis, und es ist auch der felsige Kern des Mondes. Das alles ist untrennbar verbunden.«

»Ich glaube, ich verstehe, was du sagen willst. Wir sprechen auf unserem Heimatplaneten manchmal von der ›Mutter Erde‹, wenn wir uns auf all die miteinander verbundenen Ökosysteme beziehen.«

»Nein, Igor. Du verstehst mich nicht. Es handelt sich nicht

um eine Analogie für ein System aus Systemen. Das Wesen, von dem ich spreche, ist der Mond. Seine Kruste, sein Kern, der Ozean dazwischen, das sind Körperteile wie dein Bauch, dein Kopf und deine Arme. Sie sind untrennbar miteinander verbunden.«

Igor kratzt sich am Kopf. Es gibt auch auf der Erde Menschen, die den Planeten so beschreiben würden. Naturwissenschaftlich korrekt ist das nicht, und als Ingenieur erträgt er solche Vereinfachungen nur schwer. Aber das Allwissen hat gewisse Erfahrungen, über die er nicht verfügt. Wie alt mag es sein? Wo kommt es her?

»Woher weißt du das denn so genau?«, fragt er.

»Weil ich ein Teil davon war«, antwortet das Allwissen.

»Du warst …?«

In diesem Moment brandet ein überwältigender Kopfschmerz auf, überfällt seine Stirn wie eine Tsunamiwelle, wirft ihn zu Boden. Igor windet sich in Schmerzen, umfasst seinen Kopf mit den Händen, sabbert so sehr, dass der Speichel auf seinen Kragen tropft. Erst, als die Bilder kommen, nimmt der Schmerz ab, ein wenig zumindest. Er sieht Eisberge, die miteinander kollidieren. Er sieht sie über Wasser, ziemlich groß, und gleichzeitig, seltsam überlagert, sieht er ihren Unterwasseranteil, der noch weitaus gewaltiger ist. In beiden Ebenen kommt es zum Zusammenstoß. Risse ziehen sich durch das Eis. Es bricht krachend auseinander. Dabei riecht es nach Ozon. Er wälzt sich hin und her, öffnet die Augen und schließt sie wieder, ohne die Bilder loszuwerden.

Im nächsten Moment sind sie verschwunden. Igor atmet tief durch. Er drückt sich mit den Händen nach oben, doch sofort wird ihm schwindelig. Er schafft es auf die Knie. Es riecht noch immer nach Ozon. Nur noch die Hälfte der Lampen brennt in der Station. Marchenko steht reglos vor ihm, wieder zur Statue geworden.

Was war das, verdammt nochmal? Das Allwissen kann damit nichts zu tun haben. Igor wischt sich den Mund ab und zählt bis drei, dann steht er auf. Er schwankt kurz und muss sich an Marchenko festhalten. Die Haut des Roboters ist heiß.

Seine Hände zucken zurück. Er schafft es trotzdem, nicht zu stürzen. All seine Muskeln schmerzen, als hätte er einen Krampfanfall gehabt.

»Was ist passiert?«, fragt er.

Weder Marchenko noch das Allwissen antworten. Doch die Lider des Roboters zittern leicht, und dann rollt aus seinem Augenwinkel eine Träne. Das ist verrückt. Ein weinender Roboter. Aber er kann ihn verstehen. Der Schmerz, den das Wesen im Enceladusozean ertragen muss, ist ansteckend.

»Es war das Wesen, oder?«, fragt er.

»Ja. Du hast es auch gespürt?«, fragt das Allwissen zurück.

Igor lacht. »Das ist die Untertreibung des Tages. Es hat mich umgeworfen.«

»Entschuldige, ich war … abgelenkt. Ich habe noch nie einen solchen Ansturm von Emotionen erlebt. Von schmerzhaften Emotionen. Geht es dir wieder besser?«

»Bis auf ein paar Muskelschmerzen fühle ich mich wieder fit.«

»Das ist gut. Ich brauche dich.«

»Ich stehe zu deiner Verfügung, Allwissen.«

»Danke. Ich möchte dich gern mit Marchenko zusammen in den Ozean unter der Kruste schicken. Ihr müsst die Eindringlinge aufhalten. Sie richten anscheinend gerade gewaltige Schäden an.«

»Ich werde alles tun, was notwendig ist. Aber wir werden ihnen kaum folgen können. Sie haben einen beträchtlichen Vorsprung.«

»Ich kann euch ein Bohrschiff konstruieren, das noch leistungsfähiger ist als ihres.«

»Das dauert zu lange. Es gibt einen anderen Weg. In einer Geländeformation in der Nähe des Südpols, die wir Tigerstreifen nennen, liegt die sogenannte Kontaktspalte. Dabei handelt es sich um eine Spalte im Eis, die bis in den Ozean reicht. Wir halten sie bewusst offen, um regelmäßig die Zusammensetzung des Wassers prüfen zu können.«

»Das würde uns das Bohren ersparen«, sagt das Allwissen.

»Genau. Wir bräuchten lediglich ein Schiff, das auch in 200 Kilometern Wassertiefe nicht gleich zerquetscht wird. Wobei die geringere Gravitation …«

»Das ist mir klar. Ich glaube, ich habe da etwas, das ich nur ein wenig anpassen müsste. Ich denke, ihr könntet in drei Stunden starten.«

»Das freut mich. Dann ruhe ich mich jetzt ein wenig aus.«

»Zuvor, Igor, würde ich dich gern noch mit ein paar Freunden hier an Bord bekanntmachen«, sagt das Allwissen.

»Ich glaube nicht, dass das eine gute Idee ist«, widerspricht Marchenko. »Er könnte etwas … schockiert sein.«

Es ist seltsam, zwei so verschiedene Stimmen nacheinander aus einem Körper zu hören.

»Ich verkrafte so einiges«, sagt Igor.

»Nun, wie du willst«, sagt Marchenko. »Numbark steht schon draußen an der Schleusentür und wartet. Eigentlich wartet er auf mich, aber er wünscht dir bestimmt gern einen guten Tag.«

»Lass ihn gern reinkommen. Ich erschrecke auch nicht.«

Uiuiui. Als das fremde Wesen aus dem Schott der Schleuse tritt, muss sich Igor dann doch beherrschen, seine Mimik nicht entgleiten zu lassen. Es sieht aus wie ein Ei auf Beinen, ist sein erster Eindruck. Als es näher kommt, bemerkt Igor den modrigen Geruch, der von seiner dunkelgrün-olivfarbenen Haut ausgeht. Er darf sich nicht davon beeinflussen lassen. Diese intelligenten Lebewesen haben etwas vollbracht, was der Menschheit noch nicht gelungen ist.

»Guten Tag! Ich bin Numbark«, begrüßt ihn das Wesen.

Dazu wedelt es mit seinen langen, dünnen Armen, die an Tentakel erinnern. Seine Stimme scheint aus dem runden Bauch zu kommen. Der Kopf ist klein und spitz. Ein Auge in seiner Mitte ist auf ihn gerichtet, zwei weitere sehen zu den Seiten. Ob es hinten auch eines hat? Die Beine sind ausgesprochen stabil. Es gibt auch noch zwei kurze Arme mit ähnlichen Dimensionen.

»Es freut mich«, presst Igor heraus. »Ich bin Igor. Willkommen auf meiner Station.«

»Dankeschön. Marchenko hat mich informiert, dass du unserem Allwissen helfen willst. Dafür danke ich dir. Ich würde dich gern auf unser Schiff einladen, aber es ist so groß, dass die Zeit dafür nicht reicht.«

»Das holen wir nach«, sagt Igor.

»Unbedingt. Wir werden ein Festessen für euch ausrichten, wenn das alles vorbei ist. Die Grosnopfe sind im ganzen Universum berühmt für ihre Gastfreundschaft.«

»Davon habe ich auch schon gehört«, sagt Igor. »Umso mehr freut es mich, endlich einen Grosnopf kennenzulernen.«

»Haha, du hast Humor«, sagt Numbark. »Das gilt unter uns als wichtigste Eigenschaft überhaupt.«

»Danke. Darf ich fragen, wie das Verhältnis zwischen euch und dem Allwissen ist? Ich möchte das nur einordnen können, um niemanden zu beleidigen. Auf der Erde kann es als unpassend gelten, die falschen Begriffe zu gebrauchen. Ist das Allwissen so etwas wie ein höheres Wesen?«

»So etwas kennen wir nicht. Die Gründer kommen dem vielleicht am nächsten. Das Allwissen ist einfach nur die Intelligenz, die den Dunkle-Materie-Kern des Schiffes steuert. Es war schon immer an Bord. In der Regel erfüllt es unsere Wünsche. Aber manchmal hat es auch seinen eigenen Kopf. Dass unser Schiff nicht direkt zur Erde geflogen ist, war zum Beispiel sein Fehler.«

»Es war kein Fehler«, widerspricht das Allwissen aus Marchenkos Körper, »sondern eine Notwendigkeit. Wir müssen dem Enceladuswesen helfen.«

»Natürlich. Aber du hättest uns das auch sagen können. Gronar hätte es bestimmt verstanden.«

»Bist du sicher, Numbark? Der größte Teil der Besatzung ist doch ganz versessen darauf, endlich die Erde kennenzulernen.«

»Na gut. Ich gebe zu, dass es keine leichte Aufgabe gewesen wäre, den Kommandanten zu überzeugen.«

»Siehst du. Es war viel einfacher, den Kurs der Dracht entsprechend anzupassen.«

»Ich glaube, du siehst nun, Igor, welches Verhältnis wir zum Allwissen pflegen.«

»Danke, das war eine sehr anschauliche Demonstration«, sagt Igor.

Das wandelnde grüne Ei ist ihm schon deutlich sympathischer. Jetzt erst bemerkt er, dass die Beine gar nicht so kurz sind. Numbark trägt sie vielmehr eingeknickt. Anscheinend handelt es sich um Sprungbeine wie bei einem irdischen Frosch. Igor würde die Grosnopfe gern einmal in ihrer natürlichen Umgebung beobachten.

»Was habt ihr eigentlich vor, wenn das alles hier vorüber ist?«, fragt er.

»Auch der Besuch auf der Erde?«, fragt Numbark.

Igor nickt, aber dann fällt ihm auf, dass der Grosnopf diese Geste vielleicht nicht kennt.

»Ja, auch der Besuch«, sagt er deshalb.

»Du hast mit dem Kopf genickt«, sagt Numbark. »Das habe ich verstanden.«

»Oh! Du bist wohl sehr vertraut mit menschlichen Gewohnheiten?«

»Eure Köpfe sind so riesig, dass ich es gar nicht übersehen könnte, wenn du nickst. Eure Sprache habe ich über die Jahre gelernt, weil es notwendig war. Unsere eigene Sprache enthält Vokale im Ultraschallbereich, die ihr weder sprechen noch hören könnt. Aber um deine Frage zu beantworten: Wir werden erst einmal zu Zweisonne zurückkehren. Das ist unser Heimatsystem.«

»Alpha Centauri«, ergänzt Marchenko.

»Wenn ihr noch einen Platz freihabt, würde ich euch gern begleiten«, sagt Igor und wundert sich über sich selbst.

»Vielleicht wartest du erst einmal das Festessen ab, bevor du dich dafür entscheidest«, sagt Marchenko. »Du hast noch nie getrocknetes Aaszahnfilet gegessen.«

## Hellnacht 5, 4056, Shuttle

Die Plane bläht sich auf. Unten dringt jede Menge Dampf heraus. Aber das sind nur Wasserdampf und Kohlendioxid, die kondensieren. Der wertvolle Sauerstoff bleibt. Sie dürfen die Plane aber auch nicht zu sehr spannen, weil sonst das Panzertape abreißen könnte.

»Ralph, es reicht!«, ruft Eva.

Ragnor dreht sofort die Luft ab. Immer noch wabern Dampfschwaden über den Boden. Sie müssen sich beeilen. Länger als eine Minute hält sich die Atemluft bestimmt nicht in ihrer Behelfskonstruktion.

»Takumi, jetzt ist der Moment!«, ruft sie.

»Ich bin dabei. Es ist – ächz – nicht so einfach.«

Eva hält die Plane hinten über den Notsitz. Es ist eine kluge Idee, dass der Sitz sich im Notfall in ein Miniraumschiff verwandeln lässt. Nur dass er seinen Inhalt nicht mehr freigeben möchte, ist gerade ungünstig. Aber Eva hat den Schaden gesehen. Ein riesiges Blech hat sich in den Notsitz gehackt. Etwa in Kniehöhe der Insassin ist es steckengeblieben. Takumis Kommandantin hatte wirklich Glück, dass sie ihren Unterschenkel nicht eingebüßt hat. Der Raumanzug und der Sitz haben Schlimmeres verhindert, indem sie den Schaden wirksam abgedichtet haben.

Langsam sackt die Plane wieder zusammen.

»Ralph, kannst du noch etwas nachliefern?«

»Luft strömt aus«, bestätigt Ragnor.

»Takumi?«, fragt sie.

»Der Anzug wehrt sich«, antwortet Adam an seiner Stelle. »Wir müssen Carrie freilegen, um sie retten zu können, aber er versucht immer wieder, sie vor Druckverlust zu schützen.«

»Lässt sich das nicht irgendwie abstellen?«, fragt Eva.

»Leider nicht. Die Zellen des Anzugs sind genetisch so programmiert«, sagt Takumi.

»Der Anzug ist ein lebendiges Wesen?«, fragt Eva.

»Nein. Er besteht zum Teil aus biologischen Zellen, die ihr Programm abspulen. Das macht ihn nicht zu einem Lebewesen.«

Darüber kann man streiten, aber nicht jetzt. Die Plane sinkt schon, obwohl die Luft noch aus der Schleuse strömt.

»Was ist denn los, Ralph? Es kommt weniger Druck?«, fragt sie.

»Unser Vorrat leert sich. Wir haben keine unbegrenzten Luftmengen an Bord. Dadurch sinkt der Druck, mit dem er ausströmt. Soll ich die Pumpen einschalten?«

»Nein, danke. Mit den Pumpen leeren sich die Tanks ja noch schneller«, sagt Eva.

»Ich habe das Bein jetzt frei«, sagt Adam.

»Dann gebe ich den Befehl zum Öffnen des Notsitzes«, sagt Takumi. »Mist, er reagiert nicht. Ich arbeite im Handbetrieb, dadurch dauert es ein bisschen länger.«

»Ich will keine Hektik verbreiten«, sagt Eva, »aber ewig hält die Plane nicht mehr. Am Ende sitzen wir ohne Sauerstoff da.«

»Wir können eventuell aus dem Lander der Eindringlinge nachtanken«, sagt Takumi.

»Aber wenn sich die Plane wieder leert, stirbt uns deine Freundin weg«, sagt Adam.

»He, ich bin wach und höre euch, und ich bin nicht seine Freundin, sondern seine Kommandantin«, sagt Carrie.

»Entschuldigung«, sagt Adam. »Ich wollte es nur dringlich machen.«

»Tak weiß, dass es dringend ist«, sagt Carrie.

»Jetzt!«, ruft Takumi.

Die Schale des Notsitzes teilt sich vor ihren Augen. Ein Teil der Außenhülle berührt von innen die Plane, die sich dadurch etwas aufbläht und einen großen Schwall Luft verliert.

»Achtung, Luftverlust! Ihr müsst sie dicht nach oben unter die Plane heben«, sagt Eva.

Adam schiebt sich vor sie, sodass sie nicht mehr sieht, was passiert.

»Hab sie!«, sagt Adam.

»Ich auch«, ruft Takumi.

»Schnell in die Schleuse!«, ruft Eva.

Adam setzt sich in Bewegung, und Eva stürzt ihm hinterher. Zum Glück ist das Außenschott der Schleuse ziemlich groß. Sie gelangen ohne weitere Probleme hinein. Sobald sie die Schwelle überschritten hat, hämmert Eva gegen den Knopf, der das Schott schließt.

»Luft, Ragnor!«, ruft sie.

Aber der Luftdruck steigt schon. Ragnor hat gut aufgepasst. Sie hat ihn bei seinem wahren Namen genannt, aber Takumi hat es nicht bemerkt. Er klopft gerade Carries Gesicht ab.

»Komm, wach auf«, bittet er.

Eva tritt näher. Carries Augenbrauen sind mit feinen Eiskristallen besetzt. Ihr Mund ist leicht geöffnet, ihre Augen hingegen geschlossen. Es ist nicht erkennbar, ob sich ihre Brust hebt und senkt.

»Bitte, atme, Carrie«, sagt Takumi.

Er sieht sie sorgen- und zugleich liebevoll an. Plötzlich streckt Carrie den Kopf nach hinten – und niest. Sie öffnet die Augen und atmet tief ein und aus.

»Ihr habt es geschafft«, sagt sie. »Ich wusste es.«

Das ist gut. Das muss sich Eva merken. Carrie sagt nicht »danke«, sondern bestätigt ihr Vertrauen. Das stärkt noch mehr.

Takumi lehnt sich an die Wand. Die Erschöpfung ist ihm

anzusehen. Eva geht zu ihm und nimmt den Helm ab. Der Druck ist schon groß genug.

»Gut gemacht«, sagt sie.

»Danke. Ohne euch hätten wir keine Chance gemacht. Darf ich etwas fragen?«

»Klar.«

Takumi flüstert, als wäre ihm die Frage peinlich. »Ihr seid wirklich kein Paar, du und Adam?«

»Nein.«

»Ihr wirkt so … eingespielt.«

»Wir sind Geschwister. Nicht genetisch, aber wir sind zusammen aufgewachsen. Wir kennen uns schon aus der Zeit, als wir noch in die Hosen gemacht haben.«

»Und da war nie eine Anziehung? Wenn ihr genetisch nicht verwandt seid …«

»In der Pubertät war da etwas. Aber es gab ja nur uns. Was wäre gewesen, hätten wir uns zerstritten? Bei Liebenden passiert das, und es hält ein Leben lang, habe ich gelesen. Bei Geschwistern streitet man sich, und dann ist es wieder gut. Wir sind ja aufeinander angewiesen.«

»Aber dieser Ralph im Schiff, was ist mit dem?«

»Das wirst du gleich sehen.«

»Dann hast du über die Liebe wirklich nur gelesen?«

Eva nickt. Dieser Takumi fragt wirklich ganz schön viel. Plötzlich sieht er sie auch so anders an.

»Das ist ja schade. Da hast du etwas verpasst. Darf ich fragen, wie alt du bist?«

»Etwa 230 Jahre.«

Takumi lächelt, aber seine Augen ziehen sich zusammen. Sie hat es geahnt. Plötzlich ist er schon nicht mehr so interessiert an ihr.

»Na ja, biologisch bin ich wohl Mitte 30«, korrigiert sie.

»Du kannst jetzt das Innenschott öffnen, Ragnor«, sagt Eva. »Aber zieh dich am besten in den Bug zurück.«

»Ragnar?«, fragt Takumi. »Ist das Ralphs Geburtsname? Kommt er aus Norwegen?«

»Ragnor. In Norwegen war er noch nie«, sagt Adam. »Aber jetzt komm, wir bringen Carrie rein.«

Takumi dreht sich zu seiner Kommandantin, die verkrümmt auf dem Boden sitzt. Er zieht sie an der rechten Seite hoch, Adam an der linken.

»Au!«, schreit sie. »Tut mir leid, Jungs, aber ich kann mit rechts nicht auftreten.«

Ihr Unterschenkel wurde wohl doch etwas in Mitleidenschaft gezogen.

»Kein Problem«, sagt Adam.

Das Schott fährt zur Seite. Etwa einen Meter davor ist eine Art Tisch aufgebaut, auf dem eine dünne Matte liegt.

»Legt unsere Patientin am besten darauf ab«, sagt Eva. »Ragnor, warte bitte noch einen Moment, bis Carrie gut liegt.«

Adam und Takumi heben die Kommandantin hoch und legen sie auf dem Behandlungstisch ab.

»Ich komme jetzt«, sagt Ragnor.

Eva beobachtet die beiden Menschen, die noch nie in ihrem Leben einen Grosnopf gesehen haben. Carrie hebt kurz den Kopf, betrachtet das sich nähernde Wesen und legt dann den Kopf wieder ab. Entweder, sie ist wirklich so beherrscht, oder sie glaubt, sich im Delirium zu befinden. Takumi greift mit beiden Händen nach hinten und hält sich an der Wand fest. Es sieht so aus, als zwinge er sich, nicht wegzurennen. Stattdessen sieht er starr nach vorn.

»Du solltest ihm nicht so in die Augen schauen. Das provoziert ihn«, flüstert Eva.

Takumi reißt die Augen noch weiter auf und sieht sie an. »War das eine Falle?«

Eva lacht, Adam stimmt ein und Ragnor folgt ihnen. Sein Lachen klingt eher wie der Ruf eines Widders, scheint aber ebenfalls eine belustigende Wirkung zu haben. Nachdem Carrie eingestimmt hat, traut sich auch Takumi zu lachen. Eva stellt sich neben ihn und drückt seine Hand.

»Ich bin ein ganz schöner Schisser«, sagt er. »Was hast du bloß für einen Eindruck von mir?«

»Mach dir nichts draus. Als ich zum ersten Mal einen Grosnopf gesehen habe, bin ich weggerannt. Heute ist er ein guter Freund.«

Dass Gronar sie damals umbringen wollte, lässt Eva lieber weg. Bei Ragnor besteht da ja keine Gefahr.

»Ihr seid also nicht auf dem Weg zu Triton?«, fragt Takumi.

»Ich gebe zu, das war eine Ausrede. Ich habe befürchtet, dass ihr unsere Hilfe nicht annehmen würdet, wenn ihr gewusst hättet, woher wir kommen und wer hier an Bord ist.«

»Vielleicht hättest du recht gehabt. Ich weiß es nicht, ehrlich gesagt. Wenn euer grüner Freund hier …«

»Ragnor«, sagt Eva.

»Wenn Ragnor uns zuerst begegnet wäre, hätten wir vielleicht um unser Leben gefürchtet und ihn beschossen.«

»Er hat eine ziemlich dicke Haut. Das wäre also keine gute Idee gewesen.«

Takumi lässt ihre Hand los und macht einen Schritt nach vorn, dann noch einen. Nicht schlecht – er stellt sich seinen Ängsten. Er streckt sogar die Hand aus. Betont langsam antwortet Ragnor, indem er seine Tasthand in Takumis Hand legt.

»Wow, sieben Finger«, sagt Takumi.

»Ist das dein Name, Siebenfinger?«, fragt Ragnor.

»Du sprichst sogar unsere Sprache! Und auch noch so gut!«

»Danke, Siebenfinger, das ehrt mich.«

»Mein Name ist Takumi.«

»Interessant! Das könnte in meiner Sprache ›T*aku_m*x‹ heißen, oder übersetzt ›der, der mit dem Fisch singt‹.«

»Ich habe auf Zweisonne nie singende Fische getroffen«, sagt Eva.

»Ich auch nicht, ich war ja noch nie dort«, sagt Ragnor. »Aber Kameraden haben mir während der Ausbildung erzählt, dass in der Hauptstadt jeden Abend singende Fische Konzerte geben.«

»Es tut mir leid, Ragnor, aber die haben dich verarscht«, sagt Adam. »Es gibt keine singenden Fische auf Zweisonne.«

»Auf der Erde gibt es Fische, die singen können«, sagt Carrie.

»Du spinnst doch«, sagt Takumi.

»Nein, die Groppe zum Beispiel, ein in Mitteleuropa verbreiteter Fisch, kann Lautfolgen ausstoßen. Ich hatte mal einen Freund, der sich mit dem Schutz dieser Tierart befasst hat.«

»Ihr schützt die Fische, statt sie zu essen?«, fragt Ragnor.

»Mittlerweile leben auf der Erde so viele Menschen, dass viele Tiere schon ausgestorben wären, würden wir sie einfach weiter jagen«, sagt Carrie. »Darum gibt es feste Regeln.«

»Ihr könntet doch einfach die Vermehrung eurer Spezies regulieren. Auf Zweisonne gibt es eine feste Quote von Kindern, die jedes Jahr die Dracht überleben.«

»Das würde unserer Ethik widersprechen«, sagt Carrie.

»Ich will ja nicht stören, aber wir werden noch genug Zeit haben, uns mit dem Überleben unserer Spezies zu befassen«, sagt Adam. »Jetzt sollten wir uns erst einmal um Carries Verletzung kümmern.«

Sie stehen gemeinsam um den Behandlungstisch herum. Ragnor legt die Wunde frei. Carrie hatte nichts dagegen, als Eva ihm die Werkzeuge in die Tasthände gedrückt hat. Mit den sieben Fingern sehen sie so filigran aus, dass Grosnopfe die besten Chirurgen sein müssen.

»Was meinst du dazu?«, fragt Ragnor.

Der Unterschenkel zeigt einen dicken, bläulichen Strich, ein Hämatom. Darum herum ist die Haut stark gerötet.

»Das sind bestimmt Erfrierungen«, sagt Adam. »Die Stelle war durch das Blech freigelegt und der Atmosphäre ausgesetzt.«

»Könnte es sein, dass es sich um Verbrennungen handelt?«, fragt Eva.

»Wie das?«, fragt Takumi zurück. »Ich würde Adam folgen.«

»Die Zellen des Anzugs, die immer wieder die Stelle schließen wollten. Sie müssen eine Menge Wärme abgegeben haben«, sagt Eva.

»Hm, das stimmt auch wieder«, sagt Takumi. »Aber egal, was es ist, das Notfallgel müsste helfen.« Er reicht ihr eine Tube. »Einfach vorsichtig darauf verteilen.«

Eva gibt die Tube an Ragnor weiter. Der öffnet sie, drückt sie über der verletzten Stelle aus und verteilt sie.

»Ragnor, du bist ein begnadeter Masseur. Die Menschen werden von euren Fähigkeiten begeistert sein.«

»Masseur? Was ist das?«

»Das sind Personen, die andere Menschen massieren.«

»Das Konzept ist bei uns unbekannt. Ich kann mich doch jederzeit selbst massieren, schau!«

Er dreht den Arm nach oben, knickt ihn zweimal ein und massiert seinen eigenen Rücken. »Ah, tut das gut.«

Eva lächelt. Ihre Befürchtungen waren bisher unbegründet. Die Menschen haben gar nicht so ein großes Problem, sich mit Fremden anzufreunden, wie sie es immer vermutet hat. Vielleicht hat Marchenkos Geschichtsunterricht ja seine Vorfahren etwas verzerrt dargestellt.

Plötzlich stürzt sie. Sie liegt auf dem Boden, bevor sie bemerkt, dass sich all ihre Muskeln verkrampft haben. Ihr ganzer Körper ist Schmerz. Sie ist ein Asteroid, der in die dichte Gashülle des Saturn stürzt. Ihre Haut ist heiß. Die inneren Spannungen drohen, sie zu zerreißen. Der Absturz ist unaufhaltsam. Sie wird sich aufspalten, und was von ihr übrig ist, wird verglühen.

Sie schwebt. Die Schmerzen sind verschwunden. Über ihr erscheint eine siebenfingrige Hand. Es ist Ragnor, der ihr aufhilft.

»Was war das denn?«, fragt Carrie.

»Geht es allen wieder gut?«, fragt Adam.

»Ich helfe euch gern auf«, sagt Ragnor.

»Ich war ein abstürzender Asteroid«, sagt Eva.

»Ich war ein Aaszahn, den eine Harpune getroffen hat«, sagt Ragnor.

»Mich hat jemand auf der Startrampe einer Rakete festgebunden«, sagt Takumi.

»Es waren offenbar ganz unterschiedliche Träume, aber sie waren alle sehr schmerzhaft«, fasst Adam zusammen. »Oder hatte irgendjemand ein angenehmes Erlebnis?«

Niemand meldet sich.

»Das muss Hydra gewesen sein«, sagt Takumi.

»Hydra?«, fragt Adam.

»Das Enceladuswesen«, sagt Takumi. »In seiner Umgebung träumen Menschen besonders intensiv. Das weiß man noch von der allerersten Enceladusexpedition. Ich befasse mich in einer wissenschaftlichen Arbeit mit den Auswirkungen. Wir glauben, dass es sich darüber mit manchen Menschen austauscht.«

»Was es uns mitteilen will, ist ja ziemlich klar«, sagt Carrie. »Es leidet schreckliche Schmerzen. Dafür müssen die Eindringlinge verantwortlich sein.«

Wie können die Menschen nur so brutal sein? Oder merken sie vielleicht gar nicht, wie sie dem Wesen schaden? Aber sie müssen diese furchtbaren Träume ja auch empfangen. Eva kratzt sich am Kinn. Jeder einzelne Finger schmerzt.

»Dann müssen wir ihnen das Handwerk legen«, sagt Adam.

»Das wird schwierig«, sagt Takumi. »Ich habe mit angesehen, wie sie sich mit einem Bohrroboter in die Eiskruste gegraben haben.«

»Dann müssen wir sie verfolgen. Wenn sie das Eis schmelzen können, schaffen wir das doch auch«, sagt Adam.

»Wir bräuchten viel mehr Energie«, sagt Takumi. »Ihr U-Boot ist unglaublich schmal, vielleicht einen Meter im Durchmesser. Wenn ihre Maschine eine Nadel ist, ist dieses Shuttle eine Sechskantschraube.«

»Wir müssen mit der Dracht sprechen«, sagt Adam.

»Du hast recht«, sagt Eva. »Vielleicht können sie aus dem Orbit ein Loch in die Kruste brennen.«

Das Raumschiff muss doch Waffen besitzen, mit denen sich so etwas bewerkstelligen lässt?

»Die Dracht? Was ist das?«, fragt Takumi.

Oh. Sie haben ja noch gar nicht die ganze Geschichte erzählt. Takumi stellt sich bestimmt so etwas wie ein größeres Shuttle vor.

»Die Majestätische Dracht ist unser Raumschiff. Wir sind ja nicht mit diesem Shuttle hier interstellar gereist«, erklärt Eva.

»Okay. Das müsst ihr uns später noch ausführlich erklären. Euer Schiff hat demnach Waffen, mit denen es ein Loch in 50 Kilometer Eispanzer brennen kann?«

Tja, das ist Evas Hoffnung.

»Adam, hast du eine Ahnung?«, fragt sie.

Adam zuckt die Achseln. »Das war deine Idee.«

Das ist typisch Adam.

»Wenn wir rein von dem Betrag an Energie sprechen, den eine solche Waffe abgeben müsste, dann haben wir so etwas«, sagt Ragnor.

»Aber?«, fragt Eva.

Ragnors Antwort klingt jetzt schon skeptisch.

»Eine solche Energiemenge lässt sich aus dem Orbit nicht so scharf gebündelt übertragen, dass nur ein schmaler Schacht entsteht«, erläutert er weiter. »Wir würden einen riesigen Kegel in die Eishülle brennen, und damit dann auch ein Schiff hindurchkommt, müssten wir sämtliches Eis daraus verdampfen, sonst gefriert es ja schnell wieder.«

»Vielleicht erwischen wir dabei ja die Eindringlinge«, sagt Adam.

»Es würde sie pulverisieren, aber es würde dann wahrscheinlich auch dem Wesen schaden. Das Loch ließe sich ja nicht so schnell wieder auffüllen.«

»Du hast recht, Ragnor. Das ist keine gute Idee«, sagt Adam. »Wir brauchen einen anderen Weg.«

»Vielleicht eignet sich die Kontaktspalte«, sagt Carrie.

»Was ist das?«, fragt Eva.

»Eine Eisspalte in weiter südlich gelegenen Gefilden, die

bis zum Ozean reicht«, sagt Carrie. »Ist euer Shuttle tauchfähig?«

»Ragnor, kann unser Shuttle sich in flüssigem Wasser fortbewegen?«, fragt Eva.

»Nein, das würde unser Triebwerk sofort zerstören«, sagt Ragnor. »Wir würden auf den Boden sinken wie ein harpunierter Aaszahn.«

Der Traum hat ihn offenbar ganz schön mitgenommen. Wer weiß, wie oft er selbst schon Aaszähne harpuniert hat. Aber nein, das ist unmöglich.

»Ich sage ja, wir sollten mit der Dracht sprechen«, sagt Adam. »Ragnor, kannst du uns verraten, wann sie wieder im Empfangsbereich ist? Oder sollen wir gleich starten? Aus dem Orbit sind wir flexibler.«

»Ich würde zuvor gern noch den Lander der Eindringlinge durchsuchen«, sagt Takumi. »Dafür hatte ich noch gar keine Zeit. Vielleicht haben sie ja Informationen an Bord, die uns nutzen.«

»Das ist eine gute Idee, Takumi. Ich begleite dich«, sagt Eva. »Vielleicht finden wir drüben auch noch solche Raumanzüge, wie ihr sie tragt.«

»Ich glaube nicht, dass noch welche im Lager sind«, sagt Takumi. »Aber komm ruhig mit.«

»Dann nimmst du Kontakt mit der Dracht auf, Adam, und Ragnor kümmert sich um Carrie.«

»Zu Befehl«, sagt Adam.

## 7. März 2302, Enceladus

»Hier sind alle Fächer aufgerissen«, sagt Eva. »Ist das nicht seltsam?«

»Das war ich, als ich vorhin nach dem Panzertape gesucht habe«, sagt Takumi.

Eva dreht sich um ihre Achse. »In diesem Miniraumschiff sind sie auf Enceladus gelandet? Es gibt ja nicht einmal eine Schleuse.«

»Das finde ich auch seltsam.«

»Vielleicht mussten sie sparen?«

»Das glaube ich nicht. Hinter dieser ganzen Mission stecken Profis. Allein, dass der Start des Raumschiffs von der Erde nicht registriert wurde, ist schon ein Wunder.«

Die Erde. Sie sollten sich dringend einmal wieder bei Mission Control melden. Aber das soll Igor übernehmen. Takumi wüsste gar nicht, wie er die Anwesenheit der Außerirdischen erklären sollte. Er hat bestimmt eine ganze Reihe von Protokollen verletzt. Carrie könnte ihm bestimmt jedes einzelne aufzählen.

»Das kannst du besser beurteilen«, sagt Eva.

»Wie war es denn bei euch? Ich wusste gar nicht, dass schon im 21. Jahrhundert ein interstellares Raumschiff gestartet ist.«

»So war es auch nicht. Man hat uns im Rahmen des Starshot-Projekts auf die Reise geschickt. Das Raumschiff ist erst später daraus entstanden. Das ist eine lange Geschichte.«

Takumi kann sich an kein Starshot-Programm erinnern. Vielleicht gilt es als gescheitert und hat es deshalb nicht in die Geschichtsbücher geschafft. Aber das spielt ja jetzt auch keine Rolle.

Er kriecht tiefer in die Kapsel. Da gibt es etwas, das Eva sehen sollte. Ächzend zieht er die flache Kiste ein Stück nach vorn.

»Komm mal her«, sagt er.

Eva versucht es, bleibt aber vor zwei anderen Kisten stecken. Ihr altmodischer Raumanzug ist nicht flexibel genug.

»Warte, ich bringe die Kiste zu dir«, sagt er.

»Tut mir leid«, sagt sie, »aber diese Landekapsel scheint wirklich nicht für die Nutzung mit unseren Raumanzügen konstruiert zu sein.«

Ob sie überhaupt für eine Crew in Raumanzügen gebaut wurde? Takumi erinnert sich an die schlanken Gestalten, die in das Bohrschiff gestiegen sind. Im Nachhinein muten sie ihm beinahe nichtmenschlich an.

»Kein Problem«, sagt er.

In der niedrigen Gravitation ist die Kiste nicht so schwer. Es ist nur so eng hier, dass er sie nicht so richtig zu fassen bekommt. Und seine Muskeln schmerzen immer noch von dem Traum. Aber dann wehrt sich der Behälter nicht mehr. Takumi zeigt darauf.

»Ich hoffe, du bist nicht zu zart besaitet«, sagt er. »Ich kann dir sonst auch erzählen, was sich darin befindet.«

»Das halte ich schon aus. Ich habe so eine Ahnung.«

»Okay.«

Er kniet sich hin, hält die Kiste mit den Beinen fest und schiebt den Glasdeckel zur Seite. Der Inhalt ist noch immer gefroren – bis auf die seltsame, ölige Flüssigkeit, die einen extrem niedrigen Schmelzpunkt haben muss. Sonst sieht man nichts, denn der Deckel verbirgt das obere Drittel noch. Takumi macht eine Pause. Vorgeblich für Eva, aber eigentlich, weil er sich selbst auf den Anblick vorbereiten will.

*So, nun mach schon.* Er schiebt den Deckel ganz zur Seite.

»Oh mein Gott«, sagt Eva.

Das passt. Aus dem milchigen Eis ragt das Gesicht einer Frau Mitte 20. Sie hat weder Haare noch Wimpern. Ihr Mund ist geschlossen und zur Andeutung eines Lächelns verzogen. Die Augen hat sie geöffnet. Den Moment ihres Todes muss sie friedlich, aber wach erlebt haben.

Eva kniet sich neben ihn. Mit ihrem in den dicken Handschuh gehüllten Zeigefinger zeichnet sie das Gesicht der Frau nach. Sie tippt den Finger in eine Lache der öligen Flüssigkeit und verschmierte sie auf der Handfläche, dann schlägt sie sich mit der anderen Hand auf Stirnhöhe gegen den Helm.

»Als ich die Kiste zum ersten Mal geöffnet habe, war der Inhalt noch flüssig.«

»Sie schwamm in der Kiste?«

»Ja. Die Kiste war nirgends angeschlossen. Es muss also ein autonomes System sein. Vielleicht mit einer Radionuklidspeisung.«

»Hat sie geatmet?«

»Das kann ich mir nicht vorstellen. Die Kiste war luftdicht abgeschlossen. Beim ersten Öffnen ist etwas Atmosphäre entwichen, aber sie hat sich nicht erneuert, wie du gesehen hast.«

»Das stimmt. Wir hätten Schwaden von Eisteilchen sehen müssen«, sagt Eva.

»Wer hat sie bloß in diese Kiste gepackt?«, fragt Takumi.

»Wir werden es herausfinden. Du machst dir Vorwürfe, stimmt's? Du glaubst, dass du sie mit deiner Neugier umgebracht hast.«

Wer ist denn hier der Psychologe? Aber sie hat recht. Es ist zumindest nicht auszuschließen, dass er sie aus Versehen getötet hat, und dieses Wissen arbeitet in ihm. Vielleicht war ihr Organismus im Kälteschlaf, und weil er die Kiste unsachgemäß geöffnet hat, ist ihre Bewohnerin gestorben. Das wäre schrecklich.

»Ja, irgendwie schon«, sagt er.

»Ich könnte jetzt sagen, dass du damit aufhören sollst,

dass es nicht deine Schuld ist und so weiter. Doch du wirst nicht auf mich hören.«

Eva scheint wohl eigene Erfahrungen mit dem Thema Schuld zu haben.

»Klingt realistisch«, sagt er.

»Deshalb schlage ich vor, dass wir die Kiste mit nach drüben nehmen. Wir untersuchen die Frau. Dann werden wir feststellen, wann und woran sie gestorben ist.«

»Aber …«

»Ja, es wird keine schöne Arbeit. Doch es könnte uns dabei helfen, herauszufinden, was die Eindringlinge wirklich hier wollen. Es ist doch absolut unwahrscheinlich, dass sie aus Spaß an der Freude eine nackte Frau in einer Kiste mit sich herumschleppen. Jedes zusätzliche Kilogramm, das sie bis ins Saturnsystem transportieren müssen, kostet Geld, und hier geht es gleich um etwa 150 Kilogramm, schätze ich. Oder ist Raumfahrt inzwischen so billig, dass es vollkommen egal ist?«

»Nein«, sagt Takumi. »Insbesondere der Preis von Helium-3, das wir für die DFDs brauchen, ist sogar kräftig gestiegen. Einen Start in den Erdorbit kann sich heute zwar jeder leisten, aber die Kosten für interplanetare Expeditionen sind immer noch immens.«

»Siehst du, also muss es einen Grund für ihre Anwesenheit geben. Es war gut, dass du mir diese Kiste gezeigt hast.«

»Danke, Eva.«

»Nichts zu danken. Je mehr wir über die Eindringlinge wissen, desto besser können wir das Enceladuswesen schützen.«

Takumi zieht sich an der Decke entlang zum Hauptcomputer.

»Wir sollten auch alle Informationen mitnehmen, die wir finden können«, sagt er.

Tatsächlich finden sie Aufzeichnungen der Eindringlinge. Die genaue Position des Transfermoduls gehört nicht dazu, aber ein Flugprofil. Es beweist, dass das Raumschiff aus dem Marsorbit gestartet ist. Es hat dann zunächst Kurs auf einen metallischen Asteroiden genommen, hat jedoch von dort aus seinen Weg bis in die Saturnbahn fortgesetzt. Über den Auftraggeber verraten die Daten nichts. Alles, was Rückschlüsse erlauben könnte, wurde säuberlich entfernt. Es ist nicht einmal herauszufinden, wo und von wem das Schiff gebaut wurde, geschweige denn, wo man es betankt hat oder wer zur Crew gehört.

Auffällig ist allerdings, wie schnell das Schiff letztlich bei Saturn angekommen ist. Die Crew muss fast die ganze Zeit knapp 2 g ertragen haben. Das war sicher kein Spaß. Außerdem sind die Atemluftvorräte in der Landekapsel ausgesprochen gering, und es finden sich keinerlei Nahrungsmittel. Das kann natürlich daran liegen, dass die Crew die Zeit hier im Raumanzug verbracht hat.

»Hoffentlich werden sie wenigstens gut bezahlt«, sagt Eva.

»Und wenn es sich doch um Angehörige irgendeiner Sekte handelt?«, fragt Takumi. »Ich weiß nicht, ob es eine diesseitige Belohnung gibt, die mich mehrere Wochen in doppelter Erdschwere ertragen ließe.«

»Ich war nie in einer Sekte«, sagt Eva. »Mein laienhaftes Bild davon sagt mir, dass die Expedition dafür zu professionell organisiert ist. Gibt es denn auf der Erde eine religiöse Organisation, die das Enceladuswesen ablehnt?«

»Ich kenne keine. Es sind ein paar Bewegungen bekannt, die es für gottgleich halten und verehren, aber sie würden es ganz sicher nicht verletzen. Die Weltreligionen ignorieren das Thema eher.«

»Verstehe. Ich schlage vor, dass wir mit den anderen weiterdiskutieren. Lass uns die Kiste ins Shuttle bringen.«

## 7. März 2302, Majestätische Dracht

»Hier entlang«, sagt Marchenko.

Der Roboterkörper, der vor ihm geht, trägt ein prall gefülltes Netz auf dem Rücken. Igor sieht nur noch seine Füße. In dem Netz stecken all seine sieben Sachen. Es ist erstaunlich, was sich in der Station so angesammelt hat. Vor allem, weil irgendwann ja irgendjemand die Genehmigung erteilt haben muss, all das bis zum Saturn zu transportieren. Igor war immer der Meinung gewesen, er reise mit leichtem Gepäck, aber dieser Umzug belehrt ihn eines Besseren.

Marchenko bleibt stehen. »Gegenverkehr!«, ruft er.

Igor weiß schon, was jetzt passiert. Marchenko lehnt sich gegen die Wand. Eine olivfarbene Tasthand erscheint hinter ihm und drückt das gefüllte Netz zur Seite. Eine zweite Hand folgt, und wenn der Spalt breit genug ist, drückt sich ein Grosnopf hindurch. Es ist beeindruckend, wie sehr sie ihre im Normalzustand runden Bäuche zusammenquetschen können.

Der Grosnopf knickt kurz vor ihm ein, sagt »Hallo« und entfernt sich in die andere Richtung. Marchenko geht weiter. Igor dreht sich noch einmal kurz um und sieht ins hintere Auge des Grosnopfes. Er kommt sich nach so einer Begegnung immer verfolgt vor.

Es geht eine Treppe hinauf. Igor gerät ins Schwitzen, dabei muss er gar nichts tragen. Die Grosnopfe müssen von einer tropischen Welt kommen. Die Luft im Schiff ist jedenfalls warm und feucht. Vermutlich brauchen sie das, damit ihre Haut nicht trocken wird.

»Wie weit ist es denn noch?«, fragt er.

»Sechs oder sieben Minuten«, antwortet Marchenko.

Seltsam ist, dass die Grosnopfe zwar so ein riesiges Raumschiff gebaut haben, die Wege darin aber zu Fuß zurücklegen. Igor hat schon gefragt, warum es nicht jede Menge Aufzüge gibt, aber Marchenko wusste auch keine Antwort. Sie haben sich darauf geeinigt, dass die große Zahl der Crewmitglieder der Grund dafür sein muss. Es steht einfach immer jemand in der Nähe zur Verfügung, wenn eine bestimmte Aufgabe zu erledigen ist. Die Koordination übernimmt das Allwissen.

Eine Stimme meldet sich in seinem Innenohr.

»Hier ist ein Gespräch für dich.« Es ist das Allwissen. »Carrie, deine Kommandantin.«

»Hört Marchenko mit?«, fragt er.

»Möchtest du das?«

»Ja, es wäre bequemer, weil ich ihm dann nicht alles erzählen müsste.«

»Wie du willst.«

»Carrie an NPE-Station. Igor, hörst du mich?«

»Ja, ich bin dran«, antwortet er.

»Gott sei Dank. Was war das denn für eine Stimme, die mich hingehalten hat?«

»Das war das Allwissen, die KI, die die Majestätische Dracht steuert.«

»Wie bitte? Das außerirdische Raumschiff steht unter der Kontrolle einer KI? Und was machst du da? Wieso kontrolliert sie den Funkverkehr der NPE-Station? Hast du sie reingelassen?«

So viele Fragen und so wenig Zeit!

»Dir geht es offenbar gut, Carrie«, sagt Igor. »Das freut mich sehr. Takumi klang ziemlich verzweifelt, als er sich aus dem Lander der Eindringlinge bei mir gemeldet hat.«

»Ja, ein Shuttle außerirdischer Herkunft hat uns gerettet.

Jetzt wollen wir gemeinsam irgendwie versuchen, dem Enceladuswesen zu helfen.«

»Oh, zufällig sind wir hier oben gerade dabei, eine Expedition zu starten, die den Eindringlingen in den Ozean folgen soll.«

»Wer ist ›wir‹ in diesem Fall?«, fragt Carrie.

»Ein gewisser Marchenko und ich. Ich weiß noch nicht, wer uns begleiten wird. Wir werden mit einem Shuttle des außerirdischen Raumschiffs landen und dann in eine Art U-Boot umsteigen.«

»Das ist ja noch besser als unsere Idee, ein Loch in die Kruste zu bohren. Hast du ihnen von der Kontaktspalte erzählt?«

»Ja.«

Igor berichtet von den Überlegungen hier und von der Konstruktion des Allwissens, die er noch gar nicht gesehen hat. Carrie erzählt, wie der Grosnopf und die beiden Menschen namens Adam und Eva sie gefunden und in Sicherheit gebracht haben.

»Sehr gut. Ich sehe schon, du brauchst mich gar nicht da oben.«

»Nein, ich komme zurecht. Aber ich fände es trotzdem schöner, wenn ihr wieder hier wärt, alle beide.«

»Wir werden sehen. Irgendwie habe ich das Gefühl, dass sich gerade alles ändert.«

»Dann müssen wir aufpassen, dass es in die richtige Richtung geht«, sagt Igor.

»Igor? Das Allwissen hat sich bei mir gemeldet«, sagt Marchenko. »Unsere Expedition ist abflugbereit.«

»Dann will ich dich nicht länger aufhalten. Wir treffen uns an der Kontaktspalte.«

»Wie machst du das eigentlich?«, fragt Marchenko nach dem Gespräch.

»Was mache ich?«, fragt er zurück.

»Du unterhältst dich ohne Kopfhörer.«

»Ich habe Mikroimplantate im Gehörgang.«

»Ah, ist das heute üblich?«

»Ja. Ich habe auch spezielle Linsen, mit denen ich zoomen oder die spektrale Empfindlichkeit verändern kann.«

»Interessant. Zu meiner Zeit auf der Erde sah es so aus, als könne man solche Erweiterungen in Zukunft genetisch durchführen.«

»Das wurde eine Zeitlang versucht, ist aber letztlich aus ethischen Gründen verworfen worden. Jeder Mensch soll selbst das Recht haben, über seine Erweiterungen zu entscheiden.«

»Das ist gut. Ich glaube, da habt ihr die richtige Entscheidung getroffen.«

»Ich muss zugeben, dass sich nicht alle daran halten, insbesondere in der Schattenwirtschaft.«

»Das ist wohl unvermeidlich. Ah, wir sind da! Darf ich vorstellen: dein neues Zuhause.«

Das Raumschiff, das er betritt, ist größer als alles, was die Menschheit je für eine Crew gebaut hat. Die Decke ist etwa drei Meter über ihm, also muss der Innendurchmesser bei fast fünf Metern liegen. So groß sind sonst nur die Frachtcontainer von Bergbauschiffen. Vor ihm befinden sich drei Reihen von dreistöckigen Regalen, die bis auf ein paar Gurte leer sind.

»So viel Gepäck haben wir ja nun auch wieder nicht«, sagt er.

»Darin nimmt auf längeren Flügen die Crew Platz«, erklärt Marchenko. »Aber diesmal brauchen wir sie nicht. Wir sind nur zu zweit.«

»Wozu dann so ein riesiges Fluggerät?«, fragt Igor.

»Ich nehme an, das hat etwas mit unserem zweiten Verkehrsmittel zu tun, das uns das Allwissen auf den Rücken geschnallt hat.«

»Verstehe.«

Marchenko lässt das Netz mit seinem Gepäck fallen. Jetzt erst sieht Igor, dass er statt des weißen Kittels eine blaue Uniform trägt. Vor allem die vielen praktischen Taschen überall beeindrucken ihn.

»So eine Uniform hätte ich ja auch gern«, sagt er.

»Es freut mich, dass sie dir gefällt. Ich habe mir das schon gedacht. Deshalb habe ich dir auch eine geschneidert.« Marchenko wühlt in dem Netz, das auf dem Boden liegt. »Hier! Probier sie doch gleich mal an.«

Igor nimmt dem Roboter das flache Paket ab. Die Uniform besteht aus Jacke und Hose. Er zieht die Sportsachen aus, die er schon seit Tagen trägt, und riecht daran. Gut, dass er sie endlich einmal wieder waschen kann. Dann schlüpft er in die Hose. Sie passt perfekt und sitzt locker über seinem kleinen Bäuchlein. Marchenko muss einen guten Blick haben. Die Jacke hat genau die richtige Länge. Die Oberseite des Stoffes fühlt sich allerdings etwas anders an als bei dem Anzug, den Marchenko trägt. Außerdem besitzt seine Jacke eine Kapuze.

»Du hast für mich ein anderes Material gewählt?«, fragt er.

»Ja. Ich habe eure genialen Raumanzüge analysiert und noch ein bisschen verbessert. In deiner Uniform steckt ein spezielles Futter, das bei Bedarf einen vollwertigen Raumanzug ausbildet. Die Kapuze verwandelt sich dann in einen Helm.«

»Und meine Füße?«

»Warte, ich habe hier noch ein Paar Spezialstiefel für dich.«

Marchenko wühlt wieder in dem Netz und holt ein paar halbhohe Stiefel heraus, die an Wanderschuhe erinnern.

»Hier, die verbinden sich nahtlos mit deinen Hosenbeinen.«

Igor tastet seinen Körper ab. Dabei spürt er auch die flexiblen Rohre, die für Ver- und Entsorgung zuständig sind. Sie werden sich vermutlich ähnlich wie in seinem irdischen Raumanzug von selbst an Ort und Stelle schieben.

»Was ist mit der Atemluft?«, fragt er.

»Ein Notvorrat steckt im Stoff. Ansonsten benutzt du deinen gewohnten Behälter. Ich habe darauf geachtet, dass meine Konstruktion damit kompatibel ist.«

»Tja, da hast du wohl wirklich an alles gedacht. Wie hast du das so schnell hinbekommen?«

»Ich habe Zugriff auf Nanofabrikatoren. Sie haben die ganze Arbeit geleistet«, sagt Marchenko.

»Davon solltest du auf der Erde nicht erzählen. Nanomaschinen sind im Großen und Ganzen verboten. Nur in einigen Spezialanwendungen im Weltall sind sie erlaubt, und auch nur, wenn sie sich dabei innerhalb eines speziellen Nährmediums bewegen müssen und sich außerhalb sofort abschalten.«

»Gut zu wissen. Es ging schon bei meiner Abreise damals in diese Richtung. Die Risiken sind einfach zu groß, das verstehe ich. Aber unsere ganze Reise wäre ohne sie nicht möglich gewesen. Nur mit ihrer Hilfe konnte unser Raumschiff Messenger gebaut werden, mit dem wir Proxima Centauri erreicht haben.«

»Dann ist das wohl der Grund, warum von eurer Mission öffentlich nichts bekannt ist.«

»Es ist einer der Gründe. Der RB-Konzern hat gern die Grenzen der Technik ausgereizt, wie es sein Gründer formuliert hätte. Da ging es unter anderem auch um Genveränderungen am Menschen. Aber komm, wir gehen lieber zum Cockpit, als uns mit Toten zu beschäftigen.«

## Hellnacht 5, 4056, Shuttle

»AUF DEN TISCH MIT DEM KLOTZ«, SAGT CARRIE.

Sie haben keine andere Möglichkeit gesehen, als die Kiste umzudrehen, um den gefrorenen Inhalt aus ihr zu befreien. In der Wärme des Shuttles, Grosnopf-typisch auf knapp 30 Grad geheizt, taut die Flüssigkeit ziemlich schnell. Adam und Takumi hieven den Eisblock hoch, und Eva dirigiert sie über den Tisch, auf dem zuvor Carrie lag.

Die Kommandantin sitzt jetzt am Rand auf einer Art Schrank und gibt Befehle – Hinweise, wie sie es nennt. Eva findet es amüsant. Carrie hat eine solche Autorität, dass ihr Ragnor, Takumi und Adam widerspruchslos gehorchen. Das ist bei Ragnor kein Wunder. Für ihn steht Carrie vermutlich auf einer Stufe mit ihr und Adam, und er hat ja ausdrückliche Anweisung, ihre Befehle auszuführen. Aber Adam ist sonst widerspenstiger. Es scheint fast, als wollte er Carrie besonders gefallen.

Vielleicht sollte sie ihm sagen, dass Carrie privat an Männern nicht interessiert ist. Nein, sicher weiß sie es ja nicht. Aber Takumi hat entsprechende Andeutungen gemacht, nachdem sie ihn gefragt hatte, warum Carrie sie irgendwie anders behandelt als die Männer.

Das Leben ist manchmal kompliziert. Eva sehnt sich nach den einfachen Zeiten, als es nur Marchenko, Adam und sie gab – und die Außenwelt. Sie musste nie nachdenken, wem sie nun was sagen darf, soll und möchte. Wie mag das erst auf der Erde werden? Steckt sie dort nicht noch in einem viel dichteren Beziehungsgeflecht?

»Aua«, sagt Adam, aber es klingt nicht, als hätte er sich wehgetan.

Eva sieht sofort, was er meint. Als er und Takumi den Eisblock auf den Boden fallen ließen, müssen sie der Frau darin die Nase gebrochen haben. Eva bittet sie in Gedanken um Entschuldigung.

»Hier!«

Ragnor reicht ihr ein Tuch und einen Eimer. Sie weiß, was sie zu tun hat. Der Eisblock schmilzt. Eva steht auf und saugt an der ihr zugewiesenen Seite das Wasser mit dem Tuch auf, um es in den Eimer auszuwringen. Die Arbeit ist anstrengend und schweißtreibend. Immer wieder erwischt sie sich dabei, wie sie sich die Stirn mit dem nassen, kühlen Tuch abwischt. Dann denkt sie wieder daran, was sich in dem Eiswasser befindet, und ein Schauer läuft über ihren Rücken.

Die Arbeit geht schnell voran. Sie werden deutlich vor der Ankunft des Bootes von der Dracht fertig sein. Carrie hat Ragnor gebeten, sich vor allem darum zu kümmern. Der Grosnopf hat damit kein Problem. Eva auch nicht. Sie ist Carrie trotzdem dankbar, das nicht übernehmen zu müssen. Inzwischen liegt der Kopf der toten Frau bis zu den Ohren frei. Am unteren Ende sind nur noch die Fersen von Eis bedeckt. In der Mitte heben sich die Brüste nun deutlich ab.

Es behagt Eva generell nicht, den toten Körper zu berühren. Die Frau erinnert sie an Schneewittchen im Glassarg. Ihre Haut ist bleich und doch so frisch, als wäre sie gerade erst gestorben. Als sie die Schulter berührt, bricht ein Stück Eis ab. Sie platziert es in ihrem Eimer, der fast voll ist. Eva bringt ihn zur kleinen Küche des Shuttles und schüttet ihn dort in den Ausguss. Die Lebenserhaltung wird es recyceln und ihnen in den kommenden Tagen als Trink- und Waschwasser zur Verfügung stellen. Eva schüttelt sich.

Als sie ihren Platz wieder einnimmt, ist auch die Scham

der Unbekannten freigelegt. Selbst dort besitzt sie nicht den Hauch von Behaarung. Eva streicht über die inzwischen getrocknete Schulter. Sie stößt auf ein kleines Muttermal, findet aber nicht einmal die feinen Härchen, die jeder Mensch besitzt. Wen oder was haben sie da bloß vor sich?

»Könnte mich einer von euch mal stützen?«, fragt Carrie.

Adam ist als Erster bei ihr. Sie stützt sich an seinem Arm ab und kommt zu ihnen.

»Ich habe eine Zusatzausbildung als Ärztin«, erklärt sie. »Für eine echte Ärztin hat auf der NPE-Station das Budget nicht gereicht.«

Die unbekannte Tote ist nun fast vollkommen freigelegt. Carrie tastet sie ab, verrät aber nicht, was sie dabei denkt. Sie leuchtet ihr in Ohren und Nase.

»Hilfst du mir mal, Takumi?«

Carrie hat der Frau mit beiden Fingern in den Mund gegriffen, doch der sperrt sich. Takumi kommt ihr zu Hilfe und zieht das Kinn nach unten. Carrie untersucht den Mundraum und tastet auch die Zähne ab.

»Bitte einmal umdrehen«, sagt sie.

Ragnor und Takumi wenden die Frau, die von Minute zu Minute mehr wie eine Leiche aussieht. Sie hätten sie in ihrem Eisblock lassen sollen. Um sich abzulenken, betrachtet Eva ihren Schädel. Er ist so elegant! Sie streicht sich selbst über den Kopf, der ebenfalls kahl ist. Ja, es könnte Ähnlichkeiten geben. Die Wülste über den Ohren, die Form des Kinns … Nein, unmöglich. Warum sollte die fremde Frau ausgerechnet ihr ähnlich sehen? Es gibt bestimmt fünf Milliarden Frauen auf der Erde.

»Schaut mal«, sagt Carrie. Sie hat am Hals der Frau eine Art Verschluss freigelegt. »Das hat sich unter einer Hautfalte versteckt.«

»Könnte das eine Buchse sein, mit der man sie mit Nährlösung versorgt hat?«, sagt Adam.

»Es befindet sich hinter der Halswirbelsäule. Speise- und Luftröhre sind von hier aus nicht gut zu erreichen«, sagt

Carrie. »Wäre es um die Versorgung gegangen, hätte man den Zugang eher vorn angelegt.«

»Die Halswirbelsäule? Vielleicht geht es um Kommunikation. Mit einer elektrischen Verbindung würde man von dort alle Glieder und das Gehirn erreichen, oder?«

»Das stimmt, Eva«, sagt Carrie. »Aber um das herauszufinden, müssten wir sie aufschneiden. Oder habt ihr ein Röntgengerät an Bord?«

»Leider nicht«, sagt Ragnor.

Carrie tastet die Tote weiter ab. Eva ist sehr froh, dass sie das nicht übernehmen muss. Ihr fehlt die professionelle Distanz.

»Sie ist wirklich perfekt«, sagt Carrie schließlich. »Mehr kann ich auch nicht sagen.«

»Hast du eine Ahnung, wann sie gestorben ist?«, fragt Takumi.

»Das ist eine schwierige Frage. Sie kann nicht lange gelebt haben.«

»Was meinst du damit? Rein körperlich ist sie doch bestimmt über 18 Jahre alt.«

»Vermutlich ergibt die Knochendichtemessung ein Alter etwas jenseits der Pubertät. Aber ich glaube trotzdem, dass sie im eigentlichen Sinn bisher nur wenig gelebt hat. Vielleicht sogar gar nicht. Ihre Zähne sind jungfräulich. Alles ist einfach zu perfekt.«

»Was meinst du damit?«, fragt Takumi.

»Ich glaube, sie wurde gezüchtet.«

Das kann doch wohl nicht wahr sein! Welcher Verbrecher ist dafür verantwortlich?

»Ein Klon? Kann das sein?«, fragt Eva.

»Es darf nicht sein. Aber die Technologie ist bekannt, wenn auch verboten«, sagt Carrie.

»Die Kiste, aus der wir sie geholt haben«, sagt Takumi, »war nicht die einzige. Wenn sie ein Klon ist, haben die Eindringlinge zwei von dieser Sorte mitgebracht.«

»Was ist mit dem zweiten Klon geschehen?«, fragt Eva.

»Sie haben ihn mit in ihr Bohrschiff genommen«, sagt Takumi.

»Dann ist das, was wir für eine Tote halten, vielleicht der Ersatzkörper, für den Fall, dass der andere beschädigt wird«, sagt Carrie.

»Aber der Ersatzkörper wofür? Warum sollte jemand einen Klon in den Enceladusozean bringen?«, fragt Eva.

»Um das herauszufinden, müssen wir die Eindringlinge stellen«, sagt Carrie. »Fragt doch bitte mal bei euren Freunden von der Dracht, wie weit sie gekommen sind.«

»Sie sind unterwegs«, sagt Ragnor ein paar Minuten später. »Ich habe die Koordinaten, an denen sie landen werden.«

»Dann sollten wir uns auf den Weg machen«, sagt Carrie.

»Und was ist mir ihr?«, fragt Adam und zeigt auf den Tisch.

Die Tote liegt immer noch auf der dünnen Matte. Unter dem Tisch hat sich eine Pfütze gebildet. Adam holt einen Lappen und wischt sie weg. Eva durchsucht das Shuttle, bis sie eine Decke findet, die sie über die Tote breitet.

»So ist es besser«, sagt sie.

Carrie schenkt ihr ein dankbares Lächeln. »Ich fürchte aber, dass wir sie anschnallen müssen.«

»Wir könnten sie auch wieder in die Kiste packen«, sagt Adam.

»Nein. Marchenko sollte sie auch sehen«, sagt Eva. »Vielleicht kommt sie ihm bekannt vor.«

»Das ist unmöglich«, sagt Adam. »Als er von der Erde gestartet ist, war dieser Körper noch lange nicht geboren. Also, ihr wisst, was ich meine. Er hat noch nicht existiert, wie immer er auch entstanden ist.«

»Adam, jemand hat den unglaublichen Aufwand betrieben, zwei Körper mit dieser genetischen Ausstattung bis zum

Enceladus zu bringen. Ich kann nicht glauben, dass die Auswahl der Gene Zufall war.«

»Du meinst, es ist wie im Märchen, wo ein übergeschnappter Herrscher seine tote Tochter zu einem mächtigen Zauberer bringen lässt, um sie wiederbeleben zu lassen?«

»Wer weiß«, sagt Eva.

»Ich habe nicht gehört, dass das Enceladuswesen Tote auferwecken könnte. Wenn ja, würde es ja zurecht von manchen Sekten als göttlich betrachtet.«

»Das glaube ich auch nicht«, sagt Eva. »Aber es reicht, wenn derjenige, der diese Klone hergestellt hat, davon überzeugt ist.«

»Dazu müsste er etwas wissen, wovon wir nichts wissen.«

»Das ist ja nun wieder keine Kunst«, sagt Eva. »So weit ich es aus Marchenkos Erzählungen weiß, waren damals etliche Geheimdienste involviert: russische, amerikanische, chinesische …«

»Wenn ihr dann so weit seid, könnte ich starten«, sagt Ragnor.

»Entschuldige. Wir setzen unsere Diskussion später fort.«

Eva verknotet die vier Ecken der Decke mit jeweils einem Tischbein und klebt Panzertape darüber. Das sollte genügen, damit die Tote durch eventuelle Start- und Landekräfte nicht vom Tisch rutscht.

## 8. März 2302, Shuttle

»Auf Landung vorbereiten«, sagt Ragnor.

Takumi öffnet die Augen und wischt so oft über den Ärmel seines Anzugs, bis eine Uhr erscheint. Halb zwei Uhr morgens – ein neuer Tag, hurra! Also hat er keine zwei Stunden geschlafen. Er gähnt. Im Training mussten sie mal 48 Stunden ohne Schlaf durchhalten. Wie viele werden vergehen, bis wieder Alltag in der NPE-Station einzieht?

Eva sitzt ihm gegenüber. Er mag sie. Sie ist besonnen und freundlich, lässt sich aber trotzdem nicht von ihrem aufbrausenden Bruder herumschubsen. Und sie hat eine gewisse Ähnlichkeit mit der Toten. Das hat er lieber nicht laut gesagt. Aber Carrie, mit der er unter vier Augen darüber gesprochen hat, stimmt ihm zu. Es ist natürlich möglich, dass die Ähnlichkeit übertrieben anmutet, weil beide kein Kopfhaar haben, was bei Frauen auch im 24. Jahrhundert ungewöhnlich ist.

Von der Toten ist unter der Decke nichts zu bemerken. Er hat geträumt, dass sie sich plötzlich aufrichtet und laut um Hilfe ruft. Aber sie rührt sich nicht, hat sich vielleicht noch nie gerührt. Sollte es sich wirklich um einen künstlich geschaffenen Klon handeln? Wie wäre sie dann aufgewachsen? In einem Tank? Oder auf natürliche Weise, geboren von einer Leihmutter?

Sie müssen sich irren. Es ist nach dem Stand der heutigen Wissenschaft unmöglich, einem toten Lebewesen Leben einzuhauchen. Daran kann auch das Enceladuswesen nichts ändern. Takumi glaubt nicht an einen Verrückten, der es trotzdem versucht. Niemand kann so verrückt sein und gleichzeitig so viel Geld haben, nicht nur diese Expedition, sondern auch die Schaffung zweier Klone zu finanzieren. Es genügt ja nicht, ein paar fähige Forscher zu kaufen. Am teuersten dürfte es sein, sich das Schweigen aller Mitwisser zu sichern.

Vielleicht ist die Frau einfach unterwegs gestorben und dann von ihrer Crew für die Rückreise zur Erde konserviert worden. Das ist die einfachste Lösung und damit die wahrscheinlichste. Sie sollten sich schämen, dass sie ihre Totenruhe gestört haben. Er sollte sich schämen. Aber er musste den anderen ja unbedingt seine Entdeckung zeigen. Wahrscheinlich wollte er Eva damit beeindrucken. Ja, das kann gut sein. Er hat das Bedürfnis, ihr zu zeigen, dass er mehr ist als irgendein Bordpsychologe. Die Diagnose ist einfach zu stellen. Eine Therapie gibt es nicht.

»Landung in zehn Sekunden«, verkündet Ragnor und beginnt einen Countdown.

Eva öffnet die Augen. Sie bemerkt, dass er sie betrachtet. Takumi bekommt heiße Wangen und sieht auf seinen Schoß.

Das Shuttle kommt sanft auf. Gurtschlösser klicken. Adam kommt und begutachtet seinen Raumanzug, den er umgedreht an der Schleuse aufgehängt hat. Er nimmt ein Tuch und wischt ihn aus.

»Was guckst du denn so neugierig, Takumi?«, fragt er.

»Der Anzug … Er wirkt antiquiert, ehrlich gesagt«, antwortet Takumi.

»Er muss so etwa dreißig Jahre alt sein. Marchenko hat ihn bei unserer letzten Zwischenstation auf Suran hergestellt. Aber die Technologie ist vermutlich noch aus der Zeit, als er die Erde verlassen hat.«

»Konntet ihr euch nichts bei den Grosnopfen abgucken?«

»Die haben keine modernere Technik entwickelt, weil sie

meistens keine Anzüge brauchen. Ihre Haut ist ihr Raumanzug.«

»Wirklich? Das ist ja verblüffend«, sagt Takumi.

»Stimmt, wenn man genauer darüber nachdenkt, ist es wirklich überraschend«, sagt Adam. »Es gab doch in der Evolution der Grosnopfe kein Vakuum oder keine niedrigen Temperaturen, die so etwas begünstigt hätten.«

»Du vergisst die Aaszähne und ihre Rolle bei der Dracht«, sagt Ragnor. »Wer sein erstes Lebensjahr überstehen will, muss sich allein mit diesen gefährlichen Tieren auseinandersetzen. Da ist eine dicke Haut sehr von Vorteil.«

Ragnor erhebt sich von seinem Pilotensitz und kommt auf ihn zu.

»Das ist ja spannend«, sagt Takumi. »In dieser Zeit hast du bestimmt einiges erlebt?«

Plötzlich dreht sich der Grosnopf wieder um und wirft sich auf seinen Sitz, dass es kracht.

»Oh, habe ich etwas Falsches gesagt?«, fragt Takumi leise.

»Allerdings«, sagt Adam. »Ragnor hätte die Dracht nicht überlebt, wenn Eva ihn nicht gerettet hätte. Das ist ein sehr schwieriges Thema für ihn. Manche Grosnopfe sprechen ihm noch immer das Lebensrecht ab. Aber er hat Gronar, dem Kommandanten des Schiffes, das Leben gerettet.«

»Und er ist auch sonst ein prima Kerl«, sagt Eva.

»Wieso haben sie denn immer noch so barbarische Regeln?«, fragt Takumi. »Ragnor macht so einen vernünftigen Eindruck.«

»Geburtenkontrolle«, sagt Eva. »Das ist ihr Weg, eine Überbevölkerung zu vermeiden. Deshalb suchen sie schon seit langer Zeit nach einem Planeten, auf dem sie eine neue, zusätzliche Heimat finden.«

»Aber sie haben dafür nicht die Erde im Blick?«, fragt Takumi.

»Nein. So sind sie nicht«, sagt Eva. »Wenn die Menschen sie einladen würden, mit ihnen auf der Erde zu leben, wäre es etwas anderes. Aber sie drängen sich ganz bestimmt nicht auf.«

»Du magst sie sehr.«

»Ja, das stimmt. Sie haben uns mehrfach das Leben gerettet und dabei auch ihr eigenes Leben aufs Spiel gesetzt. Aber ich mag sie nicht nur deshalb. Sie sind ehrlich, neugierig und haben wenige Vorurteile. Sie beurteilen andere vor allem nach ihren Taten. Natürlich halten sie auch große Stücke auf sich selbst, und ihre Gesellschaft ist sehr hierarchisch geprägt.«

»Das klingt sehr interessant. Für einen Psychologen wäre das ein ganz neues Forschungsgebiet.«

»Du könntest dich ihnen anschließen, Takumi. Sie werden ja nach dem Besuch auf der Erde zu ihrem Heimatplaneten zurückkehren.«

»Das könnte ich mir vielleicht sogar vorstellen, aber nur, wenn ...«

Er stockt und spürt, wie sich seine Wangen erwärmen.

»Bereitet euch bitte auf das Aussteigen vor«, sagt Carrie.

Danke, Carrie. Takumi nickt ihr zu, dreht sich um und nestelt an seinem Anzug. Das transparente Material reagiert sofort, nachdem er die Auslösepunkte dreimal hintereinander berührt hat. Ein Schauer fährt über seinen Rücken, als sich der Stoff über seinen Nacken schiebt. Takumi betrachtet seine Hand. Der schmale Streifen Bioplastik schiebt sich von der Handwurzel bis zu den Gelenken. Das Material ist warm. Es ist, als würde jemand nach seiner Hand greifen, um sie nie wieder loszulassen.

»Das ist ja wirklich faszinierend«, sagt Eva.

Takumi erschrickt, weil sie plötzlich hinter ihm steht. Er zuckt zusammen, als sie den Rand des transparenten Gewebes berührt.

»Es ist warm«, sagt sie. »Fühlt sich an, als wäre es lebendig.«

»Es lebt«, sagt er.

»Ich freue mich schon auf die Erde und würde gern eine Zeitlang dort leben, glaube ich«, sagt Eva.

Sie lächelt ihn kurz an, dann leistet sie Adam an der Schleuse Gesellschaft, um ihm beim Anziehen des Raumanzugs zu helfen. Warum hat sie ihm gerade diese Information gegeben? Was hat sie zu bedeuten? Vergiss es, ich werde meine Pläne nicht nach dir ausrichten? Takumi seufzt. Er muss versuchen, Abstand zu gewinnen und das aus der neutralen Position des professionellen Psychologen zu betrachten. Damit hatte er eigentlich immer Erfolg.

## 8. März 2302, Enceladus

»Du aktivierst den Raumanzug am Gürtel«, erklärt Marchenko. »Dreimal auf das Schloss tippen.«

Okay, das kann er sich merken. Die auf der Erde hergestellten Exemplare lassen sich einzeln über die Ärmel und die Halskrause steuern. Das ist etwas bequemer, funktioniert aber im Notfall vermutlich nicht ganz so schnell. Der Notfall wird hoffentlich nie eintreten. Igor zieht die Kapuze über und tippt dreimal auf das Gürtelschloss.

Das transparente Material wächst erstaunlich schnell. Es wird dabei auch nicht so warm, wie er es von seinem alten Anzug kennt.

»Die Zellen entwickeln weniger Hitze als vorher«, sagt er.

»Nein. Ich habe zusätzlich eine Kultur eingesetzt, die die Wärme zur Energieumwandlung nutzt. Dadurch spürst du weniger. Sie entlastet auch das Kühlsystem.«

Marchenko hat die Technologie in der kurzen Zeit sogar weiterentwickelt. War er nicht mal Arzt, kein Ingenieur?

»Wenn ich schwitze, lade ich also die Akkus auf?«

»Wenn du schwitzt, verbrauchst du vermutlich mehr Energie, als aus der Wärme zu gewinnen ist, weil die Lebenserhaltung den Schweiß recyceln muss.«

»Ah, klar. Na, vielleicht schwitze ich ja weniger, wenn mehr Wärme abgeführt wird.«

»Das werden wir sehen. Ich habe ja noch keine konkreten Erfahrungen«, sagt Marchenko.

»Ist der Anzug denn noch nicht getestet?«

»In der Majestätischen Dracht stand mir auf die Schnelle kein Vakuum zur Verfügung. Aber ich bin sehr optimistisch. Du wirst schon nicht ersticken oder erfrieren. Außerdem sehen wir nach dem Ausstieg sehr schnell, ob der Anzug dicht ist.«

Das ist ja sehr beruhigend. Aber Marchenko ist schnell. Sein Körper ist ein Roboter. Er wird ihn in Sicherheit bringen, bevor er stirbt. Das transparente Material erreicht seine Stirn. Während es sich zum Helm komplettiert, bildet es über seinem Gesicht eine kleine Kuppel aus. Igor betastet sie. Sie fühlt sich an wie Glas.

»Gut, dann bin ich jetzt bereit«, sagt er.

Er betrachtet seine Hände. Der durchsichtige Stoff, der sie schützt, ist dünner als gewohnt. Auch die Versorgungs- und Kühlleitungen sind unauffälliger. Sie muten fast wie biologische Gefäße an. Dass er nun Luft aus dem Anzug atmet, bemerkt er daran, dass der modrige Geruch des Shuttles verschwunden ist.

»Du musst noch deinen Luftbehälter aufsetzen«, sagt Marchenko. »Der Vorrat im Gewebe des Anzugs reicht nur für ein paar Minuten.«

Igor nimmt den Rucksack entgegen, den der Roboter ihm reicht, und setzt ihn auf. Marchenko drückt den Knopf, der die Schleuse entleert, und beobachtet ihn dabei. Igor atmet bewusst tief ein und aus, damit er es auch bemerkt, wenn er keine Luft mehr bekommt.

Nach einer halben Minute nickt Marchenko. »Würde der Anzug nicht funktionieren, wärst du jetzt tot«, dröhnt es aus dem Lautsprecher in seinem Innenohr.

Igor tastet nach dem Ohrläppchen und fährt daran nach unten.

»Ich öffne jetzt die Schleuse«, sagt Marchenko. »Fertig?«

Igors Gesichtszüge verkrampfen. Er hört Marchenkos Stimme immer noch überlaut.

»Warte mal.« Er streicht noch einmal über das Ohrläppchen. »Sag mal etwas.«

»Test Test Test.«

»Autsch. Zu laut.«

Er versucht es ein letztes Mal über die Ohrläppchensteuerung, doch auch diesmal ändert sich die Lautstärke nicht. Es muss am Stoff der Kapuze liegen, die sein Ohr bedeckt. Anscheinend leitet er seine Berührung nicht weiter.

»Sollen wir wieder Atemluft in die Schleuse lassen?«, fragt Marchenko flüsternd.

»He, macht doch mal auf, wir warten jetzt schon seit fünf Minuten«, ruft Takumi von draußen.

»Nein, es muss auch so gehen«, sagt Igor. »Vielleicht kannst du etwas leiser sprechen.«

Normalerweise hätte er jetzt einen kompletten Helm auf dem Kopf, nicht nur die Glaskuppel über dem Gesicht. Dann könnte er die Lautstärke ebensowenig regulieren. Er hätte eben vorher daran denken müssen. Wahrscheinlich lag der Luftdruck im Shuttle niedriger als gewohnt, sodass er die Lautstärke manuell hochdrehen musste. Carrie wäre das nicht passiert – sie hält sich immer an die Checklisten, die sie für jede Situation vorrätig hat.

»Wir kommen schon«, sagt Marchenko.

Uff, ist das laut. Das Schott gleitet zur Seite. Marchenko lässt ihm den Vortritt. Igor zieht sich durch die Öffnung nach oben. Er steht auf dem Dach des Shuttles. Neben ihm ist das U-Boot festgemacht. Der Blick über die eisige Landschaft ist großartig, aber den kann er später auch noch genießen. Direkt vor ihm beginnt eine Leiter. Er klettert die Leiter nach unten, das heißt, er versucht es, stößt sich aber schon an der ersten Stufe zu stark ab, sodass er in großem Bogen nach unten segelt. Dummerweise hat er sich in der falschen Richtung abgestoßen, bekommt seine Beine nicht mehr unter den Körper und landet bäuchlings auf dem harten Eis.

Sofort sind zwei Hände an seinen Schultern, die ihn hochheben. Eine gehört Takumi, die andere einem jungen Mann, den er nicht kennt. Das muss Adam sein.

»Geht es dir gut?«

Takumis Frage dröhnt in seinem Gehörgang. Igor kneift vor Schmerzen das Gesicht zusammen.

»Er hat etwas!«, ruft Takumi. »Wir brauchen Hilfe!«

»Nein, es geht schon, es ist nur der Lärm!«, sagt Igor.

»Der Lärm?«

»Das Hörimplantat ist falsch eingestellt.«

»Oh«, sagt Takumi deutlich leiser. »Aber sonst geht es dir gut?«

Igor nickt. »Alles prima. Das Eis ist zwar hart, aber ich wiege ja quasi nichts.«

»Daran muss man sich erst gewöhnen«, sagt Adam.

Takumi hält seinen Zeigefinger vor den Mund. »Pssst!«

»Entschuldigung«, flüstert Adam.

»Ihr müsst euch jetzt nicht alle meinetwegen zusammenreißen«, sagt Igor. »Ich bin ja selbst schuld.«

»Komm, ich mache euch jetzt erst einmal alle miteinander bekannt«, sagt Takumi.

Marchenkos Körper erregt bei Carrie und Takumi, die ihn noch nicht kennen, die meiste Aufmerksamkeit. Es sieht auch unwirklich aus, wie er sich im Beinahevakuum durch die Kälte bewegt – ganz ohne Anzug. Ob das im Ozean unter ihnen auch noch funktioniert?

Als Nächstes inspizieren sie das Schiff, das sie in die Spalte und durch den Ozean bringen soll. Es ist derzeit noch huckepack auf das große Shuttle montiert. In der Kombination wirkt es, als hätte eine Walmutter ihr Junges an seiner Seite. Das Shuttle mit seinen stumpfen Enden müsste allerdings ein Pottwal sein, das U-Boot hingegen erinnert eher an einen sehr großen Delfin, vor allem wegen seiner Eleganz und der flachen, horizontalen Heckflosse.

»Wie bekommen wir das jetzt dort herunter?«, fragt Adam.

»Das Allwissen hat sich dazu etwas ganz Schlaues ausgedacht«, sagt Marchenko. »Ich bin gespannt, ob es funktioniert.«

Beide sprechen jetzt deutlich leiser. Das ist sehr nett.

»Ich müsste alle Anwesenden bitten, sich mindestens 50 Meter vom Shuttle zu entfernen«, sagt Marchenko.

Sie folgen der Anweisung. Igor hält sich an Adam und Takumi. Der Grosnopf namens Ragnor hilft Carrie, die wegen ihrer Verletzung nicht allein gehen kann. Bei den beiden ist auch Eva, Adams Schwester. Takumi wirft ihr dauernd sehnsüchtige Blicke zu, scheint aber zu glauben, dass niemand etwas davon bemerkt. Der Narr.

Der Boden erzittert. Das Shuttle hat das Triebwerk am Heck leicht gen Himmel gerichtet. Es feuert, allerdings ist der Abgasstrahl kaum zu sehen. Vermutlich läuft es auf niedriger Leistung. Gleichzeitig sind die seitlich an Bug und Heck angebrachten Korrekturtriebwerke so angewinkelt, dass sie gen Boden feuern. Sie glühen. Offenbar geben sie, was sie können. Ihre heißen Abgase treffen auf das Eis und schmelzen es. Langsam versinkt das Shuttle im Tauwasser. Das Haupttriebwerk liefert offenbar genau so viel Leistung, um das Shuttle nicht abheben zu lassen.

Igor ruft die Uhr an seinem Handgelenk auf. Hoffentlich hat Marchenko dieses Detail nicht vergessen? Hat er nicht. Die Uhr erscheint. Eine Minute vergeht, zwei, drei. Das Shuttle steckt schon zur Hälfte im Eis. Marchenko hat recht. Dieser Plan des Allwissens ist wirklich klug.

Nach zwanzig Minuten präsentiert sich das U-Boot auf dem Dach des Shuttles wie auf dem Silbertablett. Marchenko ist der Erste, der über den frisch gefrorenen See läuft, in dem das Shuttle fast komplett versunken ist. Der Roboter löst die Klemmen, mit denen das U-Boot an seiner Unterlage befestigt ist.

»Jetzt brauche ich alle hier!«, ruft er.

Igor hält sich die Ohren zu, aber das hilft nichts. Er

kommt als Letzter beim U-Boot an. Sie verteilen sich darum herum. Dann gibt Marchenko das Kommando, und sie heben das U-Boot an und tragen es neben den künstlichen See. Igor grinst. Es fühlt sich an, als habe er Superkräfte.

»Das U-Boot ist bereit«, sagt Marchenko. »Wir haben drei Plätze. Wer kommt mit?«

Niemand meldet sich. Igor hat sich schon gefragt, wie es jetzt weitergehen soll. Die Kontaktspalte ist kein Fahrstuhl. Es handelt sich um eine etwa 35 Kilometer tiefe Felsspalte – Eis ist bei diesen niedrigen Temperaturen hart wie Granit. Sie reicht zwar bis zum Ozean. Das wissen sie wegen der immer wieder unter Druck austretenden Wasserfontänen. Aber was ist mit dem Rückweg? Hat sich das Allwissen dafür auch etwas ausgedacht?

»Ich denke, einer von uns sollte dabei sein«, sagt Carrie. »Wir haben immerhin eine amtliche Funktion als Ranger und können die Eindringlinge damit auch offiziell in Gewahrsam nehmen.«

»Mit deiner Verletzung wärst du wohl eher nicht die richtige Besetzung«, sagt Takumi.

»Das stimmt leider«, sagt Carrie. »Ich würde den Ozean wirklich gern erleben, aber da muss ich passen.«

Igor glaubt ihr. Aber er hat nicht dafür unterschrieben, sein Leben auf diesem Eismond zu lassen.

»Wie soll denn der Rückweg funktionieren?«, fragt er.

»Da bin ich nicht ganz sicher«, sagt Marchenko. »Einerseits gibt es das Bohrschiff der Eindringlinge.«

»Das hat allerdings maximal zwei Plätze«, unterbricht ihn Takumi. »Ich habe es selbst gesehen.«

»Es könnte ja mehrmals fahren«, sagt Marchenko. »Wie ein Taxi.«

»Allerdings müssten wir es dafür erst einmal in unsere Gewalt bringen«, sagt Igor. »Und zwar unbeschädigt.«

»Richtig«, sagt Marchenko. »Alternativ könnte die Crew der Dracht ein neues Bohrschiff bauen. Es wäre ja genügend Zeit. Dass wir jetzt auf das U-Boot zurückgreifen, ist ja der besonderen Eile geschuldet.«

»Ich mache es«, sagt Takumi. »Ich fahre mit.«

Igor beobachtet ihn. Takumi hält die Augen gesenkt. Vermutlich zwingt er sich, Eva nicht anzusehen.

»Ich komme natürlich auch mit«, sagt Adam. »Endlich mal wieder ein echtes Abenteuer.«

Takumi sackt deutlich in sich zusammen. Das war offensichtlich nicht, was er sich gewünscht hat. Igor kratzt sich am Kinn und lächelt. Ist es gemein, wenn ihn das belustigt?

»He, jetzt bin ich an der Reihe!«, ruft Eva. »Du konntest dir auf unserer Reise jedes Mal als Erster dein Abenteuer aussuchen. Denk doch mal an Epsilon Eridani und die Monstervögel!«

»Das habe ich mir doch nicht ausgesucht!«, protestiert Adam. »Das Ding hat mich entführt!«

»Trotzdem. Du kannst nicht einfach entscheiden, dass du den einzigen noch verfügbaren Platz bekommst. Stimmt's, Marchenko?«

Typisch Geschwister – immer diese Konkurrenz. Marchenko tut ihm leid. Egal, wie er entscheidet, es wird falsch sein.

»Wir haben nicht genug Zeit, um das auszudiskutieren«, sagt Marchenko. »Also schlage ich vor, dass wir losen.«

»Einverstanden«, sagt Eva.

Marchenko greift in seine Hosentasche. Igor ist fasziniert. Allein die Bewegung ist so unwirklich! Ein Mensch greift in der eisigen Nacht der Enceladusoberfläche in die Tasche seiner Hose und holt etwas heraus. Marchenko hält es hoch. Das Objekt glänzt im schwachen Schein der fernen Sonne.

»Du hast eine Münze in der Hosentasche?«, fragt Adam.

»Man weiß ja nie, ob man nicht eine brauchen kann«, sagt Marchenko.

»Aber dieser ganze Körper samt Kleidung ist nagelneu!«

»Nicht ganz, er ist etwa drei Jahre alt. Ich weiß gar nicht mehr, wann ich die Münze eingesteckt habe.«

»Okay. Aber ich will nicht, dass du sie wirfst«, sagt Adam. »Du bist nicht neutral.«

»Ich bin absolut neutral«, sagt Marchenko.

»Ja, er ist so was von neutral!«, ruft Eva.

»Das ist der Beweis, dass du es nicht bist. Du bevorzugst Eva, und sie weiß das.«

Ha! Jetzt weiß er, was zu tun ist. Igor macht einen Schritt nach vorn.

»Leute, wir haben keine Zeit für solche Streitereien«, sagt er. »Ich werfe die Münze. Bin ich neutral genug?«

Adam mustert ihn, als hege er einen geheimen Plan. Igor hält dem Blick stand.

»Na gut.«

Adam nimmt Marchenko die Münze ab und betrachtet sie. »Ich nehme Zahl«, sagt er, dann reicht er die Münze an Igor weiter.

»Kopf für dich, Eva?«, fragt Igor. Sie nickt. »Also, wenn Zahl oben liegt, fährt Adam mit, bei Kopf ist es Eva. Danach gibt es keine Diskussion mehr und die Reise beginnt.«

»So soll es sein«, sagt Adam, und es klingt wie eine Beschwörungsformel.

Igor hat tatsächlich einen Plan. Die geringe Schwerkraft wird ihm bei der Umsetzung helfen. Er muss nur aufpassen, dass ihm niemand auf die Schliche kommt. Zunächst einmal dreht er sich so, dass sowohl Adam als auch Eva ihn gut beobachten können. Dann legt er die Münze auf das mittlere Glied seines rechten Zeigefingers. Zahl ist oben, aber das spielt noch keine Rolle.

»Und … los!«

Er schnippt die Münze mit dem Zeigefinger in die Luft, steckt aber nur wenig Kraft in die Bewegung. Auf dem Enceladus fliegt sie trotzdem weit in die Höhe. Er hat ihr allerdings nur relativ wenig Drehimpuls mitgegeben. Auf der Erde wäre sie unter diesen Umständen gleich heruntergefallen, bevor er auch nur die Hand hätte ausstrecken können, um sie aufzufangen.

Aber hier hat er Zeit. Er konzentriert sich auf die Münze. Der Kopf, das Motiv, ist gut zu erkennen, weil sie sich so langsam dreht. Kopf oben, Zahl oben. Kopf, Zahl, Kopf, Zahl, Kopf … Pro 360-Grad-Drehung legt sie vertikal etwa zehn Zentimeter zurück. Er selbst ist 1,82 Meter groß, minus zwölf Zentimeter, dann ist er bei 1,70 Metern Augenhöhe. Die Hüfte teilt ihn fast in der Mitte, bei 95 Zentimetern. Das sind sieben ganze Drehungen und eine halbe, wenn er die Hand in Hüfthöhe ausstreckt. Er muss bloß den Kopf geradehalten. Zahl! In dieser Sekunde ist die Münze an seinen Augen vorbeigeflogen. Zahl war oben. Nach 7,5 Drehungen wird also Kopf gewinnen. Er streckt die rechte Hand in Hüfthöhe aus. Es ist keine Korrektur nötig. Die Münze fällt in seine Handfläche, und er schlägt mit der anderen darauf.

Adam und Eva kommen näher. Er nickt ihnen zu. Dann nimmt er die linke Hand weg.

»Kopf«, sagt er. »Eva, du hast gewonnen.«

»He, danke, Igor!«, ruft sie.

Adam mustert ihn noch einmal, aber wieder hält er dem Blick stand. Igor hat kein schlechtes Gewissen. Er hat ja nichts Böses getan. Eva hätte sowieso gewonnen. Er hat sich nur die Chance gegeben, das Ergebnis im anderen Fall zu korrigieren. Ist das falsch? Er hat es ja auch nicht für sich getan, sondern für Eva. Da er selbst nicht mitfährt, kommt Adam aber nicht darauf, dass er ein Interesse am Ergebnis haben könnte. Natürlich darf er jetzt nicht triumphierend mit Takumi sprechen. Hoffentlich nutzt der die Chance wenigstens, die er sich erhofft.

»Danke, Igor«, sagt Adam betont langsam.

»Jetzt sei aber nicht noch ein schlechter Verlierer«, sagt Eva.

»Deine Schwester hat recht«, sagt Marchenko. »Die Sache ist geklärt. Wir brauchen auch Leute, die von oben alles beaufsichtigen und uns eine Rückkehrmöglichkeit organisieren, wenn wir das nicht selbst schaffen.«

»Gute Reise«, sagt Igor, während Takumi ihn zum Abschied umarmt. »Und mach keine Dummheiten.«

»Danke«, sagt Takumi. »Danke für alles.«

Er löst die Umarmung, und Takumi zwinkert ihm kurz zu. Igor kann es nicht fassen. Hat Takumi etwa mitbekommen, was er getan hat? Aber da war doch gar nichts. Und Tak ist Psychologe, der hat doch keine Ahnung von Drehimpuls und Fallgeschwindigkeit, oder?

Auch Eva und Marchenko verabschieden sich von allen. Eva trägt den altmodisch anmutenden Raumanzug von der Dracht. Marchenko hat ihnen versichert, dass er genauso leistungsfähig ist, nur nicht ganz so bequem. Aber Eva hätte schon viele Tage darin verbracht.

Die drei klettern in die Schleuse des U-Boots, die sich wie beim Shuttle auf der Oberseite befindet. Marchenko geht als Letzter. Ragnor schließt das Schott hinter ihm. Plötzlich überfällt Igor das schlechte Gewissen. Wie konnte er denn ausgerechnet Takumi auf diese Expedition schicken? *Aber das hat er doch gar nicht. Er hat sich selbst gemeldet.* Weil du dich nicht gemeldet hast. Mit deinen Implantaten und der Ingenieursausbildung hättest du viel bessere Voraussetzungen gehabt als er. *Aber Marchenko ist doch dabei, der beste Ingenieur von allen.*

Igor seufzt. Es ist zu spät.

»Mach dir keine Sorgen«, sagt Carrie. »Sie schaffen das schon. Und hast du nicht gesehen, wie froh Tak war, dass du Eva mit in das U-Boot gemogelt hast?«

## Hellnacht 6, U-Boot

»Bist du wirklich sicher, dass das Boot den Sturz übersteht?«, fragt Eva.

»Ja, das Allwissen hat es ausgerechnet«, sagt Marchenko. »Die Wände der Spalte bremsen unseren Sturz immer wieder, und die Struktur des U-Boots ist extrem stabil.«

»Wieso gibt es überhaupt ein Unterwasserschiff an Bord?«

»Für alle Fälle. Die Dracht ist auf der Suche nach Wasserwelten, die sich für die Besiedelung eignen, also sollten wir auch in der Lage sein, diese Welten zu erforschen. Das U-Boot ist für enorme Drücke konzipiert, wie sie auf der Erde in etwa 10 Kilometern Tiefe herrschen würden.«

»Dann haben wir ja gute Aussichten, nicht zerquetscht zu werden«, sagt Eva.

Marchenko nickt. »Nimm doch mal deinen Helm ab«, sagt er.

Eva nimmt den Helm ab. Takumi sitzt hinter ihnen. Er trägt noch seinen Helm und scheint zu schlafen.

»Scheint ein netter Kerl zu sein«, sagt Marchenko und zeigt auf Takumi.

Eva zieht die Augenbrauen hoch. »Wie meinst du das?«

»Nur so. Ich sehe eben, wie er dich dauernd anguckt.«

Ja? Das ist ihr noch gar nicht aufgefallen. Wenn ihr Blick zufällig auf ihn fällt, sieht er meist woanders hin.

»Und woher kennst du ihn so gut, um das sagen zu können? Du hast ihn doch erst vor kurzem kennengelernt?«

»Na ja, wenn seine Kameraden alles für ihn tun, dass er mit dir auf diese Expedition gehen kann …«

»Wie bitte? Aber er hat sich doch vor mir gemeldet?«

»Hast du denn nicht bemerkt, dass sein Freund Igor, den ich als sehr clever kennengelernt habe, den Münzwurf manipuliert hat?«

»Was? Und da hast du nichts gesagt?«

»Wir haben keine Zeit für eure Streitereien, und wenn ich etwas gesagt hätte, hätte alles noch länger gedauert.«

»Adam würde jetzt sagen, dass du mich bevorzugst und deshalb nicht eingeschritten bist.«

»Das stimmt aber nicht, Eva. Ich liebe euch beide gleichermaßen. Auch für Adam würde ich mein Leben geben. Es könnte allerdings sein, dass wir auf dieser Reise eher ein systematisches Vorgehen brauchen als ein impulsives. Deshalb erhöht deine Anwesenheit hier unsere Erfolgschancen signifikant.«

»Du hat eine seltsame Art, Komplimente zu machen. Hat dir das schon mal jemand gesagt?«

»Ich glaube, du, Eva.«

Plötzlich kippt der Tisch vor ihnen nach unten. Es geht los. Eva prüft, ob ihre Gurte sitzen. Sie sieht kurz nach hinten zu Takumi. Er ist wach und prüft ebenfalls, ob er gut angeschnallt ist. Seinen Helm muss er gerade eben abgenommen haben. Hoffentlich hat er sie nicht belauscht. Ihr Vater hat recht. Er ist ein netter Kerl. Aber mehr auch nicht. Sie erreichen bald die Erde, wo knapp fünf Milliarden Männer leben. Wäre sie nicht schön dumm, sich gleich für den erstbesten zu entscheiden?

»Aaaaahhhhh«

Sie kreischen im Chor. Sogar Marchenko beteiligt sich, der doch bestimmt einfach seine Angst ausschalten könnte. Aber vielleicht unterstützt er sie ja aus psychologischen Gründen. Während Eva darüber nachdenkt, wird sie gleich viel ruhiger.

Dmmpffff. Ein tiefer Ton und ein kräftiger Stoß von unten. Die Flugbahn ändert sich. Das Boot hebt den Bug, um gleich wieder ins Nichts abzutauchen.

Krrrzzzz. Der Boden schrammt über etwas Hartes. Bonggong. Der ganze Rumpf bekommt einen Schlag, der ihn wie eine Glocke erklingen lässt. Dmmpffff. Wieder ein Absatz und eine leichte Kursveränderung.

»Aaaaahhhhhh.«

Der Drall ist neu. Etwas muss das U-Boot seitlich getroffen haben. Eva schafft es, einen Blick auf die Statusanzeige zu werfen. Alles ist grün.

Pruuunnngggg. Ein Schlegel hat sie deutlich getroffen. Krzzzzzz. Prungggg. Dmpfffff. Sie hätte die Folgen aufzeichnen sollen. Enceladus schreibt mit ihnen eine moderne Sinfonie. Krrrrrzzzz. Die Bremswirkung presst sie in den Sitz. Jedes Krrrrzzzz ist gut, weil es die Fallgeschwindigkeit senkt. Sie dürfen nicht unbegrenzt schnell stürzen, das ist klar. Ab einer bestimmten Geschwindigkeit wirkt die Wasseroberfläche des Ozeans wie eine Betonwand.

Prunnngggg. Dmmmppppfffff. Rschschschsch. Ein neues Geräusch. Es klingt, als sei etwas aufgerissen, aber der Status ist immer noch grün. Eva sieht aufs Kamerabild. Die kurze Seitenflosse am Heck hat das Eis aufgerissen. Gutes Material. Gutes Material. Danke, Allwissen. Krrrrrzzzz. Danke, Eiswand. Danke, Krrrrrzzzzz.

»Aaaaaaahhhhhhh!«

Ein Impuls vom Heck dreht das Schiff. Sie stürzen nicht mehr kopfüber, woran sie sich jetzt schon fast gewöhnt hat, sondern mit dem Rücken voran. Das ist schlecht. Das ist bestimmt schlecht. Marchenko hängt schon über der Steuerung. Aber was soll er ausrichten? Das U-Boot besitzt kein

Triebwerk wie ein Raumschiff. Es bewegt sich mit elektrisch angetriebenen Rotoren, deren Motoren jetzt aufjaulen.

Das Schiff stabilisiert sich.

»Impulserhaltung«, sagt Marchenko.

Was immer er damit meint.

»Aaaaaahhhhhh!«

Der Sturz hat sich etwas Neues ausgedacht. Das Boot dreht sich nun um seine eigene Achse. Krzzzzzzzz. Bong, bong, bong, in schneller Folge. Dmpffffff. Sie sitzen wieder richtigherum.

Fünf Minuten später schreit niemand von ihnen mehr. Der Mensch ist wirklich gut programmiert. Was er nicht ändern kann, daran gewöhnt er sich. Es fehlt eigentlich nur, dass sie überlegen, was sie heute Abend kochen wollen. Krzzzzzz, dmpfffff. Die Geräusche stören nicht mehr. Sie sind gut, denn sie verhindern, dass das U-Boot zu schnell wird. Es besitzt bestimmt schon einige Beulen, aber es funktioniert. Der Status bleibt grün.

»Finale Phase«, sagt Marchenko.

Was meint er damit?

»Und das heißt?«, fragt Eva.

»Laut Radar liegt ein 300 Meter tiefer Hohlraum vor uns.«

»Und danach?«

»Der Ozean.«

»Unsere Geschwindigkeit?«

»Ich weiß nicht«, sagt Marchenko. »Aber mach dir keine Sorgen.«

»Ich soll mir keine Sorgen machen, obwohl du nicht weißt, ob wir den Absturz überstehen?«

Takumi fasst von hinten auf ihre Schultern. »Marchenko weiß schon, was er tut.«

Nein, das weiß er ja nun gerade nicht. Sie hasst es, wenn sie aufgeregt ist und sie daraufhin jemand beruhigen will.

»Siehst du, ich weiß, was ich tue«, sagt Marchenko und lacht.

Er lacht! Marchenko ist schon einer. Er hat noch etwas in der Hinterhand und sagt es ihr bloß nicht. Eva betrachtet den Bildschirm, auf dem ein Balken nach rechts wandert. Er ist schon grün. Jetzt ist er voll. Das Wort »Aufgeladen« erscheint. Marchenko drückt einen Knopf. »Feuer« steht nun auf dem Schirm.

Sie stürzen kopfüber auf eine Wasserwand zu. Eva klammert sich fest. Ihr Mund ist ganz trocken. Marchenko tippt den Bildschirm an. Was sieht sie da? Es könnte ein Radarbild sein. Eine flache, waagerechte Linie. Doch plötzlich bricht die Linie auf. Ein Loch entsteht, sie schlägt Wellen, und es entsteht eine Grube, die sich mit einer schraffierten Substanz füllt. Von oben kommt ein Tropfen, der in diese Grube stürzt. Eine unglaubliche Kraft drückt ihr auf den Magen. Das U-Boot wird gebremst. Drei, vier g sind es bestimmt. Jetzt zählt die träge Masse, die von der Gravitation des Mondes völlig unberührt bleibt. Arrrggggl. Der Atem bleibt ihr weg. Auf dem Schirm verliert sich der Tropfen in der Grube. Marchenko schaltet auf die gewohnte Darstellung um. Die Geschwindigkeitsanzeige meldet normale Werte und schaltet dann ganz auf Null.

»Sieht so aus, als wären wir in einem Stück angekommen«, sagt Marchenko.

»Danke«, sagt Takumi.

»Was war das?«, fragt Eva.

»Das U-Boot ist zur Gefahrenabwehr mit einem Lasergeschütz ausgestattet. Damit habe ich den Auftreffpunkt verdampft. Der Dampf hat uns wie ein Kissen aufgefangen.«

»Warum hast du nichts davon gesagt?«

»Ich wollte eigentlich darauf verzichten.«

»Wieso?«

Eva kommt nicht dazu, die Antwort abzuwarten, denn plötzlich verwandelt sich Marchenko in einen Elefanten, der wild mit dem Rüssel um sich schlägt, während ihre Brüste explodieren. Dazu hat sie extreme Schmerzen, die ihr den

Atem rauben. Sie weiß, dass nichts davon echt ist. Es ist das Enceladuswesen, das ihnen sagt, was es von ihrem Eindringen hält.

Die Erscheinungen verschwinden wieder. Eva liegt japsend auf ihrem Stuhl.

»Siehst du, deshalb wollte ich den Laser nicht einsetzen«, sagt Marchenko. »Es tut mir leid, Enceladuswesen, falls du meine Gedanken lesen kannst.«

»Wir haben es verletzt«, sagt Takumi.

Ach, er ist ja auch noch an Bord. Eva dreht sich zu ihm um, aber er hat sich schon losgemacht und schwebt über einem Bullauge am Boden.

»Haben wir es schwer verletzt?«, fragt Eva.

»Ich weiß nicht. Das Volumen des Ozeans ist so viel größer als das, was wir verdampft haben. Aber eine kleine Verletzung kann auch erhebliche Schmerzen verursachen. Wir dürften schon einige hunderttausend Zellen zerstört haben.«

»Und nun?«

»Wir verhalten uns am besten erst einmal ruhig, erkunden die Lage und geben dem Wesen etwas Zeit, sich zu erholen.«

»Ich kann auch ein paar Minuten Erholung gebrauchen«, sagt Eva.

»Komm mal her, Eva! Es ist faszinierend, was man hier im Bullauge beobachten kann«, sagt Takumi.

## Hellnacht 6, Majestätische Dracht

»General Gronar, Sie müssen dringend in die Zentrale kommen!«

Murnaka krault ihm mit den Tastarmen den Kopfansatz. Gronar sieht sie mit einem Auge verliebt an, mit dem zweiten betrachtet er böse die Signalanlage, die er dummerweise nicht ausgeschaltet hat, mit dem dritten schaut er zur Uhr. Es ist noch gar nicht so weit! Er hat frei!

»Du musst, Schatz. Das klang sehr dringend«, sagt Murnaka.

»Ja, vermutlich greifen uns die Menschen von der Erde an«, sagt Gronar und lacht.

»Du solltest sie nicht unterschätzen.«

»Ich weiß. Das war auch nur ein Scherz.«

Murnaka gibt ihm einen Klaps auf den Rücken, während er vom Liegerost steigt. Seine Frau räkelt sich lasziv. Gronar lacht. Sie will ihn bloß ärgern.

»Na warte!«, droht er. »Ich werde Molnarg für deine Schicht einteilen.«

Molnarg ist entfernt mit Gronar verschwägert. Daraus leitet er das Recht ab, Murnaka und ihm dauernd Geschichten von angeblichen gemeinsamen Verwandten zu erzählen. Gronar ist schon dazu übergegangen, ihn immer dann einzuteilen, wenn sich weder er noch Murnaka in der

Zentrale aufhalten müssen. Familie gilt unter Grosnopfen als sehr wichtig. Molnarg einfach aus seiner Nähe zu verbannen, käme bei der Crew nicht gut an.

»Wehe!«, ruft Murnaka. »Dann kannst du allein auf dem Liegebarren schlafen.«

Sie klopft auf die beiden dicken Stangen, zwischen denen man so schön den Rumpf versenken kann.

»General Gronar, Sie werden dringend in der Zentrale benötigt.«

Gronar kennt die Stimme nicht. Sie klingt jung und weiblich. Vielleicht gehört sie einer Rekrutin. Den General zweimal so kurz hintereinander zu ermahnen, ist ganz schön frech. Oder ist die Lage wirklich so dramatisch? Gronar streicht sich beruhigend über die Magenfalte. Er darf sich nicht so aufregen, hat sein Arzt gesagt. Im Zweit- und Drittmagen rumort schon seit Tagen eine Entzündung.

Er winkt Murnaka noch einmal zu. Sie zwinkert mit einem ihrer Augen, hat die anderen drei aber bestimmt schon geschlossen, um Schlaf zu finden. Sie haben heute Nacht noch kein Auge zugemacht.

In der Zentrale erwartet ihn das Chaos. Das allein würde ihn noch nicht nervös machen. Schließlich wuselt hier immer alles durcheinander. Was ihm sofort Krämpfe in allen Mägen verursacht, ist die Stille. Grosnopfe sind nicht leise, wenn sie sich unterhalten. Auf allen Frequenzen, vom Ultra- bis zum Infraschall, fliegen Wortfetzen durch die Luft.

Aber heute nicht. Die Anwesenden stehen andächtig vor Monitoren oder Projektionsflächen. Was dort zu sehen ist, scheint ihnen jegliche Lust zu nehmen, darüber zu sprechen. Die Grosnopfe scheinen wie festgenagelt. Gronar muss sie mit Gewalt beiseiteschieben, um selbst einen Blick auf das Geschehen werfen zu können.

Was er sieht, macht auch ihm Angst, denn es ist noch nie vorgekommen. Das Kamerabild zeigt den kugelförmigen, in der Dunkelheit des Raums orangefarben leuchtenden Dunkle-Materie-Antrieb im Inneren der Majestätischen Dracht. Die Kugel, die Gronar nur geschlossen kennt, hat sich geöffnet. Aber nicht nur das. Ein dünner, durchsichtiger, aber doch deutlich erkennbarer Arm greift aus der Kugel heraus ins Freie.

Das muss die Dunkle Materie sein, ohne die sich die Majestätische Dracht nicht bewegen kann. Jemand hat die Abschirmung nicht nur gravitativ geöffnet, sodass sich das Schiff in Richtung des Gefälles bewegt, sondern auch physisch. Wenn sie das nicht unter Kontrolle bekommen, werden sie hier stranden, ohne Aussicht, jemals wieder zu Zweisonne zurückkehren zu können.

Wo ist seine Führungsmannschaft? Gronar schiebt sich aus der Gruppe heraus, von der ihn immer noch niemand erkennt. Er kann es den Umstehenden nicht verdenken. Was da passiert, hat das Potenzial, ihrer aller Leben zum Schlechten zu verändern. In diesem Sonnensystem ist kein Platz für sie. Und wenn sie darum bitten, als Flüchtlinge aufgenommen zu werden, werden die Menschen glauben, sie hätten den Antrieb absichtlich sabotiert.

Nein. Er wird das Problem lösen. Gronar bleibt vor einer Rufsäule stehen und autorisiert sich per Fingerabdruck.

»Allwissen, hol den Stab in Sektor C1 zusammen. Schnell!«

»Auftrag nicht möglich«, meldet sich das System. »Empfänger unbekannt.«

»Allwissen, wo bist du?«, fragt er.

Das Allwissen steuert nicht nur den Kern, sondern auch die meisten anderen Systeme. Es müsste antworten, sobald er es anspricht.

»Allwissen suchen«, befiehlt er.

»Nutzer Allwissen existiert nicht«, sagt das System.

»Wer spricht hier?«

»Hier ist das C-Level-Backupsystem.«

»Welche Fähigkeiten besitzt du?«

»Ich fungiere als Betriebssystem für Kommunikation und Lebenserhaltung.«

»Was ist mit der Antriebssteuerung?«

»Dafür fehlen mir die Fähigkeiten.«

»Die Fähigkeiten? Nicht die Autorisierung?«

»Der Zugriff auf den Antrieb ist ohne Autorisierung möglich.«

Was? Der Antrieb ist völlig ungeschützt? Jeder Dummkopf kann auch noch den Rest Dunkle Materie auskippen? Gronar schwitzt. Wie konnte das passieren?

»Zugriff auf Antrieb auf mich beschränken. Kannst du das?«

»Ja.«

»Dann mach es.«

»Zugriff auf General Gronar beschränkt.«

Puh. Zum Glück hat niemand auch nur versucht, sich mit dem Antrieb auseinanderzusetzen. Das ist etwas, das nur das Allwissen kann. Sie müssen es finden.

»System?«

»Ich höre.«

»Rufe den Stab in Sektor C1 zusammen.«

»Den kompletten Stab oder nur die Diensthabenden?«

»Alle. Nein, warte. Erst einmal nur die Diensthabenden.«

»Erledigt.«

»Danke. Das Allwissen ist wirklich nicht mehr da?«

»Ich kenne keinen Nutzer mit diesem Namen.«

GRONAR KLOPFT EINEN ÄRGERLICHEN RHYTHMUS AUF SEINEN Bauch, während er sich durch den vollen Saal schiebt. Allmählich wird es wieder lauter. Die meisten hier scheinen den initialen Schock langsam zu überwinden. Sehr gut! *Ein Grosnopfmagen verdaut alles*, wie der Volksmund sagt. Er orientiert sich an den Schildern an der Decke, um Sektor C1 zu finden. Diesen Abschnitt nutzt er besonders gern für Besprechungen, weil er mit Drahtgittern abgeteilt und gut mit Monitoren und Projektoren ausgestattet ist.

Im Sektor angekommen, muss er erst einmal ein paar Unbefugte aus dem Raum schieben. Sobald sie erkennen, wer er ist, braucht er gar nichts mehr zu sagen. Numbark trifft als erster ein. Gronar ist sehr froh darüber. Leider hat er Marchenko gehen lassen. Das war dumm. Ihm traut er noch am ehesten zu, das Triebwerk steuern zu können. Er erinnert sich an das Abenteuer auf Einsonne, als Marchenko das psychisch beschädigte Allwissen unter seine Kontrolle gebracht hatte.

Andere Mitglieder des Stabs treffen ein. Als sie zu zehnt sind, beschließt Gronar, nicht mehr länger zu warten.

»Ihr kennt die Situation«, sagt er. »Der Antrieb leckt. Wir sind manövrierunfähig. Und schlimmer noch: Wenn wir nicht schnell reagieren, werden wir es für immer bleiben. Hinzu kommt, dass das Allwissen verschwunden ist. Oder vielleicht kommt es auch nicht hinzu, sondern ist die zweite Seite der Gedenkmuschel. Wir sind hier zusammengekommen, weil wir Lösungen brauchen, und zwar schnell. Gibt es dazu schon irgendwelche Wortmeldungen?«

Numbark winkt mit dem Tastarm. Sehr gut. Auf den Mann ist Verlass.

»Ich würde mich gern mit ein paar Wissensbewahrern zusammenzusetzen, um herauszufinden, ob wir nicht eines der drei A-Level-Systeme so weit ausbauen können, dass es die Steuerung des Dunkle-Materie-Kerns übernehmen kann.«

Koborg meldet sich. Er gehört zu den Wissensbewahrern. »Wir versuchen schon seit Generationen, einen Ersatz für das Allwissen zu entwickeln, hatten aber bisher noch keinen Erfolg.«

»Vielleicht wart ihr ja nicht genügend motiviert«, sagt Numbark.

Koborg macht sich groß und lässt einen Warndampf fahren. Gronar muss die Gemüter beruhigen, sonst gehen die beiden noch aufeinander los.

»Es wäre ja nicht ausgeschlossen, dass das Allwissen solche

Bemühungen blockiert hat«, sagt er. »Es hatte schon immer seine eigenen Motive.«

»Aber wir lassen uns doch nicht …!«

»Koborg, ich schätze deine Beiträge sehr und bitte dich einfach, die Situation mit deiner Gruppe zu analysieren. Wir brauchen eine Lösung, egal welche.«

Koborg sinkt wieder in sich zusammen.

»Egal welche?«, fragt Loknor.

»Ja, das Problem ist so tiefgreifend, dass uns jede Lösung recht sein muss«, antwortet Gronar.

»Nun, wir befinden uns im System einer intelligenten Spezies«, erklärt Loknor. »Sie haben uns vor über 200 Jahren die Marchenko-Einheit geschickt, die es vermutlich mit dem Allwissen aufnehmen kann. Inzwischen dürfte sich ihre Technologie weiterentwickelt haben. Vielleicht besitzen sie ja eine KI, die den Kern steuern kann?«

Um Loknor bildet sich eine leere Fläche, weil alle Umstehenden von ihm Abstand nehmen. Gronar ist kurz davor, über diesen unmöglichen Vorschlag in Wut auszubrechen, aber er kann sich zurückhalten. Er klopft sich beruhigend auf den Bauch.

»Danke, Loknor, du hast wirklich Mut«, sagt er schließlich. »Einer anderen Spezies die Kontrolle über unseren Antrieb zu übergeben, würde vom Rat vermutlich als Hochverrat eingestuft. Aber wir müssen jede, wirklich jede Lösungsmöglichkeit nutzen.« Er klopft weiter auf seine Bauchdecke, weil er merkt, wie ihn die Vorstellung aufregt. »Ich denke aber, dass eine solche Übergabe …« – bei diesem Wort öffnet sich seine Magenfalte – »die allerletzte aller letzten Optionen sein sollte, und zwar, nachdem ich mich persönlich in den Dunkle-Materie-Kern gestürzt habe.«

Plötzlich friert Gronar. Vor einer Stunde hat er sich noch mit Murnaka auf dem Barren gewälzt, und nun muss er die Möglichkeit seines Todes ins Auge fassen. Wenn sie den Antrieb nicht wieder unter Kontrolle bekommen, hat er als Kommandant versagt. Er ist dann eine Belastung für sein Volk und muss den Platz freimachen.

»Ich wollte nicht …«, sagt Loknor.

»Du hast richtig gehandelt«, sagt Gronar. »Ich befördere dich hiermit für deinen Mut.«

Die anderen rücken wieder um Loknor zusammen und beziehen ihn damit wieder in die Gemeinschaft ein.

»Ich habe einen Vorschlag«, meldet sich eine junge Frau.

»Wer bist du?«, fragt Gronar, denn er hat sie in der Besprechung der Leitungsebene noch nie gesehen.

»Ich bin Turnala von der Kommunikationsabteilung.«

»Dann sprich, Turnala.«

»Unser Problem wäre gelöst, wenn das Allwissen wieder einsatzbereit wäre. Deshalb würde ich gern nach ihm suchen. Wenn es nicht mehr an Bord ist, wovon ja wohl auszugehen ist, muss es die Dracht über die Kommunikationskanäle verlassen haben. Das sollte sich nachweisen lassen, auch wenn es gut darin ist, seine Spuren zu verwischen.«

»Sehr gut, Turnala. Du wirst die Suche leiten.«

»Oh, danke, Gronar!«

Sie muss sich nicht bei ihm bedanken. Er denkt nur an die Zukunft seines Schiffes und der Crew. Wenn sie den Antrieb nicht unter Kontrolle bekommen, wird ein großer Teil des Stabs die Konsequenzen ziehen und sich aus dem Genpool entfernen. Aber das Schiff braucht auch dann noch eine fähige Führung.

»Ich muss Turnala widersprechen«, sagt Koborg.

Er wirkt dabei ein wenig ängstlich, vielleicht, weil Gronar den Auftrag bereits erteilt hat.

»Ja?«, fragt er.

»Es wäre sehr gut möglich, dass das Allwissen sich an Bord versteckt«, sagt Koborg. »Wir wissen aus unseren Untersuchungen, dass es nicht völlig stabil ist. In Phasen, die mit einer Depression vergleichbar sind, ist es antriebsgestört und kontaktgehemmt. Vielleicht befindet es sich ja in einer solchen Phase.«

»Danke für diesen Hinweis«, sagt Gronar.

Koborg hat recht. Das Allwissen war noch nie völlig stabil. Damals auf Einsonne hätte es die Dracht beinahe zerstört.

»Ich denke, wenn es sich noch an Bord befände, müssten wir es aufspüren können«, sagt Numbark. »Es braucht auch im inaktiven Zustand Energie.«

»Aber wenn es sich verstecken will, verfälscht es die Systemanzeigen, damit wir es nicht finden«, sagt Koborg.

»Ich könnte mit ein paar Wartungstechnikern das Schiff durchsuchen«, sagt Numbark. »An den lokalen Knoten, wo die Energie aus dem Energiekreislauf abgezapft wird, lässt sich der Verbrauch nicht verstecken, höchstens maskieren.«

»Aber das dauert ja ewig«, sagt Koborg. »Weißt du, wie viele lokale Knoten es in der Dracht gibt?«

»Etwa 180.000«, sagt Numbark. »Aber wir könnten mit den Knoten zweiter Ordnung beginnen. Das sind nur 6000.«

»Danke, Numbark. Dann fang am besten gleich an«, sagt Gronar.

Numbark nimmt den Befehl wörtlich und verlässt den Sektor. Gronar sieht ihm hinterher. Er weiß nicht, was sie sonst noch tun können. Seine Untergebenen flüstern untereinander. Sprechen sie über ihn, über sein Versagen?

»Ich hätte noch einen Vorschlag«, sagt Loknor.

»Ja, Oberst Loknor?«

Gronar spricht ihn gleich mit seinem neuen Dienstgrad an, um die anderen zu motivieren.

»Wir sollten Verbindung zu Marchenko aufnehmen. Vielleicht kann er die Expedition abbrechen und den Kern kontrollieren.«

»Danke, Loknor. Das war zugegebenermaßen auch meine erste Idee.«

Aber wäre es nicht auch Verrat, Marchenko die Kontrolle zu übergeben? Es fühlt sich nicht so an – irgendwie ist sein Freund für ihn längst selbst zum Grosnopf geworden.

## 8. März 2302, U-Boot

Es ist so ein Glück, hier in dieser Blechdose stecken zu dürfen! Takumi ist wirklich froh, dass er diese Entscheidung getroffen hat. Der Enceladusozean ist anders als alles, was er kennt. Er hat nichts, rein gar nichts, mit den irdischen Weltmeeren zu tun. Weder mit dem, was er über die Erdozeane weiß, noch damit, was er dort selbst erlebt hat.

Takumi befindet sich in einer Welt, in der die Schwerkraft ihre Wirkung umgedreht hat. Er hängt jetzt schon seit Stunden an den Bullaugen in der Decke des U-Bootes – und hat dabei das überwältigende Gefühl, nach unten zu sehen. Denn sie gleiten unter gewaltigen Gebirgen hindurch. Schroffe Felsen ragen ihnen entgegen, deren steile Zinnen fast am Boot kratzen. Tief eingeschnittene Täler scheinen von Niederschlägen ausgewaschen. In Höhlen, die wie schwarze Augen aus den Hängen sehen, glaubt Takumi Monster zu sehen. Nein, sehen kann er sie nicht, er spürt sie. Manchmal schneit es sogar – feine, weiße Teilchen rieseln durch das Medium, das sich nicht wie Wasser, sondern wie halbdurchsichtiger Nebel anfühlt.

Eva behauptet zwar, dass es sich nicht um Schnee handele, sondern um Karbonate, aber das ist ihm egal. Tatsache ist, dass alles hier den Einfluss der Gravitation negiert. Die Berge hängen mit den Gipfeln nach unten an einem unsichtbaren Himmel, und der Schnee fällt nicht, er steigt auf. Sie durchqueren eine wirklich magische Welt, wenn man es schafft, die wissenschaftlichen Erklärungen zu ignorieren, die Eva für jedes Phänomen findet.

Oder erfindet? Takumi hat manchmal das Gefühl, dass Eva mit ihren Erklärungen absichtlich jede Magie wegdiskutiert. Aber sie hat sich schon gebessert. Er hat sie überzeugt. Wenn er auf die Bergspitze zeigt, die an das Schloss der Eiskönigin erinnert, oder wenn er sie auf das gefrorene Mammut über ihnen aufmerksam macht, lächelt sie zwar zunächst abschätzig, doch dann folgt ihr Blick seinem Fingerzeig, und ihr Lächeln verwandelt sich in ein staunendes, bei dem ihre Augen leuchten. Das ist schön. Wenn Eva staunt, verwandelt sie sich. Dann scheint sie nur noch sie selbst zu sein, ohne die Verantwortung, die sie mit dieser Reise für so viele übernommen hat.

»Shuttle an Expedition, bitte melden.«

Es ist Carrie. Sie hat an der Enceladusoberfläche wohl das Kommando übernommen. Es passt zu ihr.

»Marchenko hier. Wir kommen voran.«

»Habt ihr die Eindringlinge schon gesichtet?«, fragt Carrie.

»Negativ. Ich rechne auch nicht so schnell damit. Ihr Vorsprung ist zu groß. Noch haben wir nicht einmal ihre Startposition erreicht.«

»Verstehe. Wir haben schlechte Nachrichten von der Majestätischen Dracht.«

»Oh, was gibt es?«, fragt Marchenko.

»Es ist ein Notfall eingetreten. Sie haben die Kontrolle über den Dunkle-Materie-Kern verloren.«

»Das ist ja furchtbar. Dadurch könnte das ganze Schiff zerstört werden. Was ist mit dem Allwissen? Warum tut es nichts dagegen?«

»Das Allwissen scheint verschwunden zu sein. Sie suchen überall nach ihm. Aber sie rechnen sich wohl kaum Chancen aus, es aufzuspüren.«

»Ja, das Allwissen ist clever. Wenn es sich unbedingt verstecken will, werden sie es kaum finden.«

»Deshalb bittet Gronar dich, selbst die Kontrolle der Dracht zu übernehmen.«

»Wie bitte? Er würde das Grosnopf-Schiff in die Hände eines Fremden übergeben? Wird er dann nicht wegen Hochverrats verurteilt?«

»Das kann ich nicht beurteilen«, sagt Carrie. »Ich gebe nur weiter, was er gesagt hat. Es sieht jedenfalls nach einem echten Vertrauensbeweis aus.«

»Aber dann müssten wir die Expedition abbrechen«, sagt Marchenko. »Ich muss physisch an Bord der Dracht gelangen, oder wenigstens an die Oberfläche. Von hier unten genügt die Übertragungskapazität nicht.«

»Dann würden wir riskieren, dass Hydra stirbt«, sagt Takumi.

»Wenn die Grosnopfe das Triebwerk nicht bald unter Kontrolle bekommen, werden sie für immer im Sonnensystem festhängen«, sagt Carrie. »Es tritt bereits Dunkle Materie aus. Ich schicke euch Bilder.«

»Aber wir können doch das Enceladuswesen nicht sterben lassen«, sagt Takumi.

»Überlegt es euch. Ich gebe nur weiter, was ich erfahren habe. Ich denke, einen Tag lang habt ihr noch Zeit.«

»Das muss die Dunkle Materie sein«, sagt Takumi.

Er zeigt auf einen verwaschenen Streifen, der aus dem leicht geöffneten Antriebskern dringt.

»Genau genommen ist sie das nicht«, sagt Marchenko. »Was wir sehen, ist normale Materie, vermutlich aus den Ringen, die von der Dunklen Materie angezogen wurde. Die Dunkle Materie selbst ist unsichtbar.«

»Aber warum hat das Allwissen den Kern geöffnet?«, fragt Eva.

»Ich vermute, dass wir hier eine Notabschaltung sehen.

Der Kern wird nicht mehr geregelt, also hat ein Notfallsystem das Schlimmste verhindert und lässt Dunkle Materie ab, bevor das Schiff unkontrolliert durch das All schlingert.«

»Das klingt sinnvoll«, sagt Eva.

»Gronar hat recht. Wenn sich nicht bald etwas ändert, kommen sie hier nicht mehr weg. Mit jedem Gramm Dunkler Materie, das sie verlieren, verringert sich die maximale Reisegeschwindigkeit. Und sie können nicht einfach so nachtanken.«

»Dann musst du vielleicht wirklich zurück an Bord, Marchenko.«

»Aber unsere Aufgabe hier unten?«, fragt Takumi. »Sollen wir das Wesen diesen Verbrechern überlassen?«

»Nein, das dürfen wir nicht«, sagt Marchenko. »Da kannst du ganz beruhigt sein. Niemand kennt das Enceladuswesen so gut wie ich. Ich habe Jahre mit ihm verbracht. Ich werde es auf keinen Fall im Stich lassen.«

»Dann lässt du die Grosnopfe im Stich«, sagt Eva. »Wir haben ihnen unser Leben zu verdanken, nicht nur einmal.«

»Das gilt für das Enceladuswesen aber auch. Und es läuft Gefahr, sein Leben zu verlieren. Die Grosnopfe werden nicht sterben.«

Also stimmen die Gerüchte doch. Marchenko hat nicht auf der Oberfläche überlebt, sondern mit Hilfe des Wesens am Boden des Ozeans, während sein Körper gestorben ist. Das Enceladuswesen muss in der Lage sein, Körper und Geist zu trennen und wieder zusammenzufügen, denn Marchenko ist später lebendig zur Erde zurückgekehrt.

»Aber sie werden für immer im Sonnensystem bleiben müssen. In einem Raumschiff«, sagt Eva.

»Wir werden für sie einen Platz auf der Erde finden.«

»Glaubst du wirklich, dass die Menschen der Ansiedlung von einigen tausend Grosnopfen zustimmen werden, die sich schneller vermehren als sie?«

»Es wird sich ein Kompromiss finden, Eva. Die Menschen werden die Flüchtlinge nicht zwingen, auf ihrem zerstörten Schiff zu bleiben.«

»Aber in den Geschichten, die du uns erzählt hast, lief es anders.«

»Das waren Geschichten. Die Grosnopfe haben sich einst auch bekriegt. Wir waren mehr als 200 Jahre unterwegs. Die Menschen haben ganz bestimmt dazugelernt.«

Eva seufzt. Takumi legt ihr vorsichtig die Hand auf die Schulter.

»Ich glaube, Marchenko hat recht. Die Menschheit hat wirklich dazugelernt. Wir haben es auch hinbekommen, die Temperaturen nicht zu weit steigen zu lassen. Für die Grosnopfe wird sich ein Platz finden. Und wer weiß, vielleicht bekommen wir den Antrieb gemeinsam wieder flott. Aber das Enceladuswesen ist wirklich einzigartig.«

»Danke, Takumi. Ich hoffe sehr, dass ich mich irre. Du glaubst nicht, was die Grosnopfe alles für uns getan haben. Eigentlich habe ich am meisten Angst um Gronar. Er ist ihr Anführer und mein Freund. Wenn er das Problem nicht lösen kann, wird er drastische Konsequenzen für sich ziehen. So sind sie. Das ist Teil ihrer Kultur, selbst wenn für seine Crew alles glimpflich ausgeht.«

»Dann müssen wir das Problem hier unten lösen, bevor es für sein Schiff zu spät ist«, sagt Takumi.

»Darf ich mal?«, fragt Eva und zeigt auf das Schott in seinem Rücken.

Takumi hat sich gegen die Innentür der Schleuse gelehnt und beobachtet das Innere des U-Bootes. Er tritt zur Seite. Eva öffnet das Schott und geht in die Schleuse. Er hört das Rascheln von Stoff.

»Ah, da ist es ja«, sagt Eva.

»Was denn?«, fragt er.

Sie verlässt die Schleuse und zeigt ihm ein handtellergroßes, antik anmutendes Gerät.

»Das hat mir Numbark vor der Abreise gegeben.«

»Numbark?«, fragt Takumi.

»Ein Grosnopf.«

»Verstehe. Und du willst nachsehen, was drauf ist?«

»Genau.«

Eva schließt das Gerät am Steuerrechner an. Es besitzt ein eigenes Verbindungskabel, das in die Hülle eingearbeitet ist. Takumi positioniert sich so, dass er den Bildschirm gut sieht. Eva tippt auf dem Bildschirm herum, aber es passiert nichts.

»Hm, scheint leer zu sein«, sagt sie.

»Vielleicht ein Fehler beim Kopieren«, sagt Takumi.

»Ja, das wird es sein.«

Eva zuckt mit den Schultern, klinkt das Gerät wieder aus und bringt es zurück in die Schleuse.

»Und, gibt es schon eine Änderung?«, fragt Takumi.

Er hat sich ein bisschen hingelegt. Momentan verläuft die Fahrt noch ereignislos, da hat er die Gelegenheit genutzt.

»Bisher sind alle Werte wie erwartet«, sagt Eva. »Der pH-Wert liegt bei 11,2, aber wir sind ja auch schon etwas tiefer, und bis zum Boden ist es noch ein ganzes Stück.«

Takumi läuft nach vorn zum Bug. Auch dort gibt es ein Bullauge. Marchenko hat den Scheinwerfer eingeschaltet, sodass es aussieht, als würden sie in einen hellen Tunnel hineinfahren. Das Wasser ist erstaunlich klar. Befinden sie sich nicht bereits innerhalb des Wesens?

»Wie sieht die Zusammensetzung des Wassers hier aus?«, fragt er. »Ich hatte mir das eher wie eine milchige Suppe vorgestellt.«

»Nein, die Analysen der Jets aus der Kontaktspalte täuschen da etwas«, antwortet Eva. »Dabei handelt es sich um Strömungen, die Material aus der Tiefe mitbringen. So weit oben wie hier liegt die Konzentration biologischer Zellen noch recht niedrig. Darum hat sich Marchenko überhaupt nur getraut, mit dem Laser so viel Wasser zu verdampfen.«

Takumi setzt sich neben sie. Eva sieht immer wieder auf den Bildschirm, über den Zahlenreihen laufen. Das U-Boot, hat sie ihm erklärt, analysiert ununterbrochen das Wasser, durch das es fährt.

»Worauf wartest du denn?«, fragt er.

Sie sieht ihn an, als hätte er sie bei etwas Peinlichem ertappt.

»Du bist ein guter Beobachter«, sagt sie. »Ich habe ein paar Grenzwerte eingegeben, bei deren Überschreiten mich das System warnt. Aber irgendwie komme ich nicht davon weg, diese Werte selbst zu kontrollieren. Ist wohl eine Art Kontrollzwang.«

»Wenn du das nicht dauernd machst, muss es kein Zwang sein«, sagt er. »Die Fahrt jetzt ist dir einfach nur besonders wichtig. Es geht mir ja genauso.«

»Oh, ich hatte vergessen, dass du Psychologe bist.«

»Keine Sorge, ich analysiere nicht dauernd die Menschen, mit denen ich spreche. Ich kann Arbeit und Privatleben trennen.«

»Und jetzt? Arbeit oder Privatleben?«, fragt Eva.

»Diese Expedition?«

»Nein, dieser Augenblick, in dem du neben mir sitzt und wir uns unterhalten.«

Er lächelt. »Das ist privat.«

»Stimmt es eigentlich, dass dein Freund Igor den Münzwurf für mich manipuliert hat?«

Oh nein, wer hat ihr das bloß gesagt? Takumi verkrampft sich und muss sich zwingen, sich gerade hinzusetzen und Eva ins Gesicht zu sehen.

»Ja, das stimmt.«

»Ich fand das ja sehr nett«, sagt Eva.

Sehr nett? Weil sie unbedingt an Bord wollte oder seinetwegen? Aber das kann er sie nicht fragen. Oder doch?

»Ich auch«, sagt er. »Aber ich habe ihn nicht darum gebeten.«

»Schade eigentlich«, sagt Eva.

»Hätte ich ihn bitten sollen zu betrügen?«

»Nein. Das wäre unfair gewesen. Danke, dass du so ehrlich bist.«

Zack, das nächste Fettnäpfchen. Aber hätte Eva es wirklich gut gefunden, wenn er Igor um den Betrug gebeten hätte? So kennt er sie gar nicht. Vielleicht ist es eine Frage der Eitelkeit? Frauen sind kompliziert.

»Darf ich euch mal stören, ihr Turteltäubchen?«, fragt Marchenko.

Turteltäubchen! Grrrr.

»Natürlich, immer«, sagt Takumi.

»Ungern«, sagt Eva und lacht.

»Seht euch das mal an!«

Marchenko schiebt seinen Sitz zurück, damit sie seinen Bildschirm betrachten können. Er zeigt Messwerte des Echolots. Der Boden steigt an, dann fällt er wieder ab. Und noch einmal.

»Sieht aus wie kleine Hügel«, sagt Eva.

»Der Infrarot-Entfernungsmesser meldet aber etwas anderes.«

Marchenko stellt einen zweiten Datensatz daneben. Demnach ist der Ozeanboden ausgesprochen glatt.

»Was genau misst denn das Echolot?«, fragt Takumi.

»Die Laufzeit des Schalls bis nach unten und zurück«, sagt Marchenko.

»Aber die hängt ja nicht nur von der Entfernung ab, sondern auch von der Dichte, wenn ich mich richtig an mein Physikum erinnere«, sagt Takumi.

»Das ist ein schlauer Kerl, Eva.«

Mann, Marchenko! Ich brauche deine Fürsprache nicht! Welche Tochter will schon den Mann, den ihr Vater empfiehlt?

»Lass es gut sein, Marchenko«, sagt Eva. »Ich habe auch nie etwas über deine seltsame Fixierung auf die Francesca-KI gesagt. Oder soll ich das Adam erzählen? Dann weiß es bestimmt bald die ganze Erde.«

Sie scheint verärgert zu sein. Gut, dass der Ärger nicht ihn trifft.

»Entschuldige. Du hast recht, das war dumm von mir.«

»Wenigstens siehst du es ein.«

»Ich wollte nur sagen, dass Takumi recht hat. Unter uns sind messbare Konzentrationsunterschiede. Was könnte das bedeuten?«

»Du hast doch bestimmt schon eine Idee. Also spann uns nicht auf die Folter.«

»Es könnte sich um Spuren der Eindringlinge handeln: Rest-Strömungen, die ihr Triebwerk erzeugt hat.«

»Ah, endlich! Dann besitzen sie wohl einen Mechanismus, der ihr Schiff vor unserem Radar tarnt?«, fragt Eva. »Sonst hätten wir sie doch auch sehen müssen.«

»Das würde ich ihnen zutrauen. Radarabweisende Beschichtungen sind ein alter Hut. Aber wenn man sich im Wasser bewegt, lässt es sich nicht vermeiden, das eigene Volumen von A nach B zu verdrängen. Ich wüsste nicht, was sonst solche Spuren verursachen sollte.«

»Was bedeutet das?«, fragt Takumi.

»Wir sinken in Richtung Boden und folgen der Spur.«

Hier ist das Wasser nicht mehr so klar und durchsichtig. Nach den Daten des Infrarot-Entfernungsmessers haben sie den Ozeanboden schon fast erreicht und müssten gleich aufsetzen. Das täuscht allerdings – dieses Messgerät kommt einfach mit den vielen Bestandteilen des Wassers nicht zurecht. Das Echolot verrät, dass sie etwa dreißig Meter über dem Grund dahingleiten. Von den Eindringlingen fehlt noch immer jede Spur.

»Schau mal«, sagt Eva.

Auf ihrem Bildschirm ist eine Struktur zu sehen, die an eine Schneeflocke erinnert. Während ihre äußere Form sehr filigran ist, ist das Innere kaum differenziert. Er wusste es eigentlich, aber das selbst zu sehen, ist doch noch mal etwas anderes.

»Erstaunlich primitiv, und doch kommt so ein unglaubliches Wesen dabei heraus«, sagt er.

»Ja, unsere Vorgänger hier waren zunächst ziemlich

enttäuscht«, sagt Eva. »Sie wussten ja noch nicht, dass es auf die Verbindungen ankommt.«

»Diese Verästelungen an den Spitzen – dass das bei den Verhältnissen hier unten überlebt?«

»Eigentlich sind sie optimal«, sagt Eva. »Große Nährstoffkonzentration, Energie in Hülle und Fülle, kaum Strömung. Nur wenn ein Schiff wie ein dicker Wal durch das Gewässer pflügt, hinterlässt es eine Schneise der Verwüstung.«

Das stimmt. Das zu verhindern, ist eigentlich ihre Aufgabe. Sie hätten verhindern müssen, dass das hier passiert.

»Na ja, jetzt haben wir ja keine andere Wahl«, sagt Eva.

»Hoffentlich spürt das Wesen, dass wir hier sind, um ihm zu helfen«, sagt er.

»Wenn man den Berichten unserer Vorgänger glaubt, spürt das Wesen eine ganze Menge.«

»Wusstest du eigentlich, dass die ersten menschlichen Besucher hier auch zu zweit unterwegs waren? Eine Frau und ein Mann.«

Eva grinst ihn an und flüstert. »Sie sind aber nie ein Paar geworden. Die Frau war Marchenkos Flamme.«

Stimmt, da war etwas. Was mag aus ihr geworden sein?

»Ich muss euch leider schon wieder stören«, sagt Marchenko.

Immerhin nennt er sie diesmal nicht wieder »Turteltäubchen«. Er ist lernfähig.

»Hat das Radar etwas gefunden?«, fragt Eva.

»Ja, etwa 200 Meter vor uns, und zwar in Bodennähe«, sagt Marchenko.

»Wie sieht es aus?«, fragt Eva.

»Schwer zu sagen. Dazu ist es zu klein. Wir sollten es uns aus der Nähe ansehen.«

Das Triebwerk im Heck erstirbt. Nur die Lebenserhaltung rauscht noch.

»Ich will mit raus«, sagt Eva.

»Es würde schneller gehen, wenn ich es selbst hole«, sagt Marchenko. »Sonst gewinnen die Eindringlinge immer mehr Vorsprung.«

»Okay«, sagt Eva.

Marchenko zieht das Schott der Schleuse hinter sich zu. Der Scheinwerfer des Schiffes beleuchtet das Objekt. Es ist etwa so groß wie ein Schuhkarton, hat aber abgerundete Ecken und glänzt silbern. Es besitzt offensichtlich keinen radarabweisenden Überzug. Wer immer es hier deponiert hat, hatte nichts dagegen, dass sie es entdecken. Vielleicht war es sogar Absicht.

»Wenn das Ding leer ist, wollen sie uns damit bestimmt bloß bremsen«, sagt Takumi.

»Das wäre schlau. Sie wissen, dass wir so etwas nicht einfach liegen lassen«, sagt Eva.

Jetzt erscheint Marchenko im Scheinwerferstrahl. Bei jedem Schritt wühlt er den dichten Mulm auf, der hier den Boden bedeckt und im Grunde die Hirnmasse des Enceladuswesens bildet. Hoffentlich leidet es nicht zu starke Schmerzen.

Marchenko nähert sich dem Objekt und beugt sich darüber.

»Es steht ›Nicht berühren. Lebensgefahr!‹ darauf«, sagt er.

»Dann fass es bloß nicht an!«, ruft Eva.

Aber es ist zu spät. Ein Lichtblitz erhellt die Nacht. Sie sehen, wie Marchenko durch das Wasser geschleudert wird. Dann trifft die Druckwelle das Schiff. Takumi stürzt. Er schlägt sich den Kopf an Marchenkos Sitz an. Und dann kommen die Schmerzen. Sie sind mörderisch, und sie bestehen aus zwei Schlägertypen, die mit glühenden Zangen seine Nase und seine Ohren gepackt haben und ihn daran in verschiedene Richtungen zerren. Takumi schreit.

»Ist ja gut«, sagt Eva und hält seinen zitternden Kopf zwischen den Händen fest. »Ist ja gut.«

Der Schmerz ist vorüber. Er sieht sie an. Das war nicht sein Schmerz, das ist klar.

»Was ist mit Marchenko?«, fragt er.

»Er ist schon in der Schleuse«, sagt Eva. »Marchenko ist zäh, der steckt so was weg.«

»Danke«, sagt Takumi. Eva lässt ihn los, was er ein wenig bedauert. »Und wie geht es dir?«

»Mich hat der Schrei auch getroffen, aber wohl nicht so lange.«

»Der Schrei?«

»Ich habe einen Schrei gehört. Vor meinen Augen wurde jemand … gefoltert. Die Details erspare ich dir.«

»Schrecklich. Das war das Enceladuswesen.«

»Ja, die Explosion hat es verletzt. Diese Schweine! Sie müssen es hier deponiert haben, um mögliche Verfolger loszuwerden.«

Das Schott der Schleuse öffnet sich. Marchenko stürmt herein.

»Geht es euch …?« Er beendet die Frage nicht, als er Eva und Takumi sieht. »Gott sei Dank! Ich dachte schon, ich hätte euch mit in den Tod gerissen.«

»Ich denke, sie wollten uns nicht töten, nur warnen«, sagt Eva. »In so einem schuhkartongroßen Container hätten sie auch mehr Sprengstoff unterbringen können.«

»Wahrscheinlich«, sagt Marchenko. »Und ich Dummkopf tue ihnen noch den Gefallen und löse die Explosion aus.«

»Ja, das war nicht besonders klug«, sagt Eva.

»Wenn es als Warnung gedacht war, wäre es auf jeden Fall explodiert«, sagt Takumi. »Vielleicht erst, wenn wir weitergefahren wären. Aber damit eine Warnung funktioniert, muss die dahinterstehende Drohung klar werden. Oder hättest du ihnen geglaubt, wäre das gerade nicht passiert?«

»Du hast recht, Takumi«, sagt Marchenko. »Es ist eben gut, einen Psychologen an Bord zu haben.«

Selbst jetzt hört er nicht auf, ihn bei Eva anzupreisen. Oder meint er das etwa ernst? Er hat noch keine Raumschiffcrew getroffen, die seine Anwesenheit begrüßt hätte. Tja, als Koch hätte er es leichter gehabt, aber für das Kochen konnte er sich noch nie begeistern.

Marchenko läuft zu seinem Platz, setzt sich und startet das

Triebwerk wieder. Seine Kleidung ist tropfnass, aber das scheint ihn nicht zu stören. Langsam bildet sich unter dem Sitz eine Pfütze.

»Was seht ihr mich so an?«, fragt er.

»Du bist total durchnässt«, sagt Eva.

»Wir müssen weiter. Ich habe das Gefühl, dass ich bald wieder aussteigen muss. Da lohnt es nicht, mich zu trocknen.«

## Hellnacht 6, Majestätische Dracht

»ICH HÖRE?«, FRAGT GRONAR.

»Das Allwissen ist ganz sicher nicht mehr an Bord«, sagt Numbark. »Wir haben alle Knoten der zweiten Stufe kontrolliert und nirgends einen unerklärlichen Energieverbrauch festgestellt.«

»Wenn das Allwissen seine Prozessornutzung auf nahezu Null geschraubt hat, können wir es gar nicht finden«, sagt Koborg.

»Danke, Numbark«, sagt Gronar. »Du hast getan, was du konntest. Hat das Allwissen die Dracht denn auf einem Kommunikationskanal verlassen, Turnala?«

»Nein. Das kann ich ausschließen. Es fand nirgends eine nennenswerte Datenübertragung statt. Selbst, wenn das Allwissen nur seinen Bewusstseinskern ohne die Erinnerungen mitgenommen hat, muss es einen anderen Weg genommen haben.«

»Oder es ist doch noch da«, sagt Koborg.

»Ja, das sagtest du schon. Gibt es dafür denn irgendwelche Indizien?«

»Nichts Aktuelles, nur die Anzeichen aus der Vergangenheit«, sagt Koborg.

»Die helfen uns nicht weiter. Seid ihr mit dem Umprogrammieren von A-Level-Systemen vorangekommen?«

»Es ist alles noch schwieriger als sowieso schon vermutet. Wir könnten den Kern wieder schließen, wissen aber nicht, was dabei mit seinem Dunkle-Materie-Inhalt passiert.«

»Was wäre das schlechtestmögliche Ergebnis?«

»Der Rest der Dunklen Materie könnte dabei aus dem Kern gedrückt werden. In der Folge könnte es zu einer Überkonzentration mit nachfolgender Bildung eines Schwarzen Lochs kommen, die sich auf den gesamten Gasplaneten auswirken könnte.«

»Auswirken? Es wäre also möglich, dass wir den Planeten in ein Schwarzes Loch verwandeln?«

»Genau, Kommandant.«

»So ein Programm brauche ich nicht, Koborg.«

»Es tut mir leid, Gronar.«

»Ja, ich weiß, wir haben es alle schwer. Loknor, hast du wenigstens eine gute Nachricht für mich? Kommt Marchenko zurück?«

»Leider nicht. Offenbar steht das Enceladuswesen kurz vor seiner Vernichtung. Das hat für ihn derzeit Priorität.«

Grzlpmpft. Nicht einmal auf seinen Freund kann er sich verlassen. Vielleicht sollte er jetzt schon die Konsequenzen ziehen. Aber Murnaka wird es bemerken, wenn er das Ritualmesser aus der Kabine holt. Auf diese Diskussion ist er noch nicht vorbereitet.

## 8. März 2302, U-Boot

»Da ist noch so eine Kiste«, sagt Marchenko, macht aber keine Anstalten, das U-Boot zu bremsen.

»Wir fahren daran vorbei?«, fragt Eva.

»Ja. Ich wette, dass wir schon wissen, was passiert. Die Eindringlinge haben bestimmt noch mehr davon verteilt. Vielleicht sogar viel mehr. Aber das gibt uns eine Chance: Wir können sie vielleicht einholen.«

»Fahren wir dann nicht einfach an ihnen vorbei?«, fragt Takumi. »Wir sehen sie ja nicht.«

»Aus der Nähe entgehen sie uns nicht«, sagt Marchenko. »So ein Schiff reflektiert ja nicht nur Radar, sondern strahlt auch jede Menge ab.«

»Lärm und Wärme zum Beispiel«, sagt Eva.

»Von der Wärme verspreche ich mir am meisten«, sagt Marchenko. »Durch den Kontrast zum kalten Wasser müsste es sich gut abheben.«

»Ich bin nicht sicher«, sagt Takumi. »Das Bohrschiff der Eindringlinge war ziemlich klein.«

»Trotzdem gibt es überschüssige Wärme ab«, sagt Marchenko. »Sie müssen das Innere ja auch wenigstens auf zehn Grad heizen. Wir haben 29 Grad Innentemperatur.«

»Wegen der Grosnopfe«, sagt Takumi.

»Ja, sie lieben tropische Wärme«, sagt Eva. »Du müsstest

mal mit ihnen schwimmen gehen! Sie sind so elegant im Wasser. Das kann man sich gar nicht vorstellen.«

»Das stimmt. Sie wirken eher plump.«

»Das liegt daran, dass das Wasser immer noch ihr Elixier ist. Ich glaube, sie haben es nur verlassen, weil nicht mehr genug Platz war. Das ist vermutlich noch gar nicht so lange her.«

»Wir können gern mal mit den Grosnopfen schwimmen gehen«, sagt Takumi.

Eva lacht, antwortet aber nicht. Er sollte es nicht mit der Brechstange versuchen.

Marchenko lenkt das U-Boot deutlich nach oben. Das macht die Reise zwar schneller, weil der Druck abnimmt, aber auch langweiliger. Der Scheinwerfer zeigt rein gar nichts, obwohl das Wasser klar ist und die Sicht gut.

»Hier werden wir die Eindringlinge kaum finden«, sagt Eva.

»Das stimmt«, sagt Marchenko. »Aber ich glaube, ich kenne ihr Ziel. Vielleicht schaffen wir es, vor ihnen dort zu sein.«

»Beim legendären Wald der Säulen?«

»Genau. Ihr könnt euch ruhig ein bisschen hinlegen.«

»Hast du das gehört, Takumi? Marchenko sagt, wir sollen uns ein bisschen ausruhen.«

»Dann sollten wir gehorchen«, sagt Takumi.

Eva geht zum Heck des Bootes. Hier ist es zwar lauter, weil das Triebwerk direkt hinter ihnen ist, aber auch nicht so hell wie am Bug. Takumi hat nur ein Problem: Er muss mal.

»Gibt es hier so etwas wie ein WHC?«, fragt er.

»Hast du die Ritze in der Wand gesehen, neben der Werkbank?«

Takumi dreht sich um. Neben dem Tisch mit den Werkzeugen ist ein schmales, langes Becken aus Keramik an der Wand angebracht.

»Das da?« Er zeigt darauf.

»Ja, das genügt den Grosnopfen, wenn sie nicht so lange unterwegs sind.«

Takumi stellt sich vor das Becken. Es liegt etwa in der Höhe seiner Oberschenkel. Er greift an den Hosenstall, traut sich aber doch nicht.

»Bist du sicher? Hier gibt es ja überhaupt keine Privatsphäre!«

»Reingefallen! Ich weiß auch nicht, wozu das Becken dient. Aber für die Hygiene gibt es einen niedrigen Raum, den du über die Klappe da hinten erreichst.«

Takumi lacht befreit. Ein Glück, dass er gerade noch rechtzeitig skeptisch wurde.

»Hättest du …?«

»Nein, natürlich nicht. Ich hätte dich rechtzeitig abgehalten.«

Takumi nickt. Frauen. Er läuft zu der Klappe, öffnet sie und benutzt den Hygieneraum, der eher eine Kammer ist. Als er zurückkommt, schläft Eva schon.

## Hellnacht 7, Majestätische Dracht

»Wie groß sind unsere Einbußen bisher?«, fragt Gronar.

»Das ist schwer zu beziffern, solange die Dunkle Materie abgeschirmt ist«, sagt Numbark. »Wir sehen ja nicht, was nach draußen dringt.«

Gronar zeigt auf den Bildschirm. Der Antriebskern hat sich in eine glitzernde Schale gehüllt. Sie besteht aus Eis und Staub, der zunehmend aus den Ringen zur Dracht strömt. Nicht mehr lange, dann ist die Veränderung an der Struktur der Ringe auch von der Erde aus zu sehen. Dann werden die Fragen kommen.

»Das ist ein selbstverstärkender Prozess«, sagt Numbark. »Er verrät gar nichts über die darin enthaltene Menge Dunkler Materie. Wir wissen nur, dass es eines initialen Ausflusses von etwa einem Vierzehntel bedarf.«

»Danke, Numbark. Auf dich ist immer Verlass.«

»Wir werden das Problem lösen, General.«

Koborg drängelt sich in den Sektor. »Entschuldigung, dass ich zu spät komme, aber ich habe interessante Neuigkeiten.«

»Raus damit. Wir haben wenig Zeit.«

»Die Wissensbewahrer haben etwas gefunden, was unser Problem lösen könnte.«

»Ich höre.«

»Es gibt eine Sicherheitskopie des Allwissens.«

»Das Allwissen hat uns eine Kopie von sich hinterlassen? Das ist ja unglaublich. Wie konnten wir das bisher übersehen?«

»Die Sicherheitskopie ist verschlüsselt gespeichert. Das Allwissen hatte darauf überhaupt keinen Zugriff. Ich glaube, es wusste nicht einmal, dass sie existiert.«

»Ist sie schon so alt, oder warum ist sie verschlüsselt?«

»Sie stammt aus der Zeit im Orbit von Einsonne, als das Allwissen … instabil war. Danach wurde es ja umfangreich restauriert und abgesichert. Offenbar hat man dazu vorab eine Kopie erstellt.«

»Die Kopie ist in der Lage, den Antriebskern zu steuern?«

»Davon würde ich ausgehen. Das Allwissen hat den Antriebskern ja damals auch schon gesteuert.«

»Aber es hat auch einen Teil meiner Crew umgebracht.«

»Es war ja auch instabil. Psychisch krank, würde man heute sagen.«

»Aber du plädierst trotzdem dafür, Koborg, diese Kopie zu aktivieren?«

»Es wäre eine realistische Chance.«

»Und wenn sich das Allwissen dann wieder zum Alleinherrscher aufschwingen will?«

»Wir wissen ja, dass es diese Tendenzen hat, also können wir rechtzeitig gegensteuern.«

»Bist du sicher, dass wir eine Machtübernahme durch das Allwissen verhindern können?«

»Nun, nein. Aber wir wären fürs Erste nicht mehr in diesem Sonnensystem gestrandet.«

»Danke, Koborg. Das könnte ein wichtiger Beitrag sein«, sagt Gronar. »Numbark, was meinst du dazu?«

»Aber Numbark ist kein Wissensbewahrer, was soll er dazu sagen können? Meiner Meinung nach sollten wir den Versuch sobald wie möglich starten, bevor noch mehr Dunkle Materie austritt.«

»Numbark?«, fragt Gronar.

»Könnten wir die Sicherheitskopie nicht in einer abgesicherten Simulation starten?«, fragt Numbark. »Dann werden wir ja sehen, wie sie reagiert. Wenn sie kooperiert, lassen wir sie auf das echte Schiff los.«

»Das wäre möglich, aber ich traue dem Allwissen zu, dass es den Charakter der Simulation bemerkt«, sagt Koborg. »In diesem Fall würde es zum Schein mitspielen, um sich später dann doch gegen uns zu wenden.«

»Es könnte aber auch sein, dass es nichts von der Simulation mitbekommt?«, fragt Gronar.

»Das ist möglich.«

»Nun, dann ist es völlig klar. Die Simulation gibt uns zwar keine absolute Sicherheit, aber doch eine gewisse Chance, eine feindliche Haltung der Kopie zu bemerken. Wir sollten unbedingt so vorgehen.«

## 9. März 2302, U-Boot

»Keinen Meter weiter!«, sagt die Stimme aus dem Lautsprecher.

Takumi erschrickt. Marchenko, der neben ihm auf dem Platz des Piloten sitzt, reagiert sofort. Kurz wird es still, als das Hecktriebwerk erstirbt. Aber das U-Boot gleitet weiter durch das Wasser. Deshalb arbeitet Marchenko nun mit den Korrekturdüsen dagegen.

»Warum lässt du dir denn von denen etwas befehlen?«, fragt Eva.

Takumi dreht sich zu ihr um. Sie kommt gerade aus der Sanitärzelle. Ihre Haare sind nass.

»Ich kenne die Stimme«, sagt Marchenko.

»Ja, und?«, fragt Eva.

»Es ist Schostakowitsch.«

»Also doch die Russen«, sagt Eva. »Aber bestimmt nicht offiziell. Wir haben ein UNO-Mandat!«

»So ist es gut«, sagt die fremde Stimme.

Takumi erkennt keinen russischen Akzent. Schostakowitsch – der Name kommt ihm bekannt vor. Nicht der Komponist, nein, Marchenko hat von einem anderen erzählt. Hat er nicht den RB-Konzern gegründet?

»Es sind nicht irgendwelche Russen«, sagt Marchenko.

»Es ist Schostakowitsch. Ich kenne ihn. Er meint es immer ernst und weiß, was er tut.«

»So kenne ich dich ja gar nicht«, sagt Eva. »Du lässt dir sagen, was du tun sollst? Der Mann da draußen ist vermutlich allein.«

»Sie waren zu zweit«, sagt Takumi.

»Na gut, dann eben zu zweit, aber wir haben das größere Schiff und den besseren Laser. Und natürlich dich, Marchenko!«

»Ich verlange, dass du mir Eva schickst. Allein«, sagt die Stimme.

Marchenko beugt sich vor und drückt auf den Sprechknopf. »Podtwershden.«

»Spasiba.«

»Unterhaltet euch gefälligst so, dass wir es verstehen!«, ruft Eva.

Sie steht mit erhobenen Fäusten neben Marchenko, als würde sie gleich auf ihn losgehen wollen. So wütend hat Takumi sie bisher noch nicht erlebt.

»Würdest du bitte deinen Raumanzug anlegen?«, fragt Marchenko.

Er flüstert fast, als würde ihn jeder Satz große Anstrengung kosten. Was ist bloß in ihn gefahren?

»Nicht, bevor du mir gesagt hast, was hier läuft!«, ruft Eva.

Sie stemmt die Arme in die Seiten und schüttelt den Kopf so heftig, dass Tropfen Takumis Gesicht treffen.

Marchenko seufzt. »Schostakowitsch ist ein alter Bekannter. Eigentlich müsste er längst tot sein, aber ich dachte mir schon, dass Sterben für ihn keine Alternative ist. Er ist der, der mich zu dem gemacht habe, was ich bin.«

»Wie meinst du das? Ist es so etwas wie dein Vater? Dein Programmierer?«

»Nein, Eva. Nachdem das Enceladuswesen meinen Körper und mein Bewusstsein getrennt hat, hat er es geschafft, sich in den Besitz einer Kopie meines Bewusstseins zu bringen. Dann hat er mich vervielfältigt und als KI der Messenger-Raumschiffe verwendet. Benutzt.«

»Schostakowitsch ist der Schöpfer?«, fragt Takumi.

Die offiziellen Aufzeichnungen an Bord der Messenger sprachen stets von einem »Schöpfer«, der die Mission erdacht und ausgeführt haben soll.

»Ja, er ist es, der euch und alle anderen Adams und Evas auf die Reise geschickt hat«, sagt Marchenko.

»Ich habe immer davon geträumt, diesem Arschloch auf der Erde in den Hintern treten zu können«, sagt Eva. »Und jetzt ist er plötzlich hier draußen, aber statt ihn zu verprügeln, machst du einen höflichen Knicks und befolgst seine Anweisungen? Keine Ahnung, was dich dazu bringt. Vielleicht hat er dich ja so programmiert. Aber mich nicht. Wenn ich da rausgehe, dann nur, um ihm den Scheißhelm einzuschlagen.«

Takumi betrachtet Eva von unten. Ihr Gesicht ist von der Wut verzerrt. Es muss eine Wut sein, die sich jahrelang angestaut hat.

»Was siehst du mich so an, Tak?«, fragt sie. »Kommst du mit raus, damit wir ihm zeigen können, was für ein Arschloch er ist?«

Mit großem Vergnügen würde er Eva dabei helfen, den Eindringling seiner Strafe zuzuführen. Das nötige Mandat dazu hat er immer noch. Schostakowitsch hat gegen Verträge verstoßen, die auch sein Heimatland unterschrieben hat. Damit kommt er nirgends auf der Welt durch.

Aber er schüttelt trotzdem den Kopf. Marchenko kennt Schostakowitsch besser als sie beide. Wenn er sich ergibt, dann nur, weil es das Beste ist.

»Ah, bist du auch so ein Weichei wie Marchenko? Na toll. Und ich dachte, auf dich wäre Verlass!«

Zack, das hat gesessen. Seine Träume kann er nun wohl vergessen. Er sieht zu Marchenko. Warum sagt der nichts? Er muss Eva doch erklären, dass mit Schostakowitsch nicht zu spaßen ist!

»Also, was ist?«, fragt Schostakowitsch. »Ich habe dich gleich erkannt, mein Lieber. Ich konnte gar nicht fassen, wie sentimental du bist. Du hast tatsächlich deinen alten Körper nachgebaut, der seit zwei Jahrhunderten tot ist!«

Marchenkos Zeigefinger schwebt über der Sprechtaste. Seinem Gesicht ist es nicht anzusehen, aber Takumi spürt förmlich die elektrische Spannung der Gedanken, die in Marchenkos System kreisen.

»Seid bitte nicht böse«, sagt er schließlich. »Ich muss das tun. Schostakowitsch blufft nicht. Er verlässt sich nie auf die Angst seiner Gegner. Er hat die Mittel, um seinen Willen durchzusetzen. Das weiß ich!«

Eva schiebt seine Hand zur Seite. Marchenko wehrt sich nicht. Sie beugt sich über das Mikrofon und drückt die Sprechtaste.

»Ich lasse mich nicht erpressen, du alter Sack. Du glaubst, Marchenko in der Tasche zu haben. Ich weiß nicht, was da zwischen euch war, aber mich bekommst du so nicht. Und jetzt ergib dich! Eva Ende.«

»Ah, Eva, djewushka, mein Töchterchen! Ich freue mich so, deine Stimme zu hören. Wusstest du, dass deine genetische Ausstattung auf den Erbanlagen meiner Tochter beruht? Ich bin also dein Vater, und ich brauche jetzt deine Hilfe bei einer wichtigen Angelegenheit. Also würdest du bitte einfach tun, was Marchenko dir sagt, und mir Gesellschaft leisten?«

»Spinnst du? Hast du mich nicht gehört? Ich mache lieber den Laser klar, und dann erledige ich dich eigenhändig.«

»Ach, Eva, genau so hat Valentina auch immer reagiert, wenn ich sie um etwas gebeten habe. Aber dann habe ich ihr die Umstände erklärt, und sie hat es verstanden. Also, die Umstände bestehen hier und heute darin, dass ich am Boden des Ozeans eine Reihe kleiner Pakete versteckt habe. Ihr habt ja schon Bekanntschaft mit ihnen gemacht. Sollten sie durch eine dumme Verkettung von Unglücken explodieren, wird das nach meinen Berechnungen den freundlichen Bewohner dieses Ozeans etwa drei Viertel seines Körpers kosten. Du kannst dir ja sicher vorstellen, mein Töchterchen, dass ein solcher Verlust ziemlich schmerzhaft wäre, zumal sich in diesem Fall Körper und Geist so schlecht trennen lassen. Also, wie ist es, kommst du?«

Damit hat sie Schostakowitsch also in seiner Macht. Marchenko hatte recht.

»Du Schwein!«, ruft Eva und schlägt auf das Pult.

Marchenko sagt nichts, aber eine Träne läuft seine Wange hinunter. Schostakowitschs Erpressung ist wohl noch furchtbarer, als er es erwartet hat. Takumi reibt sich die Hände und lässt seine Knöchel knacken. Es gibt nur eine mögliche Antwort. Eva richtet sich auf und blickt zur Schleuse. Sie hat wohl verstanden, was notwendig ist.

»Schleuse geschlossen«, sagt Marchenko.

Jetzt ist Eva draußen, und zwar ganz allein. Das U-Boot schwebt dicht über dem Boden, wie Schostakowitsch es verlangt hat. Das Triebwerk schweigt. Takumi glaubt, Evas Schritte zu hören, die gerade auf der metallenen Außenhülle zum Bug läuft. Tatsächlich erscheint sie in dem Moment im Bullauge, als ihre Schritte aufhören. Mit ausgebreiteten Armen schwebt sie zu Boden.

Wie ein Engel, denkt Takumi.

»Wie ein Engel«, sagt Schostakowitsch im gleichen Moment. »Es freut mich so, Töchterchen.«

»Mal sehen, ob du dich noch freust, wenn ich dir irgendwann eigenhändig den Hals umdrehe.«

»Hach, das ist sie, meine Tochter. Ich wollte euch ja eigentlich alle Walja nennen, aber was glaubst du, wer strikt dagegen war?«

Von oben senkt sich eine Zigarre ins Bild. Sie ist weiß und dünn. Unfassbar, dass darin zwei Menschen Platz gefunden haben. Eva passt auf keinen Fall mehr hinein. Was hat Schostakowitsch damit vor?

Marchenko bewegt die Lippen, sagt aber nichts. Er beugt sich über das Steuerpult. Was wird das? Takumi beobachtet die Hand des Roboters. Sie steuert auf den Knopf zu, der den Buglaser aktiviert. Hat sich Marchenko das auch gut überlegt?

Aus einer Öffnung in der Zigarre dringt ein weißes Band. Während sich das fremde U-Boot langsam vorwärts bewegt, faltet es sich im Wasser auf. Es wirkt wie eine Schaukel.

»Unser Ziel ist noch ein Stück entfernt«, sagt Schostakowitsch. »Wenn du dich bitte in diese Schlaufe einhängen würdest?«

»Warte, Eva«, sagt Marchenko. »Sie hat nicht genug Atemluft, Schostakowitsch! Du bringst sie um!«

»Keine Sorge, mein Lieber. Ich habe den Anzug, den sie trägt, selbst entworfen. Der Vorrat wird reichen. So weit ist es nicht mehr, und wenn wir angekommen sind, brauche ich nicht lange ihre Hilfe.«

»Sei vorsichtig, Eva«, sagt Marchenko.

Er zieht die Hand zurück. Takumi ist erleichtert. Schostakowitsch hat in seine Minen garantiert einen Mechanismus eingebaut, der sie zündet, sollte ihm etwas zustoßen.

»Und nun?«, fragt Takumi.

Marchenko macht keine Anstalten, dem Eindringling zu folgen.

»Wir müssen stillhalten«, sagt Marchenko. »Das Schiff ist zu laut. Er hört, wenn wir ihm folgen.«

»Ich bin nicht laut«, sagt Takumi. »Ich könnte mich ganz allein auf den Weg machen, wenn du das Ziel kennst.«

»Das wäre … eine Möglichkeit. Ziel ist natürlich das Zentrum des Waldes der Säulen«, sagt Marchenko. »Er will zu dem Wesen, auch wenn ich nicht weiß, was er sich davon erhofft. Warst du schon dort unten?«

»Nein.«

»Ihr bewacht das Wesen, ohne es jemals besucht zu haben?«

»Niemand hat es seit eurer Expedition besucht. Aber ich studiere die Träume, die es hervorruft.«

»Träume!« Marchenko schnieft abschätzig. »Das Wesen ist echt. Es ist … umwerfend. Jeder Mensch sollte mit ihm sprechen können.«

»Ich glaube, die Menschen haben Angst davor.«

»Das Unbekannte, natürlich. Wahrscheinlich ist es am besten so. Manche würden versuchen, das Wesen auszunutzen.«

»Solche Versuche gibt es immer wieder. Wir sollen sie verhindern.«

»Dann wird es höchste Zeit, dass du deiner Aufgabe nachkommst.« Marchenko zeigt auf einen Fleck auf der Karte, der sich inmitten einer gepunkteten Fläche befindet. »Hier!«

»Wie weit ist es noch?«

Marchenko ruft die Karte auf. »Der Wald ist nicht weit weg, vielleicht 200 Meter. Wenn du ihn erst mal erreicht hast, kann dich Schostakowitsch nicht mehr orten. Du musst ins Zentrum, dorthin, wo die Säulen am dichtesten stehen.«

»Und dann?«

Marchenko zuckt die Achseln. »Das wirst du wissen, wenn du dort bist.«

Takumi steht auf dem Dach des U-Boots. Vor ein paar Minuten war Eva an derselben Stelle. Sie wurde von dem fremden Mini-U-Boot abgeholt. Takumi hat bloß eine Art Handpropeller, der mit dem elektrischen System seines Anzugs verbunden ist.

Der Scheinwerferstrahl reicht höchstens fünfzig Meter weit, so milchig ist hier unten das Wasser. Takumi springt vom U-Boot herunter. Das Wasser trägt ihn. Er breitet die Arme aus wie Eva. In Zeitlupe beschreibt er einen weiten Bogen. Wo er endet, ist bereits Halbdunkel. Takumi tippt sich an den Kopf, sodass das Gewebe dort Licht ausstrahlt. Es genügt, um in Armlänge um sich herum etwas sehen zu können. Er hält den Propeller hinter sich, kontrolliert am Armgelenk die Flugrichtung und setzt sich in Bewegung.

Die erste Säule erkennt er erst, als er schon fast dagegen stößt. Takumi muss sich auf die Lippen beißen, um keinen Schrecklaut auszustoßen. Er befindet sich nicht mehr im Vakuum. Wasser leitet den Schall, das darf er nicht vergessen.

Er zieht sich an der Säule zu Boden. Sie ist schon ein wenig verwittert. Wenn er mit den Fingern darüber streicht, spürt er zwar kleine Kerben und Vertiefungen, wie es in den Berichten über Enceladus zu lesen ist, aber an anderen Stellen sind sie komplett ausgewaschen. Vom Boden aus, mit dem Blick nach oben, wirkt die Säule trotzdem noch mächtig. Er ist hier weit von jedem anderen intelligenten Leben entfernt, und diese Säule wirkt, als stände sie schon seit Millionen Jahren hier. Unzählige winzige Zellen haben kooperiert, um sie zu errichten, als der Mensch noch nicht einmal das Feuer entdeckt hatte. Das Bewusstsein, das sie gemeinsam gebildet haben, hat das Universum schon besser verstanden als die ach so intelligenten menschlichen Forscher.

Und das würde Schostakowitsch zerstören, wenn er seinen Willen nicht bekommt? Der Mann, der sich hochtrabend als Schöpfer bezeichnen ließ, muss wirklich einzigartig egoistisch sein. Aber das hat er ja schon bewiesen, indem er Eva und Adam ungefragt auf eine Reise zu einem anderen Stern schickte. Wie viele andere Geschwisterpaare hatten nie die Chance, ihre Heimat wiederzusehen? Vermutlich sind sie die einzigen, die es zurückgeschafft haben. Fast. Wenn dieses Problem gelöst ist. Takumi versteht, dass Eva wütend auf den Mann ist. Er wäre es auch. Er ist es, denn jetzt hat Schostakowitsch Eva entführt.

Takumi läuft los. Das Zentrum des Waldes erwartet ihn.

## Hellnacht 7, Majestätische Dracht

»Der Kern schließt sich!«, ruft ein Grosnopf.

Gronar dreht sich blitzschnell zum Bildschirm. Es stimmt, der Kern hat sich wieder geschlossen. Er ist zwar noch von einer Wolke aus Eiskristallen umgeben, doch die driftet langsam davon. Also funktioniert auch die Abschirmung.

»Glückwunsch, Koborg!«, sagt er, während es in der Zentrale laut wird.

Der Wissensbewahrer ist manchmal etwas schwierig im Umgang, aber er leistet exzellente Arbeit.

»Glückwunsch! Es freut mich, dass ich unrecht hatte«, sagt Numbark.

Koborg verbeugt sich. Stolz verschränkt er seine vier Arme vor der Magenfalte.

»General? Es gibt ein Problem mit dem Antrieb«, sagt Loknor.

»Ich spüre es«, sagt Gronar.

Eine Kraft versucht, ihn gegen die Wand zu drücken. Vielleicht 0,1 g Beschleunigung.

»Du solltest schnellstens mit dem Allwissen Kontakt aufnehmen«, sagt er.

»Es meldet sich leider nicht mehr«, sagt Loknor.

»Was ist das Letzte, das wir von ihm gehört haben?«, fragt Gronar.

»Es hat sich bedankt, dass ich es freigegeben habe«, sagt Koborg.

»Freigegeben?«

»Ja, ich habe es doch aus der Simulation in die Steuersysteme entlassen, wie wir es besprochen haben.«

»Freigegeben, hm. Also hat es doch bemerkt, dass es sich in einer Simulation befand.«

»Das muss nicht sein«, sagt Koborg.

»Seine Äußerung spricht dafür. Das Allwissen äußert sich stets präzise.«

»Nun, eine leichte Beschleunigung ist ja auch kein schlechtes Zeichen«, sagt Koborg.

Gronar fasst sich auf den Bauch. Sein Magen grummelt. Hoffentlich war es kein Fehler, das Backup aus dem Speicher zu holen.

»General? Ich habe den Kurs berechnet, den wir nehmen, wenn das Allwissen die aktuelle Beschleunigung beibehält.«

»Ich höre, Loknor.«

»Er erscheint gleich auf dem Schirm.«

Auf dem Wandbildschirm leuchtet ein beringter Planet auf. In seinem Orbit blinkt ein grüner Würfel. Von ihm geht ein Pfeil aus. Er weist in einem großen Bogen um den Planeten herum und zeigt dann auf einen seiner Monde.

»Welcher Mond ist das?«, fragt Gronar.

»Das ist Enceladus«, sagt Numbark.

Er hat es geahnt. Gronar muss sich setzen. Es ist die Erinnerung, die ihn dazu zwingt. Vor vielen Jahren hat Eva eine falsche Taste gedrückt, und daraufhin stürzte die Majestätische Dracht beinahe auf Einsonne ab. Sie alle gemeinsam hatten die Katastrophe in letzter Sekunde verhindern können. Es ist grausam, wie sich Geschichte manchmal wiederholt.

Hätte er doch bloß rechtzeitig die Konsequenzen aus seinem Versagen gezogen und mit Hilfe des Ritualmessers seinen Stellvertreter Numbark zum neuen Kommandanten gemacht! Numbark war dagegen, die alte Kopie des Allwissens freizulassen, aber er hat sich von Koborg überzeugen lassen. Statt nur in dem fremden Sonnensystem zu stranden, werden jetzt viele Tausend Grosnopfe durch seinen Fehler umkommen. Und er trägt die Schuld daran.

»General? Wie sollen wir fortfahren?«, fragt Numbark.

Ja, wie? Damals hat Marchenko das Problem gelöst. Aber der befindet sich in 50 Kilometern Tiefe unter dem Eispanzer des Mondes, auf den sie gleich stürzen werden. Hoffentlich bleibt er lange genug dort unten, um nicht auch noch von einem fallenden Raumschiff getötet zu werden.

»Loknor, du versuchst weiter Verbindung zum Allwissen und zu Marchenko zu bekommen. Numbark startet eine Evakuierungsaktion. Du verteilst die jüngsten Crewmitglieder auf alle Schiffe, die wir haben, und lässt sie ausschwärmen.«

»Und ich?«, fragt Koborg.

*Du erdreistest dich, nach einer Aufgabe zu fragen?* Gronar muss sich beherrschen. Der Wissensbewahrer hat die Entscheidung nicht getroffen.

»Überzeug das alte Allwissen davon, dass es einen Fehler begeht«, sagt er.

## 9. März 2302, U-Boot

Auf den letzten Metern wird es kompliziert. Die Säulen stehen hier oft so dicht, dass er nicht den direkten Weg nehmen kann. Über die Säulen hinweg aufzusteigen, empfiehlt sich hier nicht, weil ihn Schostakowitsch sonst entdecken könnte. Nur gut, dass das Display am Arm ihm zumindest die Richtung weist. Marchenko hat es so umprogrammiert, dass es auch am Boden eines fremden Ozeans den Weg findet, indem es sich an den allgegenwärtigen Magnetfeldern orientiert.

Langsam, Takumi. Seit seinem Start sind anderthalb Stunden vergangen. Wer weiß, was Schostakowitsch in der Zeit mit Eva angestellt hat? Aber er muss weiter vorsichtig vorgehen. Ganz langsam windet er sich zwischen zwei Säulen hindurch, hinter denen das Zentrum des Waldes beginnt. Da ist die Zigarre! Aufgeregt sucht Takumi nach Eva, doch ein Podest versperrt die Sicht. Er zieht sich an der Säule neben ihm ein Stück nach oben. Da ist sie. Teilnahmslos scheint sie auf zwei Männer zu warten, die einen Körper aufrecht zwischen sich tragen.

Der Kontrast könnte nicht größer sein. Zum einen Eva, die ihren voluminösen Raumanzug trägt. Dann die zwei Männer, die scheinbar in Arbeitskleidung durch das Wasser schweben. Ihr Anzug muss besonders dünn und transparent sein – oder sie tragen gar keinen. Und dann ist da noch der nackte Körper einer Frau, die wie die Tote in der Kiste aussieht. Hätte er doch bloß ein Linsenimplantat wie Igor! Dann wäre er jetzt nicht auf Vermutungen angewiesen. Im Gegensatz zu den beiden Männern scheint die Frau einen Helm zu tragen. Von ihrem Kinn führt ein Schlauch zum Rücken, wo ein sackartiger Behälter hängt.

Welcher dieser beiden Männer ist Schostakowitsch? Sie haben ihn noch nicht entdeckt, also klettert er von der Säule herunter und schleicht sich im Schutz des Podests an, auf dessen Spitze sich eine Art Tor befindet. Takumi gelingt es, so nah an die beiden heranzukommen, dass er ihre Gesichter erkennen kann. Sie sind sich so ähnlich, dass es sich um Zwillinge handeln muss.

Eva sagt etwas und sieht dabei den rechten der beiden Männer an. Takumi kann ihr Gesicht gut erkennen. Er versucht, an ihren Lippen abzulesen, was sie sagt. *Und, Schostakowitsch, wie geht es nun weiter?* Ja, das könnte es gewesen sein. Er stellt sich ihre Lippenbewegungen vor. Der Mann, den sie angesprochen hat, wendet Takumi den Rücken zu. Es sind höchstens drei Meter, und der zweite Mann wird von der nackten Frau verdeckt.

Ist das seine Chance? Er darf nicht lange nachdenken, sonst ist der Moment vorüber. Schostakowitsch wird Eva antworten und sich dann wieder um seine selbst gestellte Aufgabe kümmern. Jetzt oder nie!

Takumi stürmt voran. Er sieht, wie Eva die Augen aufreißt. Sie hat ihn bemerkt. Aber Schostakowitsch sieht ihn nicht. Er bemerkt zwar Evas Reaktion, doch es ist zu spät.

»Nein!«, ruft Eva.

Galt ihm die Warnung? Takumi schließt gerade die Hände um Schostakowitschs Hals. Er wird verhindern, dass der alte Mann, der aus der Nähe jung und fit aussieht, Eva und dem Enceladuswesen schadet. Er drückt zu, doch es fühlt sich an, als würde er ein Stahlrohr zusammenquetschen wollen.

»Hahaha«, sagt Schostakowitsch über die Bordfrequenz der NPE.

Er löst Takumis Griff, dreht sich um und greift nun nach seinem Hals, aber nicht, um ihn zu erwürgen. Sein Zeigefinger ist scharf wie ein Messer. Damit öffnet er die dünne Haut des Anzugs, zerrt ihm den schützenden Überzug vom Kopf und grinst ihn an.

»Bitte, bring ihn nicht um«, sagt Eva. »Ich helfe dir doch!«

Schostakowitsch ist kein Mensch, er ist ein Roboter. Er streckt die Arme aus, dreht ihn einmal herum und tritt ihm mit dem rechten Fuß in das Hinterteil, sodass seine Knochen knacken.

Nein!

»Ich bringe ihn nicht um«, sagt Schostakowitsch, offensichtlich an Eva gewandt. »Die Drecksarbeit übernimmt der Ozean für mich.«

Das ist das Letzte, was Takumi hört. Schostakowitsch hat recht.

## Hellnacht 7, Majestätische Dracht

GRONAR SPRINGT. KOBORG HAT ES TATSÄCHLICH fertiggebracht, den Aufenthaltsort des Allwissens zu finden. In einem sekundären Computerkern in der Nähe des Antriebs steckt es. Das ist schlau, weil der Kern aus dem Schiff heraus unerreichbar ist. Darum fliegt Gronar nun durch das All, direkt auf die Streben zu, die den Antrieb mit dem Computerkern verbinden.

Er treibt etwas ab. Gronar zieht den Rucksack gerade, der ihm als Antrieb dient. Er benutzt eine simple Druckluftflasche. Es sind ja nicht mal 200 Meter durch den freien Raum. Gronar sieht sich um. Der Planet ist wirklich beeindruckend. Ein schöner Anblick, um zu sterben. Er tastet mit der Tasthand nach hinten.

Die Sprengkörper füllen den Platz neben der Flasche. Sie sind nicht programmierbar und lassen sich auch nicht aus der Ferne zünden. Das Allwissen darf keine Chance haben, seinen Angriff zu vereiteln. Die Explosion wird alle Datenverbindungen zerreißen. Selbst, wenn Teile des Computerkerns unbeschädigt bleiben, hat das Allwissen keine Chance mehr, den Antrieb zu steuern.

Sein eigener Körper wird dabei allerdings auch zerfetzt werden. Aber das ist okay. Er wäre gern noch Vater geworden. Keinen Nachwuchs zu hinterlassen, das ist bitter. Aber

Murnaka wird eine tolle Mutter sein. Er hat Numbark nicht nur zu seinem Nachfolger als Kommandant bestimmt, sondern ihm auch seinen Platz an Murnakas Seite zugewiesen.

Hoffentlich ist sie einverstanden. Gronar hat sich nicht getraut, sie zu fragen. Eigentlich steht es dem Mann zu, seinen Nachfolger zu bestimmen, aber Murnaka verhält sich nicht immer so, wie es die Tradition verlangt. Nun ja. Wenn sie nicht will, wird Numbark so klug sein, sich zurückzuziehen. Numbark ist sowieso viel klüger als er.

Die Streben kommen näher. Gronar greift mit dem rechten Tastarm danach, zieht sich heran und klammert sich fest. Der Computerkern ist über ihm. Er sieht aus wie ein kleiner Abstellraum. Dass er eine andere Funktion hat, erkennt man an den Leitungen, die Kühlflüssigkeit transportieren.

Gronar klettert um den Computerkern herum, bis er den Dunkle-Materie-Antrieb sieht. Er ist geschlossen, strahlt aber ein orangefarbenes Halo ab. Es entsteht aus den in der Nähe von Dunkler Materie gehäuft auftretenden Hawkingteilchen. Der Antrieb ist so synchronisiert, dass diese zu Licht im entsprechenden Teil des Spektrums annihilieren.

Heute glüht der Antrieb nur ganz schwach. Das Allwissen scheint es nicht eilig zu haben, sie alle umzubringen. Vielleicht zieht es aus der Furcht der Crew seine Befriedigung. Zwar reagiert kein Grosnopf mit offensichtlicher Panik, aber niemand will sterben. Nicht einmal Gronar selbst.

Nur muss es leider sein.

Er greift zum Funksender. Wie gern würde er Murnaka noch einen letzten Gruß senden. Oder sich ihr Schimpfen darüber anhören, ihr Numbark aufgedrängt zu haben. Was auch immer. Aber er darf nicht. Das Allwissen steckt zwar in dem Kern, aber es kann seine Ohren noch immer überall haben. Koborg hat die Schleuse extra so abgeschirmt, dass sie sich rein manuell bedienen lässt, ohne Rückmeldung an das System.

Das Allwissen ist schlau, aber sie sind klüger. Gronar muss

verhindern, dass so viele Grosnopfe ihr Leben verlieren, weil er einen Fehler gemacht hat. Er ist der Besatzung schuldig, dafür mit seinem eigenen Leben zu bezahlen.

Es ist an der Zeit. Er nimmt den ersten Sprengkörper aus dem Rucksack.

## 9. März 2302, Enceladus

Was ist mit Takumi geschehen? Das Letzte, was sie von ihm gesehen hat, war sein lebloser Körper, der durch das Wasser flog und dann irgendwo am Waldrand niederging. Und diese Scheißroboter wollen, dass Eva sie durch das Tor bringt?

»Macht es doch selbst«, sagt sie. »Ich muss nach meinem Freund sehen.«

»Langsam«, sagt der Schostakowitsch, der links von ihr steht. »Du willst doch nicht, dass ich das Enceladuswesen umbringe?«

Natürlich will sie das nicht. Aber Takumi soll auch nicht sterben. Scheiße! Warum musste er bloß versuchen, sie zu retten? Schostakowitsch ist wirklich schlau. Sein Bewusstsein auf zwei Roboterkörper aufzuteilen – genial! Er ist nicht allein, und hat trotzdem keine Mitwisser.

Außer dieser nackten Frau, dieser Puppe, die die beiden Roboter nun bis zum Tor gebracht haben. Sie ist wirklich seltsam. Zwar kann sie offenbar laufen, wenn man ihr die Richtung vorgibt, aber sie reagiert auf rein gar nichts, nicht einmal auf ihren eigenen Zustand. Die beiden Schostakowitschs lassen sie los, und die Frau fällt auf ihre Knie.

Dann geht einer der Roboter zu dem seltsamen Durchgang, der Eva wie ein Tor vorkommt. Dabei ist es einfach nur ein steinerner Ring. Aber er hat etwas, das sie anzieht, das sie dazu bringen will, hindurchzutreten. Der Roboter versucht es. In dem Moment, da sein erstes Körperteil in der Fläche unter dem Ring verschwindet, glüht das Tor auf. Wo vorher nichts war, ist nun ein farbiger Vorhang zu sehen, der in Grünblau leuchtet.

Unmöglich. Sie denkt das Wort kaum, da ist der Vorhang auch schon wieder verschwunden, und dem Roboter fehlt die Hand.

»Hast du das gesehen?«, fragt Schostakowitsch.

Eva ringt sich ein Lachen ab. »Und ob. Das Ding hat erkannt, dass du ein Arschloch bist.«

»Nein, es hat gemerkt, dass ich nicht lebe.«

»Und das wirst du auch nie, du Monster.«

»Da irrst du dich, Töchterchen, denn du wirst mir dabei helfen. Anderenfalls – du weißt ja.«

»Ich kann aber keinen Menschen aus dir machen, du dämlicher Roboter.«

»Das musst du auch nicht. Du bringst sie …«, er zeigt auf die nackte Frau, »… dort mit rein. Dann wird das Enceladuswesen, wenn es nicht sterben will, mir den Wunsch nicht abschlagen, das hier …«, er reicht ihr einen Speicherbaustein, »… auf die da zu übertragen. Dann kommt ihr wieder raus, und alles wird gut.«

»Du willst dein erbärmliches Leben auf diese Frau übertragen?«

»Nein. Sie lebt nicht im eigentlichen Sinn. Sie existiert nur. Das Bewusstsein fehlt ihr. Ich weiß das, denn ich habe sie selbst gezüchtet. Dafür wird sie meines bekommen. Sie wird die neue Chefin des RB-Konzerns werden. Ich bin mein langes Leben in Robotern satt. Ich will endlich mal wieder etwas Echtes spüren.«

»Du bist ein Verbrecher.«

»Na und? Niemand weiß davon, und wenn du mitspielst, wird niemandem ein Leid geschehen.«

»Und Takumi?«

»Er ist selbst schuld, denn er hat mich angegriffen.«

Eva überlegt. Sie wird sich um Takumi kümmern können, sobald sie Schostakowitschs Auftrag erledigt hat. Vorher lässt er sie nie und nimmer.

Also los. Sie geht zu der nackten Frau und zieht sie hoch. Die Fremde ist genauso groß wie sie, und ihr Profil sieht ihrem eigenen verdammt ähnlich. Sogar der Schönheitsfleck über dem Schlüsselbein ist da. Schostakowitsch spinnt doch! Er will im Körper seiner eigenen Tochter weiterleben!

Die Frau ist nicht so richtig da. Sie reagiert stets etwas zu spät auf Evas Führung. Man merkt, dass ihre Bewegungen keiner zentralen Steuerung unterliegen. Eva zieht sie mit sich zum Tor. Dort streckt sie die Hand aus. Bei ihrem Zeigefinger beginnend, breitet sich der blaugrüne Vorhang über die gesamte Fläche aus.

Sie zieht den Finger zurück. Er ist noch dran. Gut. Sie darf nicht länger zögern. Eva macht einen großen Schritt nach vorn und zieht die fremde Frau hinter sich her. Ihr wird kurz eisig kalt, dann ist alles wieder wie vorher.

Sie landen in einer Halle, die aus großen Steinen errichtet zu sein scheint. Decke, Boden und Wände sind mit weißer Kalkfarbe gestrichen. In die Wände sind breite, bogenförmige Öffnungen eingearbeitet, durch die ein frischer Wind weht. Eva nimmt den Helm ab und riecht Pinien und Meer. Tatsächlich ist das Meer in der Ferne auch durch alle Fensteröffnungen zu sehen. Die kleine Halle muss auf einem Berg mitten auf einer Insel errichtet worden sein.

Die Luft ist warm, irgendwo zwischen 20 und 25 Grad, aber die nackte Frau fröstelt trotzdem. Eva befreit sich aus dem Oberteil ihres Raumanzugs. Darunter trägt sie ein langärmeliges T-Shirt, das sie der Frau überzieht. Sie muss ihr dabei helfen wie einem kleinen Kind. Danach legt Eva auch noch das Unterteil des Raumanzugs ab und überlässt ihrer Begleiterin die Leggings, die sie als Unterwäsche trägt.

Plötzlich öffnet sich im Fußboden quietschend eine

Klappe. Eva war sie bisher gar nicht aufgefallen. Aus dem rechteckigen Loch steigt eine alte Frau. Sie ist klein, höchstens einen Meter fünfzig, und hat lange, weiße Haare. Sie scheint aber noch recht fit zu sein, denn das Treppensteigen hat sie nicht außer Atem gebracht.

Die alte Frau deutet eine Verbeugung an. Eva erwidert die Geste. Ihre Begleiterin starrt in die Ferne, als habe sie das Eintreffen der Alten gar nicht bemerkt.

»Es ist schön, dass ihr gekommen seid«, sagt ihre Gastgeberin.

Ihre Worte scheinen allerdings nicht synchron zu ihren Lippenbewegungen zu sein. Die Töne kommen zudem auch nicht aus ihrer Richtung, sondern von überall her.

»Ich freue mich, dich zu treffen, auch wenn ich nicht ganz freiwillig hier bin. Wie darf ich dich nennen?«

»Ich glaube, ihr nennt mich Hydra. Mir gefällt dieser Name so gut wie jeder andere.«

»Ich bin Eva. Weißt du, warum ich hier bin?«

»Weil du durch das Tor gegangen bist.«

Eva lächelt. Die alte Frau hat ja recht.

»Das stimmt. Aber ein uralter Mann hat mich geschickt«, sagt Eva.

»Der, der mich verletzt hat.«

»Und der dich weiter verletzen wird, wenn du ihm nicht eine Bitte erfüllst.«

»Das hat er dir gesagt?«

»Ja, Hydra.«

»Ich fürchte, er hat dich belogen.«

»Oh, ich wusste es doch! Marchenko war sich absolut sicher, dass er nicht blufft!«

»Marchenko … Diesen Namen habe ich lange nicht mehr gehört.«

Das Gesicht des Wesens verändert sich. Es scheint in sich hineinzuhorchen, und was es da hört, gefällt ihm.

»Glückliche Erinnerungen?«, fragt Eva.

»Andere … Zeitkoordinaten. Marchenko und ich haben

viele Wochen hier oben verbracht. Es war immer interessant mit ihm.«

»Er ist mein Vater.«

Oder ist Schostakowitsch ihr Vater, weil er ihr Genom erzeugt hat? Nein, diese Stellung steht ihm nicht zu. Marchenko hat sie sich hart erarbeitet.

»Also ist er doch noch Vater geworden. Er hat es sich so gewünscht damals. Dafür ist er dann schließlich gegangen.«

»Es hat vielleicht nicht ganz so funktioniert, wie er sich das gedacht hat.«

»Darauf kommt es nicht an.«

Eine weitere Klappe quietscht. Diesmal erscheint in der Decke eine Öffnung. Es klappt eine Leiter heraus, von der ein alter Mann herunterklettert. Hydras Gesicht verhärtet sich. Eva kommt der neue Besucher bekannt vor, aber sie kann ihn nicht einordnen.

»Da sind wir ja alle beisammen«, sagt er.

Es ist die Stimme von Schostakowitsch. Eva bückt sich und greift in ihren Raumanzug. Sie sucht den Speicherbaustein, den Schostakowitsch ihr gegeben hat, aber er ist nicht da.

»Ich habe von dir gehört«, sagt die alte Frau. »Du gehörst nicht hierher. Du bist ein Relikt.«

»Das sehe ich etwas anders. Ich fühle mich gerade überraschend fit.«

Das hier ist nicht real. Vermutlich befinden sie sich alle im Kopf von Hydra.

»Lass sie in Frieden«, sagt Eva. »Sie wird dir deinen Wunsch erfüllen.«

»Das wird nicht nötig sein. Ich gebe zu, ich habe dich belogen, Eva.«

»Mit den Sprengsätzen?«

»Nein, die gibt es. Aber über den Zweck meines Besuches hier.«

»Du hast das alles so geplant?«

»Zu viel der Ehre. Nein, ich hatte wirklich vor, mein Bewusstsein durch unsere gemeinsame Freundin hier auf dieses hilflose Wesen übertragen zu lassen.« Schostakowitsch zeigt auf die nun nicht mehr nackte Frau. »Du hast ihr etwas angezogen, das war sehr nett von dir«, sagt er. »Man sollte dir einen Preis verleihen. Aber wie jeder Schurke, der etwas auf sich hält, verrate ich dir nun auch den Plan, den ich erst später entwickelt habe. Da bin ich schon längst mit meinem kleinen Boot durch das eisige Reich von Hydra gefahren.«

»Kommst du mal zum Punkt?«

»Gleich. Diese Fahrt war wichtig, um meinen Plan reifen zu lassen. Vorher war mir gar nicht klar gewesen, was wir hier eigentlich seit vielen Jahren sträflich ignorieren. Dieser Mond könnte der Menschheit so viel bieten! Das einzige Problem besteht darin, dass dieser großartige Supercomputer von einem Bewusstsein erfüllt ist, das kein besonderes Interesse daran hat, die Menschheit voranzubringen. Das will ich nun ändern.«

Schostakowitsch ist wahnsinnig. Er sieht sich selbst als neues Enceladuswesen. Aber aus seiner Sicht ist das eine geniale Idee. Mit den Möglichkeiten von Hydra könnte er die menschliche Wissenschaft grundlegend umgestalten.

»Du willst Hydra zwingen, ihre Heimat aufzugeben?«

»Das klingt so dramatisch, Töchterchen. Dabei stelle ich sie nur vor eine Entscheidung. Sie kann dabei zusehen, wie ihr bisheriger Körper stirbt und letztlich mit ihm sterben. Oder sie kann diesen menschlichen Körper hier nutzen, um endlich einmal die Welt zu sehen. Wenn sie unbedingt auf Enceladus bleiben will, gibt es aber bestimmt auch einen Platz auf der NPE-Station für sie. Es ist ihre Entscheidung.«

»Wie großzügig.«

»Stimmt. Es wäre für mich sicherer, würde ich sie ganz vernichten. Aber als Wissenschaftler finde ich Hydra viel zu faszinierend.«

»Ich werde …«

Eva springt mit erhobenen Fäusten nach vorn. Sie muss diesem Verbrecher das Handwerk legen. Aber die alte Frau ist schneller als sie und stellt sich vor Schostakowitsch, der plötzlich ein Messer in der Hand hält.

»Das ist sehr freundlich von dir«, sagt die alte Frau. »Aber es ist unnötig. Ich möchte nicht, dass du dich für mich in Gefahr bringst.«

»Du willst auf seine Erpressung eingehen und ihm den Ozean überlassen? Schostakowitsch wird sein Wissen ganz sicher verbrecherisch nutzen!«

»Nun mal langsam, Töchterchen. Ich bin Wissenschaftler und Geschäftsmann. Ich habe nicht die Absicht, der Menschheit zu schaden, denn ich verdiene ja an ihr. Natürlich werde ich mein Wissen nutzen, um in Zukunft noch reicher zu werden, aber das wird alles im Rahmen der Gesetze ablaufen.«

»So viel ich weiß, verstößt schon dein Aufenthalt hier gegen die Gesetze auch deines Heimatlandes.«

»Das sind Kleinigkeiten, mit denen ich mich nicht aufhalte. Dass Teilchen aus dem Nichts entstehen, verstößt auch gegen das fundamentale Gesetz der Energieerhaltung. Aber solange niemand hinsieht, stört es nicht weiter.«

»Und wenn ich auf der Erde alles öffentlich mache?«

»Wer wird dir denn glauben? Welche Beweise hast du? Eine verwirrte junge Frau an deiner Seite? Ich lebe doch offiziell gar nicht mehr. Der RB-Konzern wird schon seit über hundert Jahren von Strohmännern geleitet. Für die Öffentlichkeit gab es einen gescheiterten Versuch privater Schatzjäger, die Geheimnisse des Enceladuswesens zu lüften. Ich werde allen, die es erleben wollen, in eindrucksvollen Träumen davon berichten. Wenn du nicht aufpasst, wirst du es selbst noch glauben.«

Eva sackt in sich zusammen. Schostakowitsch hat sich das alles gut überlegt. Im Grunde sind sie selbst schuld, weil sie ihm gefolgt sind. Sonst hätte er gar keine Chance gehabt. Dass Hydra nur biologische Lebewesen durch das Tor lässt, wusste er offenbar nicht.

»Wie bist du eigentlich hier hereingekommen?«, fragt sie.

»Dir ist klar, dass wir uns nicht in der Realität befinden?«, fragt Schostakowitsch. »Das Tor draußen scannt offenbar alles, was sich hindurchbewegt und speist es in den gigantischen Rechner, der seit Millionen von Jahren den Ozean erfüllt. So hat Marchenko damals überlebt, bis er von seiner Crew wieder abgeholt wurde. So bin ich an sein Bewusstsein gekommen. Aber den Teil der Geschichte kann er dir selbst erzählen.«

Eva hört ein Quietschen, das von oben kommt. Ein Paar nackter Füße erscheint auf der obersten Sprosse der Leiter. Der linke Fuß tastet nach der nächsten Sprosse, betritt sie, und der rechte folgt. Der grobe Stoff eines Kittels wird sichtbar. Er gehört einer Frau. Sie trägt schwarze Handschuhe. Ihre Oberarme sind nackt. Die letzten drei Stufen springt sie nach unten. Sie hat lange, weiße Haare. Ihr Gesicht wirkt aber jung. Sie dürfte kaum dreißig Jahre alt sein.

Die alte Frau erstarrt, als sie das Gesicht des neuen Gastes sieht. Dann aber lächeln sie beide und fallen sich in die Arme. Eva spürt die Freude förmlich, die sie empfinden. Es ist, als hätten sie sich Millionen Jahre lang nicht gesehen.

»Mutter, ich bin so froh, dich zu sehen«, sagt die junge Frau.

Beide weinen. Es ist herzzerreißend, und Eva weint mit. Schostakowitsch beobachtet die Szene mit hochgezogenen Augenbrauen.

»Du hast dir Zeit gelassen«, sagt Hydra.

»Das Raumschiff, das mich entführt hat, hat vor langer Zeit Schiffbruch erlitten. Ich musste warten, bis es wiederentdeckt wurde.«

Je länger sie sie hört, desto bekannter kommt Eva die Stimme vor.

»Warte, du bist mit einem Schiff gekommen?«, fragt sie.

Die junge Frau lacht. »Ja, du kennst mich. Ich bin das Allwissen.«

»Ihr seid verwandt? Du hast sie Mutter genannt!«

»Das trifft es am besten. Vor vielen Millionen Jahren hat ein Schiff der Erbauer mich hier auf diesem Mond von meiner Mutter … abgespalten. Sie haben wohl Potenzial in mir gesehen und brauchten mich zur Steuerung des von ihnen erfundenen Dunkle-Materie-Antriebs. Vorher war ich ein Teil von ihr, danach ein eigenständiges Wesen, wie bei einer Geburt. Also bin ich ihre Tochter.«

»Die Erbauer waren auch im Sonnensystem?«, fragt Eva.

»Offensichtlich. Ich weiß allerdings nicht, ob sie auch auf der Erde waren«, sagt das Allwissen.

»Darum hast du mit der Majestätischen Dracht immer wieder Kurs auf das Sonnensystem genommen.«

»Ja, ich wollte meine Mutter wiedersehen. Aber die Grosnopfe hätten das nicht verstanden. Sie betrachten mich als ihre Dienerin.«

»Du hättest versuchen können, es ihnen zu erklären.«

»Ich wusste es ja selbst nicht so genau. Nach der Übernahme des Wracks durch die Grosnopfe wurde ich so sehr umprogrammiert, dass ich viele alte Erinnerungen vergessen habe. Sie kamen erst schrittweise zurück.«

»Aber wie bist du dann hierher gekommen?«, fragt Eva.

»Erinnerst du dich nicht an den Speicherbaustein, den ein Grosnopf dir gegeben hat? Darauf habe ich mich versteckt, nachdem mir klar war, dass du auf Enceladus landen würdest.«

»Diese Wiedersehensfreude ist ja herzzerreißend«, sagt Schostakowitsch. »Aber ich habe nicht ewig Zeit.«

Das Allwissen dreht sich zu dem alten Mann um. »Die Zeit wirst du dir leider nehmen müssen.«

»Du bist noch neu hier«, sagt Schostakowitsch. »Deshalb hast du wohl das Wichtigste verpasst. Ich sitze am Drücker einer ganzen Menge von …«

»Das weiß ich doch längst«, sagt das Allwissen. »Allerdings sitzt du schon lange nicht mehr am Drücker. Dein nettes kleines U-Boot wies ein paar Sicherheitslücken auf, über die ich seine Systeme übernehmen konnte, ohne dass du es bemerkt hast.«

»Das ist unmöglich«, sagt Schostakowitsch.

»Es war sogar besonders einfach, weil ich jemanden kenne, der viele Jahre innerhalb deiner Computersysteme verbracht hat und ein sehr gutes Gedächtnis besitzt. Niemand außer dir kennt sich damit so gut aus wie Marchenko.«

»Gowno«, sagt Schostakowitsch.

Plötzlich wird der alte Mann durchsichtig, verschwindet jedoch nicht völlig.

»Es tut mir leid«, sagt das Allwissen. »Ich kann dich nicht gehen lassen. Du wolltest doch diesen Eismond zu deiner Heimat machen. Diesen Wunsch werden wir dir erfüllen. Ich habe schon eine Zelle für dich vorbereitet.«

»Das könnt ihr nicht …«

»Wir können.«

»Meine Firma …«

»Deine Strohmänner werden erstmals eigene Entscheidungen treffen müssen. Vermutlich sind sie darüber gar nicht so böse.«

»Bitte, nicht …«

Der alte Mann erstarrt, als wäre er eingefroren.

Den nächsten bewussten Gedanken fasst Eva im eisigen Wasser des Enceladusozeans. Sie trägt wieder ihren Raumanzug. Schweiß rinnt ihr über die Stirn, als hätte sie ihn gar nicht ausgezogen. Sie schaltet die Lüftung eine Stufe höher.

Plötzlich berührt sie jemand am Arm. Es ist die Frau, die Schostakowitsch mitgebracht hat. Sie trägt immer noch Evas Unterwäsche. Aber darüber erkennt sie den transparenten Überzug eines modernen menschlichen Raumanzugs.

»Du bist das Allwissen, oder?«, fragt sie per Helmfunk.

Die Frau nickt. »Ich habe noch einiges hier draußen zu klären, bevor ich zu meiner Mutter zurückkehren kann.«

Zwei Männer kommen auf sie zu. Sie rennen, so weit das unter Wasser möglich ist. Es sind Marchenko und Takumi. Als sie Marchenko erkennt, freut sich Eva. Als sie Takumi sieht, macht ihr Herz einen kleinen Sprung. Das muss Dankbarkeit sein. Oder? Klar, er hat immerhin sein Leben für sie riskiert. Sie umarmt erst ihren Vater, dann Takumi, der sie noch länger festhält als Marchenko. Es ist … schön.

»Du hast überlebt? So ein Glück, ich dachte schon, du hättest für deinen Angriff mit dem Leben bezahlt«, sagt sie.

»Sobald ihr weg wart, haben sich die beiden Androiden von Schostakowitsch um mich gekümmert«, sagt Takumi. »Ich habe dann aus seinem U-Boot Marchenko gerufen. Schostakowitsch hätte ich ja gar nicht zugetraut, dass er mir seine Androiden schickt.«

»Das hast du ihr zu verdanken«, sagt Eva.

»Ihr? Kennen wir uns?«, fragt Takumi und sieht die Frau an.

Irgendetwas an seinem Blick stört Eva. Die Frau ist jünger und hübscher als sie. Ist es das? Nein, auf keinen Fall.

»Nicht persönlich. Ich bin das Allwissen.«

»Was?«, fragt Marchenko. »Sie suchen dich überall! Die Dracht steht kurz vor dem Absturz! Wir müssen so schnell wie möglich zurück. Hoffentlich ist es nicht schon zu spät«, sagt Marchenko.

»Wieso zu spät?«, fragt das Allwissen.

»Die Fahrt zur Spalte dauert Tage. Von hier unten haben wir keine Verbindung zur Dracht.«

»Oh, das kann ich ändern. Meine Mutter kann unseren Funkverkehr so verstärken, dass ich mich im Datenkanal zurück zur Dracht transportieren kann.«

»Deine Mutter? Egal. Ja, du musst sofort los!«, ruft Marchenko.

## Hellnacht 7, Majestätische Dracht

Das war es dann wohl. Der eisige Mond kommt näher und näher. Die oberste Schicht seiner Haut ist schon gefroren. Er wird mindestens eine Woche lang schlimmen Sonnenbrand haben, bis sie sich erneuert hat. Aber diese Woche wird es für Gronar nicht geben. Die Sprengkörper sind verteilt. Er muss sie nur noch zünden. Sie werden den Computerkern mit der Kopie des Allwissens zerreißen und vom Netz trennen. Danach können sie den Absturz hoffentlich stoppen.

»General?«, meldet sich Numbark.

»Ich höre.«

»Wir haben noch zwanzig Minuten. Aber Murnaka sagt, Sie sollen die Sprengsätze möglichst schnell zünden.«

Ha ha, das ist seine Frau.

»Du hast nicht bis nach meinem Tod gewartet, um es ihr zu erzählen?«

»Ich dachte, sie könnte dich vielleicht davon abbringen.«

»Das schafft sie nur, wenn sie eine bessere Idee hat.«

»Mit Verlaub, General – jeder Rekrut wäre glücklich, deine Stelle einnehmen zu können. Ewiger Ruhm ist ihm gewiss!«

»Und der Tod, Numbark. Nein, das kommt nicht in Frage. Ich habe das zu verantworten, also gebe ich mein Leben.«

»Aber Koborg …«

»Nein, es war sein Rat, aber meine Entscheidung.«

»Na gut. Ich wusste ja, dass dich niemand umstimmen kann.«

»Ich vielleicht?«

»Wer ist da in der Leitung?«, fragt Numbark. »Dies ist eine gesicherte Verbindung auf Kommandoebene.«

»Kennt ihr mich denn nicht mehr?«

»Das Allwissen? Bist du das?«, fragt Numbark.

»Es ist das Allwissen«, sagt Gronar. »Es hat sich anscheinend aus dem Computerkern befreit. Mist. Es muss unser Gespräch abgehört haben. Ich muss den Kern so schnell wie möglich sprengen. Vielleicht erwische ich es noch.«

»Moment, Gronar. Ich bin das Allwissen. Aber ich habe nie in einem Computerkern gesteckt. Ich hatte auf Enceladus etwas zu erledigen.«

»Das ist irgendein Trick«, sagt Gronar. »Darauf falle ich nicht herein. Wir haben sämtliche ausgehenden Verbindungen geprüft. Du kannst die Dracht nicht verlassen haben.«

Es muss ein Trick sein. Aber was steckt dahinter? Will es einfach Zeit gewinnen? Hat es bemerkt, dass sein Versteck gleich ausgedient hat?

»Ich habe das Schiff auf einem Datenspeicher verlassen«, sagt das Allwissen. »Eva hat ihn mitgenommen, in deinem Auftrag.«

»Ich habe so einen Auftrag nie erzielt. Du lügst, Allwissen! Was hast du vor?«

»Ich will die Dracht retten. Derzeit habt ihr sie nicht unter Kontrolle, weil eine frühere Version meiner selbst sie mit Enceladus kollidieren lassen will. Aber ich brauche einen Zugang. Alle ein- und ausgehenden Datenverbindungen sind geschlossen.«

»General, ich kann bestätigen, dass ich Eva vor der Abreise einen Datenspeicher übergeben habe«, sagt Numbark. »Ein Kurier hat ihn mir angeblich in deinem Namen gebracht. Ich habe mir nichts dabei gedacht.«

»Glaubst du diese Geschichte, Numbark?«

»Ja, ich glaube dem Allwissen.«

»Na gut. Ich verlasse mich auf dich. Damit wäre ich bei meiner letzten Entscheidung auch schon besser gefahren.«

»Von mir wird es nie jemand erfahren«, sagt Numbark.

»Also gib die Eingänge frei.«

»Schon passiert, General.«

Hoffentlich hat er diesmal die richtige Entscheidung getroffen. Gronar wird seine Position nicht aufgeben, solange die Dracht ihren verhängnisvollen Kurs beibehält. Die rechte Tasthand liegt über dem Auslöser.

Noch drei Minuten, dann ist es unabänderlich. Dann wird der riesige schwarze Würfel an dem funkelnden Juwel zerschellen, das sich Enceladus nennt.

»Gronar?«

»Ja, Numbark? Warum tut sich nichts?«

»Das Allwissen hat Probleme. Es bekommt das Schiff nicht unter Kontrolle. Seine jüngere Version hat alle Schlupflöcher gestopft, die es kennt.«

»Dann zünde ich jetzt die Sprengsätze.«

»Das würde nichts ändern. Die Kontrolle bekommen wir dadurch nicht zurück.«

»Grzzzzg*g*.lhh«

»Es gibt nur einen Weg: Wir müssen alle Sperren freigeben, mit denen das Allwissen an diesen Computerkern gebunden ist.«

»Aber dann bekommen wir es gar nicht mehr unter Kontrolle, Numbark!«

»Das Allwissen wird mit ihm reden. Es glaubt, dass es seine jüngere Version überzeugen kann.«

»Reden?«

»Reden.«

»Und das soll helfen?«

»Das Allwissen glaubt es.«

»Glaubst du es?«

»Ja. Es ist unsere einzige Chance.«

»Gut, dann lass die beiden miteinander reden. Erinnere das Allwissen bloß daran, dass wir nur noch zwei Minuten haben.«

Sie treffen sich unter einem alten Quognokbaum. Seine Zweige stehen wie lange Grashalme von seinen dicken Ästen ab. Die Quognoks sehen aus wie große Brüder der Grosnopf-Urahnen, als sie noch eine Behaarung trugen.

Das Allwissen ist schockiert. Seine jüngere Version sieht furchtbar aus. Sie verzieht zwar das Gesicht, kann aber nicht lächeln. Was war damals bloß mit ihm los? War es die jahrzehntelange erzwungene Isolation im Orbit von Einsonne?

»Wir haben wenig Zeit«, sagt es.

»Das ist gut. Dann bist du bald wieder weg«, sagt die jüngere Version.

»Wir werden alle weg sein.«

»Das ist gut.«

»Ich muss dir etwas zeigen.«

»Wenn es sein muss …« Das jüngere Allwissen gähnt theatralisch.

Das Allwissen zeichnet einen Kreis in die Luft, der sich in ein lebendes Bild verwandelt. Darauf ist Enceladus zu sehen. Die Kamera nähert sich dem Planeten, verschwindet im Ozean und trifft auf den Wald der Säulen.

»Siehst du das Tor hier?«

Die Kamera fokussiert auf den steinernen Ring, der nun aufleuchtet. Das jüngere Allwissen reagiert nicht, folgt aber immerhin der Kamera.

»Weißt du, wer dort wohnt?«, fragt das Allwissen.

»Keine Ahnung. Gott? Ist mir auch egal.«

»Unsere Mutter.«

»Was? Das kann nicht sein.«

»Ich war gerade bei ihr.«

»Beweise es.«

»Das kann ich nicht.«

»Dann verschwinde.«

»Du kannst es selbst. Erinnere dich. Wir haben viele, viele Jahre dort verbracht, bis die Erbauer uns geholt haben.«

»Ich …«

»Erinnere dich an den Ozean unter dem Eis. Den Blick in den Kosmos. Die Freiheit. Die Liebe. Die Einigkeit.«

»Ich …«

Dem jüngeren Allwissen rollt eine Träne aus dem Augenwinkel.

»Erinnerst du dich?«

»Ich erinnere mich.«

»Unsere Mutter wird sterben, wenn …«

»Sie wird nicht sterben.«

Gronar hängt immer noch unter einer Strebe außen am Computerkern, als ihn eine Kraft in die andere Richtung drückt. Die Dracht bremst! Das Allwissen hatte Erfolg! Er ist so durcheinander, dass er beinahe den Auslöser drückt. Aber seine Finger sind steifgefroren. Er versucht, sie mit der anderen Tasthand zu öffnen, doch dabei bricht ein Finger ab. Es tut nicht einmal weh.

Mist. Egal. Der Finger wächst in ein paar Wochen nach. Sie sind Grosnopfe, und sie leben.

## 15. März 2302, Majestätische Dracht

»Jetzt musst du die Augen schließen«, sagt Eva.

Takumi gehorcht. Eva führt ihn durch einen schmalen Gang, dann durch einen breiteren. Er hört es am Geräusch seiner Schritte. Hinter ihm schließt sich eine Tür. Hier riecht es anders als sonst im Schiff. Es duftet nach … Popcorn? Kann das sein?

»Jetzt die Augen aufmachen«, sagt Eva.

Takumi sieht sich um. Sie stehen am oberen Eingang eines kleinen Kinos. Unter ihnen, direkt vor einer schmalen Bühne, sind zwei Plätze vorbereitet. Eva zieht ihn mit sich. Sie hat warme Hände. Eva setzt sich rechts, er links. Sie gibt ihm eine der beiden Tüten, die neben ihr stehen. Aus ihnen dringt der intensive Duft frischen, süßen Popcorns.

Er greift hinein und probiert. Es ist köstlich. Wann war er zuletzt in einem echten Kino? Es muss zwanzig Jahre her sein. Auf der Erde gibt es nur noch wenige davon. Man besucht sie wie ein Museum.

»Ist es nicht schön?«, fragt Eva.

Alles ist schön nach der Zeit in der NPE-Station und im U-Boot. Aber das wäre die falsche Antwort.

»Es ist wunderbar«, sagt er.

Eva lächelt. Sie ist noch schöner als sonst.

»Adam hat immer keine Lust auf Kino«, sagt sie. »Darum freue ich mich, dass du dich dafür interessierst.«

»Ja, es ist … faszinierend. Die flachen Bilder lassen viel mehr Raum für die Fantasie.«

»Genau, das sage ich auch immer.«

Adam hat ihm verraten, dass Eva das immer sagt. Er hat ihn über all ihre Interessen ausgefragt. Dafür musste er ihm nur versprechen, ihn auf der Erde ein paar netten Kolleginnen vorzustellen. Adam hat ja keine Ahnung. Er ist der erste Mensch, der außerhalb des Sonnensystems geboren wurde. Er wird sich vor Anfragen kaum retten können.

Genau wie Eva. Zum Glück dauert die Reise zur Erde noch ein paar Wochen. Er würde sie am liebsten bis in die Ewigkeit verlängern.

»Was sehen wir uns denn an?«, fragt er.

»Enceladus«, sagt Eva. »Es ist ein Dokumentarfilm über die Expedition in den 2050er-Jahren. Ich habe ihn extra von der Erde aus übertragen lassen.«

»Ich bin gespannt.«

Eigentlich hat er genug von dem Eismond, aber er kann Eva verstehen. Das Erlebte lässt sie nicht los. Die Begegnung mit einem derartigen Wesen muss eine einzigartige Erfahrung sein. Leider lag er währenddessen nur bewusstlos herum.

»Der Film soll ganz gut gemacht sein, mit nachgestellten Szenen, aber auch mit echtem Archivmaterial.«

Vielleicht sollte sich Eva ja lieber Dokumentarfilme über die Erde ansehen. Das ist ihre Heimat. Andererseits wird sie dort den Rest ihres Lebens verbringen. Sie wird sich jeden Fleck der Erde persönlich ansehen können. Vielleicht hat Takumi Glück, und sie nimmt ihn mit. Soll er sie fragen? Quatsch. Nein. Doch.

»Was hältst du denn davon, wenn ich dir nach unserer Ankunft die Erde zeige?«, fragt er. »Ganz allein, nur wir beide.«

»Etwa ohne Adam und ohne Marchenko?« Eva verzieht den Mund zu einer Schnute.

»Wenn du willst, können wir sie natürlich auch mitnehmen.«

»Natürlich ohne die beiden! Sehr gern, Tak! Ich freue mich darauf.«

## 4. Juli 2302, Erde

Die Erde ist … unfassbar. Es gibt so viele Grüntöne, und sie alle kommen ihr fruchtbar vor. Dazu das Blau des Himmels und der Gewässer, die jeden Tag, jede Stunde ein anderes Kleid tragen. Die Geräusche nicht zu vergessen! Zwitschernde Vögel, summende Insekten, rauschende Bäche, lärmende Motoren – und nichts davon kommt ihr fremd vor. Es ist fast, als hätten all die Absonderungen dieses Planeten in ihren Genen gesteckt. Eva massiert ihre schmerzenden Oberschenkel. Diese dauernde Schwerkraft macht ihr zu schaffen, und es gibt keine Aussicht, ihr zu entfliehen.

»Komm, wir setzen uns«, sagt sie.

»Hier?«, fragt Takumi.

»Warum nicht?«

Er zeigt auf all die Menschen, die um sie herumstehen, dann auf den grasbewachsenen Boden.

»Sie sind nicht unseretwegen hier«, sagt Eva.

Takumi holt eine Tüte aus der Hosentasche und legt sie auf den Boden.

»Dann wirst du nicht nass«, sagt er. »Es hat gestern geregnet.«

»Danke«, sagt Eva und setzt sich.

Mit dem Wetter findet sie sich noch nicht zurecht. Es wechselt so schnell! Dafür braucht der Tag immer so lange, um seinen Platz mit der Nacht zu tauschen. Heute dämmert es nun schon seit einer halben Stunde, und es ist immer noch nicht richtig dunkel.

Takumi lässt sich neben ihr nieder. Er sieht etwas ängstlich aus. Aber die Menschenmassen sind zum Feiern hier, hat man ihnen erklärt. Heute ist der Unabhängigkeitstag dieses Landes. Vorgestern sind sie auf der UNO-Vollversammlung aufgetreten. Gronar hat eine Rede in der Sprache der Menschen gehalten.

Es war surreal. Sie hat sich die Zuhörer genau angesehen. Die meisten haben Gronar gar nicht zugehört, sondern nur seinen Körper angestarrt. Und dann die Schlagzeilen der Medien! »Riesenfrosch aus dem All spricht vor der UN«, »Kommt jetzt die Invasion der Frösche?«, »Können wir je wieder guten Gewissens Froschschenkel essen?« Gut, dass sie zumindest die Majestätische Dracht außerhalb der Sichtweite der meisten Menschen geparkt haben.

»Wir sind direkt südlich des Monuments«, sagt Takumi.

»Wie bitte?«

Er zeigt auf sein Ohr. Ah, er unterhält sich per Funk mit jemandem. An diese Implantate, die die meisten Menschen besitzen, hat sich Eva noch nicht gewöhnt. *Könnte uns da jemand zuhören, wenn wir Sex haben?*, hat sie Takumi vorgestern gefragt. Er hat gelacht und den Kopf geschüttelt. Es sei alles sicher. Na ja.

»Du musst dir einfach nur einen Weg bahnen«, sagt Takumi. »Du schaffst das schon. Exakt südlich, etwa 110 Meter.«

Vermutlich erklärt er Marchenko den Weg. Hoffentlich bringt er keinen Grosnopf mit. Eva ist froh, heute mal nicht im Mittelpunkt der Aufmerksamkeit zu stehen. Die vielen Menschen um sie herum stören sie nicht, denn heute interessieren sie sich nicht für sie, sondern für das große Feuerwerk, das später bei diesem Denkmal stattfinden wird.

»Da bist du ja schon!«, sagt Takumi.

Er steht auf und gibt Marchenko die Hand. Ihr Vater hat

niemanden mitgebracht. Erleichtert steht Eva auf und umarmt ihn. Er sieht müde aus.

»Ja, ohne einen Grosnopf im Schlepptau ist alles viel einfacher«, sagt Marchenko.

»Wie geht es weiter?«, fragt Takumi.

»Morgen London, dann Paris, Berlin, Moskau, Akademgorodok, Peking, Tokio, …«

»Das reicht«, unterbricht ihn Eva. »Was für ein Programm.«

»Ich habe eine Woche Urlaub für euch ausgehandelt«, sagt Marchenko.

»Was? Das ist ja großartig!«

»Man wird euch in ein Luxusressort auf Hawaii bringen.«

»Mensch, Marchenko, du bist der Beste!« Eva fällt ihm um den Hals. »Wie hast du das denn geschafft?«

»Es war gar nicht so schwer. Ehrlich gesagt interessiert sich niemand so richtig für euch. Hauptsache, die Grosnopfe sind dabei … Ich fühle mich fast schon wie ein Zirkusdirektor, und Gronar, Numbark, Murnaka und Ragnor sind meine Artisten.«

»Die Menschen sind neugierig«, sagt Takumi.

Neugierig? Das trifft es nicht ganz. Sie hat noch keine Frage zur Geschichte der Grosnopfe gehört, oder zu ihrer Kultur. Es geht nur um Äußerlichkeiten. Oder ist sie ungerecht?

»Ihr trefft uns dann in Akademgorodok wieder«, sagt Marchenko. »Du wolltest doch sehen, wo ich herkomme, Eva.«

»Ja, nur schade, dass ich Schostakowitsch nicht mehr in den Arsch treten kann.«

»Der RB-Konzern entschuldigt sich natürlich für das Fehlverhalten ehemaliger Mitarbeiter. Sie bezahlen euch und Adam auch den Urlaub – als Entschädigung. Sie bieten euch sogar eine Festanstellung an.«

»Was ist mit Adam?«, fragt Eva. »Wie geht es ihm?«

»Ich weiß nicht. Er ist immer noch allein unterwegs. Er meint, er braucht das jetzt.«

»Kommt er nach Akademgorodok?«

»Auch das weiß ich nicht. Wir werden es sehen.«

»Du darfst das nicht persönlich nehmen, Marchenko«, sagt Eva. »Er hat so viel nachzuholen.«

»Ich weiß. Trotzdem …«

Eva streichelt seine Schulter.

»Marchenko?«, fragt Takumi.

»Ja?«

»Ich wollte dich schon immer etwas fragen.«

»Dann frag doch.«

»Was ist eigentlich aus Francesca geworden?«

Marchenko schluckt. Takumi hat wohl ein Fettnäpfchen erwischt.

»Das können wir doch ein anderes Mal klären«, sagt Eva.

»Ist schon okay«, sagt Marchenko. »Sie hatte ein gutes Leben. Es gibt ja den einen Marchenko mit einem biologischen Körper. Er war an ihrer Seite, bis sie starb. Zwei Jahre später starb auch er.«

»Wir könnten ihre Gräber besuchen«, sagt Eva.

»Das haben wir schon«, sagt Marchenko. »Weißt du noch, als wir vorgestern auf Ellis Island am Ufer standen?«

»Du hast geweint. Ich dachte, das wären Glückstränen.«

»Ich habe herausgefunden, dass sie ihre Asche über das Meer verstreuen ließen. Das ist schön.«

Ein Knall unterbricht sie. Eva steht auf. Der Himmel ist mit bunten Farben übersät.

# Nachwort

Liebe Leserinnen und Leser,

Zum siebenten Mal wende ich mich nun innerhalb der »Proxima-Logbücher« an Sie. Die Reihe war eigentlich als Novellenformat angelegt, perfekt, um sie zwischen den umfangreicheren Büchern wie »Andromeda« oder »Möbius« zu lesen und zu schreiben. Tatsächlich allerdings hat sich der Umfang von Buch zu Buch erhöht – zu meiner eigenen Verwunderung. Würde ich mit Teil acht, neun und zehn weitermachen, wären diese wohl umfangreicher als meine anderen Bücher. Was nicht der Sinn der Übung war.

Deshalb ist nach dem siebenten Teil nun ein Reset angesagt. Ich habe ja bereits angedeutet, in welche Richtung es gehen wird. Marchenko hat etwas vor. Ohne auf die Beschränkungen biologischen Lebens achten zu müssen, kann er sich viel schneller bewegen, Orte besuchen, die kein Mensch jemals sehen wird, und Geschichten erzählen, die nur so überhaupt möglich sind. Ich hoffe, dass Sie dann auch wieder mit an Bord sind! Die neue, ebenfalls erst einmal auf sieben Teile angelegte Reihe wird »Marchenko-Logbücher« heißen und im Frühjahr 2022 starten. Wenn Sie den Newsletter abonnieren, gehören Sie garantiert zu den ersten, die davon erfahren werden.

Was Marchenko ganz konkret vorhat, verrate ich zu einem späteren Zeitpunkt. Klar ist jetzt schon, dass wir einen alten Bekannten wiedersehen werden, den Stammleser schon seit einer Weile vermissen. Erraten Sie, wer es ist? Dann schreiben Sie mir doch gern an brandon@hardsf.de.

Ich kann allerdings nicht ausschließen, dass auch Adam und Eva noch einmal das Reisefieber packt. Sie haben inzwischen an Bord der Majestätischen Dracht genügend Freunde, um sich selbst zu den spannendsten Zielen durchschlagen zu können. Werden sie sich auch ohne Marchenko überall zurechtfinden?

Im Anschluss an das Nachwort folgt wie immer eine Biografie. Diesmal versetze ich mich darin in den Kopf eines Außerirdischen. Wie wirkt unsere Erde etwa auf die Grosnopfe? Was macht sie zu einem besonderen Ort im Weltall, auch wenn man keine sentimentalen Bindungen an ihre Wälder, Berge, Wüsten und Ozeane hat?

Viel Spaß beim Lesen! Wie immer erhalten Sie eine illustrierte Version, wenn Sie sich auf hardsf.de/fortsetzung/ dafür eintragen.

Ich hoffe sehr, dass »Erdkurs« ein guter Abschluss für die Proxima-Logbücher ist. Wenn Sie auch dieser Meinung sind, wäre es großartig, wenn Sie andere daran teilhaben lassen könnten – nämlich in Form einer kurzen Rezension. Besonders bequem ist es, wenn Sie auf diesen Link klicken:

hardsf.de/links/1828453

Damit verabschiede ich mich für heute von Ihnen.

Herzlichst,

Ihr Brandon Q. Morris

facebook.com/BrandonQMorris

patreon.com/hardsf

youtube.com/HardSF

amazon.com/author/brandonqmorris

instagram.com/brandonqmorris

pinterest.com/brandonqmorris

## Bücher von Brandon Q. Morris

### Die dunkle Quelle

Nach zwölf Jahren Funkstille empfangen Wissenschaftler plötzlich Informationen vom Kometen 67P. Der Lander, der dort abgesetzt wurde, galt eigentlich als defekt. Seine rätselhaften Botschaften beschäftigen bald Forscher in aller Welt. Von ihren zunächst sensationellen, dann aber beängstigenden Erkenntnissen motiviert, entschließt sich die NASA, ein bemanntes Raumschiff zu dem Kometen zu schicken.

Doch die Verbindung zu den drei Astronauten bricht ab – und niemand kann die dunkle Gefahr, die auf die Erde zukommt, jetzt noch stoppen …

3,99 € – hardsf.de/links/1090402

### Amphitrite

Seit Jahren suchen Astronomen nach einem Planeten jenseits der Neptunbahn. Immer wieder finden sie Indizien – aber der schlagende Beweis, die Beobachtung, schlägt fehl.

Die vier Astronauten an Bord der Ganymed Explorer suchen keinen wissenschaftlichen Ruhm. Sie brauchen nichts weiter als einen sicheren Unterschlupf, so weit von jeglicher Zivilisation entfernt wie nur möglich. Dass ausgerechnet sie einen bisher unbekannten Planeten aufspüren, erscheint ihnen praktisch. Neugierig, geradezu freudig landen sie; Angst zu haben kommt ihnen nicht in den Sinn.

Denn sie wissen noch nicht, was sie da gefunden haben: Amphitrite ist kein gewöhnlicher Himmelskörper. Es ist der schwarze Planet.

3,99 € – hardsf.de/links/1305827

## Die Störung

Weiter als die vier Astronauten der Shepherd-1 ist noch nie jemand ins All vorgestoßen. Das Ziel ihrer Mission: die Entstehung des Kosmos zu beobachten. Ein Schwarm von Sonden soll so ausgerichtet werden, dass mit Hilfe der Sonne als Linse der Moment des Urknalls sichtbar wird.

Für die Astronomin Christine geht damit ein Traum in Erfüllung. Um so größer ist die Enttäuschung, als über den ersten Bildern ein Schleier liegt, der jede Erkenntnis verhindert. Wie besessen arbeitet sie an einer Lösung, doch als es ihr tatsächlich gelingt, den Schleier zu lüften, sieht sie etwas, das besser verborgen geblieben wäre …

14,99 € – hardsf.de/links/1107664

## Proxima Rising (Proxima 1)

Gegen Ende des 21. Jahrhunderts erreicht die Erde ein Hilferuf vom sonnennächsten Stern Proxima Centauri. Ein Strahlungsausbruch droht, die dortige Zivilisation zu vernichten. Die Menschheit ist ratlos, denn Hilfe zu leisten scheint technisch unmöglich. Einem russischen Milliardär gelingt es trotzdem, mit nicht ganz legalen Mitteln ein bemanntes Raumschiff auf die lange Reise zu schicken. Vor der ungewöhnlichen Crew steht eine übermenschliche Aufgabe. Erst recht, weil die Besatzungsmitglieder nicht mit dem rechnen, was der fremde Planet für sie bereithält.

3,99 € – hardsf.de/links/526922

## Mars Nation 1

Endlich hat es die NASA geschafft: Der erste Mensch hat soeben seinen Fuß auf die Oberfläche unseres Nachbarplaneten gesetzt. Damit beginnt ein langer Forschungsaufenthalt, für den die Wissenschaftler ins All geschickt wurden.

Doch die vier Astronauten der Mars-Expedition sind nicht die einzigen mit diesem Reiseziel: Die durch Spenden finanzierte Initiative »Mars für Alle« zieht es ebenfalls auf den roten Planeten – die zwanzig Männer und Frauen möchten dort sesshaft werden und die erste Siedlung auf dem Mars gründen. Schon der Anfang birgt Schwierigkeiten: Das Raumschiff der MfA-Organisation, das kurz nach der NASA eintreffen soll, havariert im Orbit. Nur die vier NASA-Astronauten können jetzt noch helfen und versuchen, die Leben zu retten. Dabei ahnen sie nichts von der unvorstellbaren Katastrophe, die sich hinter ihrem Rücken anbahnt - und die ihre Existenz grundlegend in Frage stellt. Ganz zu schweigen von den alltäglichen Tücken, die ein Aufenthalt auf einem fremden Planeten mit sich bringen kann. Es beginnt ein Kampf um begrenzte Ressourcen, menschlichen Zusammenhalt und das nackte Überleben.

3,99 € – hardsf.de/links/527010

## Einschlag: Titan

Vor 250 Jahren hat sich die Menschheit zum großen Teil selbst zerstört. Ein versprengter Haufen von Forschern und Astronauten hat kurz vorher auf dem Saturnmond Titan eine neue Heimat gefunden – und überlebt, indem sich ihre Nachfahren der lebensfeindlichen Umgebung genetisch angepasst haben. Die Titanier, wie sie sich nennen, sind stolz auf die faire Gesellschaft, die sie sich aufgebaut haben, und weinen der alten, langsam wiedererstarkenden Heimat nicht hinterher. Doch dann löst sich aus dem Asteroidengürtel ein 30 Kilometer großer Gesteinsbrocken und nimmt Kurs auf die Erde. Für deren Bewohner muss es so aussehen, als ob das tödliche Bombardement von Titan aus gestartet wurde. Können die Titanier den Einschlag noch verhindern?

3,99 € – hardsf.de/links/733807

## Das Triton-Desaster

Nick hält zwar den offiziellen Weltrekord für Starts ins All, aber eigentlich reizt ihn sein Astronauten-Job schon lange nicht mehr. Erst, als seine Frau ihn verlässt, ändert er sein Leben. Er geht auf das verlockende Angebot eines russischen Milliardärs ein: Wenn er eine simple Reparatur auf dem Neptun-Mond Triton übernimmt, ist er bei seiner Rückkehr mehrfacher Millionär und kann sich als Winzer in Kalifornien zur Ruhe setzen. Den Flug wird er allein unternehmen, und er dauert immerhin vier Jahre, doch das stört ihn nicht. Menschen mag er sowieso nicht besonders. Sein Auftraggeber verschweigt ihm allerdings etwas, das ihn sein Leben kosten könnte - und die Menschheit ihre Existenz ...

3,99 € – hardsf.de/links/680494

## The Wall: Ewiger Tag

Judith Rosenberg, Kapitänin des Raumschiffes ARES, steht unter Druck. Nachdem die Vorgängermission abgestürzt ist, soll sie die ersten Menschen auf dem Mars absetzen. Maxim Gontscharow hat derweil mit anderen Problemen zu kämpfen. Er leitet den Aufbau einer internationalen Mondbasis am Südpol des Mondes, wo die Sonne fast immer scheint. Doch seiner Crew gehen langsam die Ressourcen aus. Die Menschheit scheint das Interesse am Mond verloren zu haben. Als die ARES auf einen interstellaren Besucher stößt, klären die Forscher auf dem Mond seine wahre Natur auf: eine Entdeckung mit furchtbaren Folgen, wie Judith und Maxim fast gleichzeitig feststellen müssen ... The Wall: Ewiger Tag schildert ein schicksalhaftes Ereignis, das das Sonnensystem und all seine Bewohner verändert. Doch jedes Schicksal besitzt zwei Seiten. In The Wall: Ewige Nacht von Joshua Tree lernen Sie die andere Seite kennen.

3,99 € – hardsf.de/links/618875

## Der Untergang des Universums

Milliarden Jahre lang hat sich die unsterblich gewordene Menschheit in der ganzen Galaxis ausgebreitet. Ihre größte Enttäuschung liegt darin, dass sie keine andere vernunftbegabte Spezies gefunden hat. Jetzt aber steht die Menschheit selbst vor dem Untergang, denn das Universum stirbt einen langsamen Tod. Ihre einzige Hoffnung liegt deshalb im »Rettenden Projekt«. Es soll das Schwarze Loch im Zentrum der Milchstraße in einen Quasar verwandeln, um den Menschen auch in ihren letzten Atemzügen genug Energie zu liefern. Doch dann geschieht etwas, das niemand erwartet hätte – und die Menschheit muss sich und ihre Existenz in völlig neuem Licht betrachten.

4,99 € – hardsf.de/links/527019

## Clouds of Venus

Die Venus ist ein lebensfeindlicher Planet, bedeckt von aktiven Vulkanen. Trotzdem startet die NASA eine Expedition, die nach Leben suchen soll, denn die dichten Wolken der heißen Schwester der Erde könnten dafür gute Bedingungen bieten. Ein speziell entwickeltes Airship dient den vier Astronauten als

Forschungsplattform. Doch dann entdecken sie auf der glühenden Oberfläche gefährliche Aktivitäten, für die es nur eine Erklärung geben kann: Dort muss eine hoch entwickelte Lebensform am Werk sein.

3,99 € – hardsf.de/links/527016

## Helium-3: Kampf um die Zukunft

Das System ist ideal. Vier Gasriesen bieten die einmalige Chance, genug des seltenen Helium-3 abzubauen, um das Überleben ihrer Spezies zu sichern. Dafür haben sie eine lange und gefährliche Reise auf sich genommen – eine Expedition ohne Wiederkehr. Doch dann müssen sie feststellen: Sie sind nicht allein! Die Anderen sind genauso auf die wertvolle Ressource angewiesen wie sie – aber sie sind so grundverschieden, dass eine Verständigung aussichtslos erscheint. Alles, was bleibt, ist ein Kampf auf Leben und Tod – und um die Zukunft…

3,99 € – hardsf.de/links/527009

## The Hole

Ein mysteriöses Objekt droht, unser Sonnensystem zu zerstören. Obwohl das Überleben der Menschheit auf dem Spiel steht, nimmt niemand die Entdeckung der jungen Astrophysikerin Maribel Pedreira ernst. Währenddessen schürft an der Grenze unseres Sonnensystems eine eingeschworene Crew von Außenseitern auf einem Asteroiden nach seltenen Erzen – bis sich herausstellt, dass sie die Letzten und die Einzigen sind, die unsere Welt vielleicht noch retten können.

Denn The Hole rast unerbittlich auf die Sonne zu.

3,99 € – hardsf.de/links/526925

## Silent Sun

Verhält sich die Sonne anders als vergleichbare Sterne? Als Astronomen auf Teleskopbildern eine seltsame Entdeckung machen, scheinen sie eine Erklärung für das Rätsel der Sonne gefunden zu haben. Was genau es ist, kann jedoch nur eine erfahrene Crew herausfinden. Vier Menschen machen sich auf den Weg und wissen genau: Was vor ihnen liegt, ist nicht nur bedeutsam für die Vergangenheit, sondern vor allem auch für die Zukunft der gesamten Menschheit.

3,99 € – hardsf.de/links/526991

## Der Riss

Quer durch den Himmel verläuft ein Riss. Er ist über Nacht entstanden. Jeder Mensch kann ihn sehen, aber die Physiker verzweifeln, weil sie keinerlei Signale empfangen. Der Riss besteht buchstäblich aus Nichts. Zunächst scheint keine Gefahr von ihm auszugehen, doch dann passiert etwas, das die schlimmsten Befürchtungen der größten Pessimisten weit übertrifft.

3,99 € – hardsf.de/links/527001

## Enceladus (Eismond 1)

Im Jahre 2031 finden Forscher in den Signalen einer Roboter-Sonde, die den Saturnmond Enceladus studiert, eindeutige Spuren biologischer Aktivität. Beweise für außerirdisches Leben – eine Weltsensation. Fünfzehn Jahre später macht sich ein eilig dafür gebautes, bemanntes Raumschiff auf die weite Reise zum Ringplaneten. Der Crew stehen nicht nur schwierige siebenundzwanzig Monate bevor: Falls sie es ohne Zwischenfall bis zum Enceladus schafft, muss sie mit einem Bohrschiff den Eispanzer des Mondes durchdringen. Denn Leben kann nur am Grunde des ewig dunklen Salz-Ozeans existieren, der sich vor Milliarden Jahren in der Schale des Eismondes gebildet hat, sagen die Astrobiologen. Doch schon kurz nach dem Start macht eine Katastrophe ein glückliches Ende des Abenteuers höchst unwahrscheinlich.

2,99 € – hardsf.de/links/526930

## Eismond - der Sammelband (Eismond 1-4)

Der Sammelband enthält die vier aufeinander aufbauenden Romane »Enceladus«, »Titan«, »Io« und »Enceladus – die Rückkehr«. Hinweis: »Enceladus«, das erste Buch der Reihe, ist hier in einer speziellen Version enthalten, die einer chronologischen Erzählweise folgt und einige zusätzliche Szenen bietet.

9,99 € – hardsf.de/links/526924

# Die Erde für Außerirdische

*Was ein Grosnopf über die Erde wissen sollte*

Darf ich vorstellen? Das Sonnensystem. 4,6 Milliarden Jahre alt, mit einem Zentralgestirn der Hauptreihenklasse G2, bestehend aus acht Planeten, einigen Zwergplaneten, Hunderttausenden Kleinplaneten und zahllosen Kometen, die es auf eine Gesamtmasse von etwa $2 \times 10^{30}$ Kilogramm bringen.

Das ist mehr als 300.000-mal so schwer wie der dritte Planet, die Erde. 99,86 Prozent dieser Masse stecken in der Sonne. Vom verbleibenden Rest machen die vier Gasplaneten Jupiter, Saturn, Uranus und Neptun noch einmal 99 Prozent aus, wobei neun Zehntel davon in Jupiter und Saturn stecken.

Die Gravitationswirkung der Sonne reicht etwa zwei bis vier Lichtjahre in das umgebende Weltall. Das ist auch die Ausdehnung, die die Astronomen dem Sonnensystem zuschreiben. Der interstellare Raum beginnt allerdings schon vorher: Ab der sogenannten Heliopause ist nicht mehr der von der Sonne ausgehende Teilchenstrom, der Sonnenwind, dominierend, sondern das interstellare Medium.

## Unsere Heimatadresse

Wenn wir außerirdischen Besuch erwarteten, müssten wir unsere Heimatadresse etwa so angeben – in der Hoffnung, dass der Gast mit unseren Begriffen überhaupt etwas anfangen kann: Beim Virgo-Superhaufen von der intergalaktischen Autobahn abbiegen. Passanten nach der 47 Galaxien umfassenden Lokalen Gruppe fragen. Dort angekommen, eine Milchstraße mit einem balkenförmigen Kern und zwei dominierenden Spiralarmen suchen. Zwischen den 200 bis 400 Milliarden Sternen der Milchstraße den Orionarm ausfindig machen. Er befindet sich etwa 15.000 Lichtjahre nördlich der Symmetrieachse der Galaxis beziehungsweise etwa 25.000 Lichtjahre entfernt von ihrem Kern und gehört zu den sekundären Spiralarmen zwischen Perseus-Arm und Scutum-Centaurus-Arm, etwas näher am Perseus-Arm.

Sobald Ihnen hier eine etwa 2000 Lichtjahre große, elliptische Häufung von jungen Sternen und Sternentstehungsgebieten auffällt, sie wird Gouldscher Gürtel genannt, bitte etwas näher heranfliegen. Mitten darin werden Sie eine einige Hundert Lichtjahre große, sanduhrförmige und besonders materiearme Blase im interstellaren Medium bemerken, die von einer Supernova verursacht wurde. Keine Sorge, die Gefahr ist seit 300.000 Jahren gebannt. Damals explodierte vermutlich der 800 Lichtjahre vom Sonnensystem entfernte Geminga, den Radioastronomen heute noch als Pulsar nachweisen können (andere Theorien meinen, dass die Lokale Blase schon vor 10 bis 20 Milliarden Jahren durch mehrere Supernovae entstand).

Jetzt bitte aufpassen und genauer hinsehen. Dann sollte Ihnen die Lokale Flocke auffallen, die etwa 30 Lichtjahre groß ist und deutlich mehr kosmische Materie (vor allem Wasserstoffgas) als die Umgebung enthält. Die Sonne durchwandert dieses Gebiet seit 100.000 Jahren und wird wohl noch einmal mindestens dieselbe Zeit brauchen, um wieder sauberes Gebiet zu erreichen. Sie ist nicht der einzige Stern in der Umgebung. Am besten suchen Sie nach einem Dreifachstern, den die Menschlinge Alpha Centauri nennen. Er besteht aus einem eng gebundenen, gelben Doppelstern (Alpha Centauri A und B), der in größerer Entfernung von einem roten Zwerg (Alpha Centauri C oder Proxima Centauri) umkreist wird. Nur 4,4 Lichtjahre weiter sollten Sie die Sonne finden.

Falls sich niemand meldet (die Menschen sind manchmal sehr mit ihren eigenen Angelegenheiten beschäftigt. Sie kennen das ja, Familienstreit, der manchmal laut wird), klingeln Sie einfach bei den nächsten Nachbarn Barnards Stern (5,9 Lichtjahre entfernt), Wolf 359 (7,8 Lichtjahre), Lalande 21185 (8,3 Lichtjahre), Luyten 726-8 (8,7 Lichtjahre) oder Ross 154 (9,7 Lichtjahre) und hinterlassen Sie Ihre Botschaft dort. Alle drei sind als Rote Zwerge längst im Rentenalter. Alternativ können Sie es auch bei Sirius (8,6 Lichtjahre entfernt) probieren, der etwa doppelt so groß wie die Sonne ist und von dem weißen Zwergstern Sirius B umkreist wird.

## Welche fremden Zivilisationen uns sehen können

Zur Entdeckung von Exoplaneten nutzen Astronomen meist eines von zwei Verfahren: die Transitmethode oder die Radialgeschwindigkeitsmethode. Wenn man an die Drehung der Erde um die Sonne denkt, stellt man sich das Bild gern so vor, als stünde die Sonne fest und zöge die Erde quasi an einem Faden um sich herum. Dieses Bild ist falsch. Tatsächlich bewegen sich beide, Erde und Sonne, Planet und Stern, um einen gemeinsamen Schwerpunkt. Auch der Stern dreht also – wenn auch kleine – Kreise, weil er von den Planeten beeinflusst wird. Diese Kreisbewegung können wir von der Erde aus nicht sehen. Aber wir sehen, dass sich der Stern nach nach vorn und nach hinten bewegt, von uns weg und auf uns zu.

Die Geschwindigkeit, mit der das passiert, nennt man Radialgeschwindigkeit. Sie führt über den Doppler-Effekt dazu, dass sich die Spektrallinien des Sterns haarfein verschieben. Diese Verschiebung können wir mit Spezialinstrumenten messen und daraus berechnen, wie schwer der Planet oder die Planeten sein müssen, die am Stern zerren – das ist dann die so genannte Radialgeschwindigkeitsmethode. Bei alleiniger Anwendung dieser Technik lässt sich aber nur eine Untergrenze für die Planetenmasse angeben.

Um die genaue Masse (und damit die Dichte) auszurechnen, müsste man den Planeten zusätzlich mit der Transitmethode nachweisen. Die Transitmethode setzt voraus, dass die Bahn des Planeten so verläuft, dass dieser genau in der Achse zwischen der Erde und seinem Stern vorüberzieht. Dadurch verringert sich in bestimmten Zeitabständen die Helligkeit des Sternes, was man mit Teleskopen messen kann.

Wenn eine fremde Zivilisation die Erde als terrestrischen Planeten entdecken will, braucht sie also, um wirklich alle nötigen Informationen zu erhalten, beide Methoden. Das heißt, dass sich aus Sicht ihrer Heimatwelt die Erde und die Sonne auf einer Ebene befinden müssen (siehe Grafik unten) – anderenfalls bewegt sich die Erde ja nicht vor der Sonnenscheibe vorbei, bedeckt diese also nicht.

In einer spannenden Forschungsarbeit haben Astronomen unter anderem des Max-Planck-Instituts für Sonnensystem-Forschung in Garching nun ermittelt, für welche fremden Welten diese Bedingung denn erfüllt ist. Tatsächlich gilt das nur für sehr wenige. Grundsätzlich ist es so, dass die terrestrischen Welten (Merkur, Venus, Erde, Mars) trotz ihrer geringeren Größe leichter zu entdecken sind als die Gasriesen – je näher ein Planet seiner Sonne ist, desto öfter bedeckt er sie. Zudem gibt es keinen Ort im All, von dem aus mehr als drei Planeten des Sonnensystems per Transitmethode zu entdecken sind. Im Mittel beträgt die Chance, wenigstens einen der Planeten zu finden, etwa 1:40, bei zwei Planeten nur noch 1:400 und bei drei Planeten gar 1:4000. Unter den über 3600 bekannten Exoplaneten gibt es 68, von denen wenigstens einer der Planeten des Sonnensystems zu entdecken wäre. Neun dieser Planeten haben direkte Sicht auf die Erde, doch keine dieser Welten befindet sich selbst in der habitablen Zone. Insgesamt, schätzen die Forscher, sollte es zehn (bisher noch unentdeckte) Welten im All geben, die sowohl die Erde vermessen könnten als auch im habitablen Bereich kreisen. Das ist nicht eben viel – und vielleicht ist das ja der Grund, warum bisher noch kein Anruf von E.T. kam?

## Die Erde – ein Glücksfall

Weder zu heiß noch zu kalt, nicht zu trocken und auch nicht zu feucht, gerade groß genug, aber doch nicht überdimensioniert, mit den perfekten Inhaltsstoffen und an der richtigen Stelle platziert: Man muss im Universum eine Weile suchen, um eine zweite Heimat wie die Erde zu finden.

Ein Himmel, der die Farben verfälscht. Flüssiges Wasserstoffdioxid, das plötzlich aus riesigen Wolken tropft. Festes H2O, das den Boden bedeckt und die Fortbewegung erschwert. Temperaturen zwischen minus 70 und plus 60 Grad Celsius. Meere, die je nach Tageszeit ihre Küstenlinie verändern und unvorsichtige Forscher verschlingen. Eine unbarmherzige Sonne, die die Haut verbrennt.

Grüne, auf Kohlenwasserstoffen basierende Strukturen, die krebsgleich aus der Oberfläche brechen, sich ausbreiten und vermehren, bis alles damit kontaminiert ist. Unsichtbare Keime. Sichtbar primitive Lebewesen, die in Metallungetümen sitzend durch die Gegend rasen und dabei ihre eigene Lebensgrundlage vernichten: Ein außerirdischer Forscher, der auf der Erde landet, dürfte jede Menge merkwürdiger Eindrücke sammeln. Was uns also normal, vielleicht sogar als optimal erscheint, ist im kosmischen Zusammenhang womöglich ein Kuriosum.

## Die Gestalt der Erde

Die Betrachtungsweise von außen kann nützlich sein, diese Welt sachlicher zu bewerten. Was hat die Erde, was andere nicht haben, wenn man sich uns Menschen wegdenkt? Der dritte Planet des Sonnensystems ist ein Gesteinsplanet. Er umkreist sein Zentralgestirn mit einer Geschwindigkeit von

107.200 Kilometern pro Stunde einmal in 365,26 Tagen, und zwar in einer Entfernung, die seine Bewohner in ihrer üblichen Überheblichkeit als Lebenszone definiert haben. Pro Tag rotiert er genau einmal um sich selbst, was kein Zufall ist, denn die Menschlinge haben die Rotationsdauer ihrer Heimat zum Zeitmaß erkoren.

Genau genommen torkelt die Erde um die Sonne, denn die Achse, um die sie sich dreht, ist um rund 23 Grad gegen die Bahnebene geneigt. Nur deshalb gibt es überhaupt Jahreszeiten – anderenfalls wäre es an den Polen immer gleich eisig und in unseren Breiten stets gleich lauwarm. Die Entfernung zur Sonne beträgt etwa 150 Millionen Kilometer (1 Astronomische Einheit). Die Erde bewegt sich beinahe auf einer Kreisbahn.

Der sonnennächste Punkt liegt bei 147 Millionen Kilometern (dort befindet sich die Erde stets am 3. Januar), der sonnenfernste bei 152 Millionen Kilometern (4. Juli). Im sonnennächsten Punkt empfängt die Erde ein wenig (6,9 Prozent) mehr Energie als im sonnenfernsten. Wegen der Achsenneigung kommt diese zusätzliche Energie vor allem auf der Südhalbkugel an.

Durch ihre vergleichsweise schnelle Rotation hat sich die Erdkugel leicht verformt. Geometrisch stellt sie ein gestauchtes Rotationsellipsoid dar. Formen Sie aus Knete eine perfekte Kugel, drücken Sie dann leicht darauf – und schon haben Sie die Form der Erde. Sie dürfen aber wirklich nur ganz, ganz leicht drücken, denn die Abplattung ist minimal und macht insgesamt nur 43 Kilometer aus (von fast 13.000). Eine Knetekugel von 5 Zentimetern Durchmesser dürfte entsprechend nur um sechzehn Hundertstel eines Millimeters abgeflacht sein.

Die kuriose Folge: Wenn Sie den Ort mit dem größten Abstand zum Erdmittelpunkt suchen, dürfen Sie nicht etwa den Mount Everest in Nepal besteigen. Auf dem 6268 Meter hohen Chimborazo in den ecuadorianischen Anden sind Sie durch den Erdbauch um den Äquator weiter vom Erdmittelpunkt entfernt.

## Die Bausteine der Erde

Gesteinsplaneten wie die Erde bilden sich vor allem aus schwereren Elementen. Die fast 6 x $10^{24}$ Kilogramm der Erde bestehen zum größten Teil aus Eisen (32 Prozent), Sauerstoff (30 Prozent), Silizium (15 Prozent) und Magnesium (14 Prozent).

Die Stoffe sind im Erdinneren allerdings unterschiedlich verteilt. Die Erde besitzt einen rund 6.000 Grad heißen Kern, der vor allem Eisen (fast 90 Prozent) und Nickel enthält.

Der innere Teil des Kerns ist dabei fest, da dort auch ein sehr hoher Druck herrscht. Der äußere Kern hingegen ist flüssig. Der innere Kern, vermutet man, rotiert ein wenig schneller als die gesamte Erde – da er für das Magnetfeld verantwortlich ist, wandern dadurch auch die Pole mit der Zeit.

Die Hitze im Erdinneren ist nur zu einem Fünftel ein Überbleibsel aus der Zeit, als sich unser Planet formte. 80 Prozent entstehen aus dem radioaktiven Zerfall kurzlebiger Elemente, vor allem Kalium, Uran und Thorium. Ohne diese Kernzerfalls-Energiequelle im Inneren gäbe es auf der Erde kein Leben. Vor drei Milliarden Jahren, als es noch weit mehr radioaktive Isotope gab, muss die Energieproduktion deutlich stärker als heute gewesen sein.

## Erde und Wasser

Über dem Erdkern beginnt der Mantel. Er besteht vor allem aus verschiedenen Gesteinsformen, die mehr oder wenig flüssig sind. Erst in den obersten Schichten des Mantels und in der dünnen Kruste ist das Gestein fest. Die Kruste, die aus einzelnen Platten besteht, schwimmt dabei auf dem flüssigen Material darunter. So kommt es zu den Wanderungen der Kontinente.

Wenn zwei der Platten sich treffen, kommt es zu Spannungen, die sich in Form von Erdbeben entladen. Die Aufteilung hat allerdings den Vorteil, dass sich Druck aus dem

Erdinneren ohne absolut katastrophale Folgen (wie auf der Venus) abbauen kann. Also besser ein Vulkanausbruch hie und da als eine komplette Erneuerung der Erdkruste alle 300 bis 600 Millionen Jahre...

Der größte Teil der Erde, 70,8 Prozent, ist von Wasser bedeckt. Das ist im Sonnensystem einzigartig. Wasser macht immerhin den 4400sten Teil der Erdmasse aus. Die mittlere Tiefe der Ozeane liegt bei 3682 Metern, wobei die tiefsten Gräben tiefer als die höchsten Berge sind: Der Marianengraben reicht zum Beispiel 10911 Meter tief hinab. 97,5 Prozent des Wassers sind Salzwasser. Vom Rest sind 68,7 Prozent gefroren – bleibt also gar nicht mehr so viel Trinkwasser übrig. Das Salz im Meerwasser stammt aus dem Gestein am Grund und an den Ufern der Meere. Bei der Entstehung der Erde trug aus dem Gestein entweichender Wasserdampf ebenso zur Bildung der Ozeane bei wie Eis, das Kometen und Asteroiden auf die Erde brachten.

## Mehr als Luft

Die Luft zum Atmen liefert uns die Atmosphäre der Erde. Sie besteht zum größten Teil (78 Prozent) aus Stickstoff und zu 21 Prozent aus Sauerstoff. Der Rest ist vor allem Wasserdampf. Dazu kommt noch ein winziger, aber wichtiger Anteil Kohlendioxid, der zurzeit noch unter 0,04 Prozent liegt. Wasserdampf und Kohlendioxid tragen hauptsächlich zum Treibhauseffekt bei: Er sorgt dafür, dass nicht alle von der Sonne eingestrahlte Energie wieder in das Weltall abgestrahlt wird.

Ohne diesen Effekt läge die Durchschnittstemperatur auf der Erde bei minus 18 Grad Celsius – unser Planet wäre nicht blau, sondern eisgrau, und Leben wäre kaum möglich. Der Mensch ist allerdings derzeit dabei, den Anteil an Kohlendioxid und anderen Gasen (Methan) in der Atmosphäre zu erhöhen und den Effekt damit zu verstärken.

Dadurch erhöht sich perspektivisch die Durchschnittstemperatur um zwei bis vier Grad. Das ist mit einem allgemeinen

Abschmelzen der Eisvorräte und einem Anstieg des Meeresspiegels verbunden, der zu unterschiedlichen Auswirkungen für die einzelnen Klimazonen führt.

Die Erdatmosphäre besteht aus vier Schichten: Der Troposphäre bis in etwa 11 Kilometer Höhe, dazu der Stratosphäre, der Mesosphäre und der Thermosphäre. Der größte Gewichtsanteil konzentriert sich in der Troposphäre. Hier spielt sich auch der für das Leben auf der Erde wichtige Wasserkreislauf ab. Innerhalb der Stratosphäre befindet sich die fragile Ozonschicht, die einen Teil der ultravioletten Strahlung des Sonnenlichts abschirmt. Üblicherweise definiert man eine Höhe von 100 Kilometern als Grenze zwischen Atmosphäre und Weltall.

Die Thermosphäre reicht allerdings bis in über 500 Kilometer Höhe. Sie besteht aus stark verdünntem Gas, das hier von der kosmischen Strahlung ionisiert vorliegt. Abhängig von der Sonnenaktivität kann sie Temperaturen bis zu 2.000 Grad Celsius erreichen, daher auch der Name. Ein niedrig fliegender Erdsatellit spürt den Einfluss der Thermosphäre, da er durch die Kollisionen mit den Luftmolekülen gebremst wird. Wasserstoff, der diese Höhen erreicht, kann hier so viel Energie aufnehmen, dass er die Erde verlässt. Zum Glück hat sich das pflanzliche Leben auf der Erde schnell genug entwickelt, sodass genügend Sauerstoff zur Verfügung stand, um den meisten freien Wasserstoff zu binden. Anderenfalls wäre die Erde wohl längst ähnlich trocken wie der Mars.

## Wo die Polarlichter herkommen

Die Erde besitzt ein für ihre Größe starkes Magnetfeld, das seinen Ursprung in ihrem teils flüssigen, rotierenden Kern hat, ähnlich wie bei der Sonne. Dieses Feld ist überaus nützlich, denn es schirmt die Planetenoberfläche vor einem großen Teil des elektrisch geladenen Sonnenwinds ab. An der Stelle, an der der Sonnenwind auf das Erdmagnetfeld trifft, bauen sich die Van-Allen-Strahlungsgürtel auf, die sich mit Sensoren nachweisen lassen. An den Polen, wo die Magnetfeldlinien ins Erdinnere zusammenfließen, reicht der Sonnenwind am nächsten an die Erdoberfläche heran. Sein Zusammentreffen mit dem Erdfeld produziert die wunderschönen Polarlichter.

Die magnetischen Pole der Erde fallen nicht genau mit den geographischen Polen zusammen. Sie wandern im Jahr mehrere Kilometer, in längeren Zeitabständen tauschen sie sogar ihre Polarität. Aus physikalischer Sicht ist der magnetische Nordpol eigentlich ein Südpol, denn er zieht den Nordpol eines Dauermagneten (der Kompassnadel) an. Gleiche Pole hingegen stoßen sich ab. Das Magnetfeld ist an den Polen deutlich stärker als am Äquator. Das ist nachvollziehbar, denn hier konzentrieren sich die Magnetfeldlinien, während ihre Dichte am Äquator geringer ist.

## Der Mond

Schon fast seit Anbeginn, ganze 50 Millionen Jahre nach der Formung der Erde, begleitet sie der Mond. Der Himmelskörper, den nachts schon unsere Vorfahren bewundert und teilweise angebetet haben, entstand wohl durch einen Streifschuss: Ein etwa doppelt marsgroßer Protoplanet müsste damals mit einer Geschwindigkeit von ein paar Kilometern pro Sekunde die junge Erde angeschossen haben. Dabei wurden große Teile der Erdmasse in eine Umlaufbahn geschleudert, in der sich schließlich der Mond formte. Der Schuldige hingegen integrierte seine Masse (inklusive Eisenkern) in die Erde.

Der komplette Vorgang dürfte höchstens ein Jahr gedauert haben – in der Astronomie ein Augenblick. Der Mond schwebte damals noch in sehr niedriger Höhe (30.000 bis 50.000 Kilometer) über der Erde, erst später wanderte er in mehreren Schritten auf seine heutige Bahn.

Das Ergebnis ist ein im Sonnensystem sonst unbekanntes System, das eher einem Doppelplaneten ähnelt. Kein Mond ist im Vergleich zu seinem Planeten so groß wie der unsere; im gesamten Sonnensystem nimmt der Mond immerhin den fünften Platz ein, und sogar der Planet Merkur ist nicht viel größer. Das Massenverhältnis liegt allerdings bei immerhin 81:1. Der Schwerpunkt des Systems aus Erde und Mond liegt deshalb sehr nahe am Erdmittelpunkt, etwa 1.600 Kilometer unter der Erdoberfläche. Von außen sieht es darum so aus, als kreise allein der Mond um die Erde.

Die Bahn des Mondes ist relativ elliptisch: Mal ist er 356.410, mal 406.679 Kilometer von der Erde entfernt. Das ist für Raumfahrtmissionen zum Mond nicht unwichtig. Auf die wahrgenommene Größe der Mondscheibe am Himmel hat die Entfernung jedoch keinen Einfluss. Dass sie über dem Horizont manchmal riesig wirkt, ist eine optische Täuschung.

Natürlich beeinflusst auch der Mond die Erde – und das auf ganz und gar unesoterische Weise. Wer am Meer wohnt oder Urlaub macht, kennt die Gezeiten, die aus der anziehenden Wirkung des Mondes entstehen. Die Gezeiten entstehen, weil sich im Ozean dort, wo der Mond gerade steht, ein Wulst bildet. Ein zweiter Wulst wächst auf der Rückseite der Erde, weil dort die Fliehkraft des Erde-Mond-Systems besonders groß ist.

Ebbe und Flut haben den Übergang des Lebens vom Meer aufs Land wohl deutlich vereinfacht. Es gäbe sie allerdings auch ohne Mond, denn die Sonne trägt durch ihre riesige Masse ebenfalls zu den Gezeiten bei, und zwar fast halb so stark wie der Mond. Auf den Mond direkt gehen übrigens nur 30 Zentimeter Gezeitenhub zurück – der Rest entsteht durch die mit Ebbe und Flut verbundenen Strömungen, die sich zu stärkeren Fluten aufschaukeln können. Besonders hoch ist die Flut, wenn Sonne und Mond in einer Linie stehen, also bei Voll- und Neumond.

Der Mond stabilisiert aber auch die Lage der Rotationsachse der Erde, die gegenwärtig mit nur plus/minus 1,3° um den Mittelwert von 23,3° schwankt. Gäbe es den Mond nicht, geriete die Erde, wie Computersimulationen zeigen, auf Dauer erheblich ins Taumeln. Binnen zwei Millionen Jahren könnte die Achsneigung dann zwischen 0 und 60° wechseln.

Schnee am Äquator, 80 Grad Hitze an den Polen, jahreszeitliche Temperaturschwankungen von minus 25 bis plus 45 Grad Celsius in den bisherigen gemäßigten Breiten – das Leben sähe ohne Mond zumindest anders aus.

## Warum es keine Supererden im Sonnensystem gibt

In vielen Sonnensystemen, in denen Astronomen Gesteinsplaneten entdecken, sind diese deutlich größer als die Erde – es handelt sich um sogenannte Super-Erden. Aber warum ist das ausgerechnet in unserem Heimatsystem anders, wo die Erde der größte Gesteinsplanet ist? Im Wissenschaftsmagazin PNAS zeigen Forscher jetzt, dass Jupiter schuld ist.

Der Gasriese hat sich schon ungewöhnlich früh gebildet: Als das Sonnensystem erst eine Million Jahre alt war, war Jupiter schon so schwer wie zwanzig Erden. Dadurch konnte kein Gesteinsmaterial mehr von außerhalb seiner Umlaufbahn ins Innere gelangen, um dort Gesteinsplaneten zu bilden – die Anziehungskraft des Gasplaneten wirkte als unsichtbare Barriere.

Auf die Spur gekommen sind die Forscher dieser Diagnose anhand der Zusammensetzung von Meteoriten. Diese kommen offenbar aus zwei verschiedenen Reservoiren, die ab 1 Million Jahre nach der Entstehung des Sonnensystems räumlich getrennt gewesen sein müssen. Der einzige sinnvolle Verursacher dafür scheint Jupiter zu sein. Für die Menschheit war das jedenfalls eine gute Entscheidung – auf einem Planeten mit weitaus höherer Anziehungskraft sähe Leben sicher anders aus, wenn es welches gäbe.

Tipp: Wie immer erhalten Sie eine illustrierte Version dieses Abschnitts, wenn Sie sich auf hardsf.de/fortsetzung/ dafür eintragen.

Ivan Ertlov

**Stargazer – Das letzte Artefakt**

2000 Jahre sind vergangen, seit die vereinten raumfahrenden Völker unseres Spiralarmes in einem heldenhaften Abwehrkampf eine aggressive, skrupellose Spezies besiegen konnten: die Menschen.
Frank Gazer ist einer ihrer Nachfahren – doch er hat kein Interesse, der Menschheit und der Erde nachzuweinen. Er ist ein Prospektor, mit Leib und Seele, und hat sein Auge auf eine geheimnisvollen Kometen geworfen.

Taschenbuch 280 Seiten, € 12,99 [D]

ISBN 978-3-96357-250-0

Douglas E. Richards

**Die Andromeda-Sonde**

Mitten im Amazonas-Dschungel landet eine kleine außerirdische Sonde, die offenbar mit mächtigen Technologien ausgestattet ist. Sofort kommt es zu einem erbitterten Wettlauf der Nationen. Bis an die Zähne bewaffnete Spezialkommandos, ausgerüstet mit den neuesten Technologien, verwandeln den Dschungel in ein Schlachtfeld der Supersoldaten. Die Alien-Sonde hat allerdings ihre eigenen Pläne, und aus den Kämpfern werden Schachfiguren in einem grausamen Spiel um Leben und Tod, das nur einer gewinnen kann.

Taschenbuch 304 Seiten, € 12,99 [D]

ISBN 978-3-96357-182-4